我的菩提路

釋悟圓法師等 合著

ISBN 978-986-82992-2-1

發願文

願我修學大乘理　不遇聲聞緣覺師　願我得遇菩薩僧　受學大乘第一義
不久見道證真如　隨度重關見佛性　隨我導師入宗門　親證三乘入無我
願具妙慧勇摧邪　救護佛子向正道　普入大乘第一義　受學究竟微妙理
願隨導師學種智　通達初地法無我　修除性障起聖性　發十無盡大願王
願我依佛微妙慧　善修菩薩十度行　無生法忍增上修　地地轉進無障礙
乃至究竟菩提果　不捨眾生永無盡　願我世尊恒慈愍　冥祐弟子成大願
南無釋迦牟尼佛　南無十方一切佛　南無大乘勝義僧　南無究竟第一義

如聖教所言，**成佛之道**以親證阿賴耶識心體（如來藏）爲因，《華嚴經》中亦說**證得阿賴耶識者獲得本覺智**，則可證實：證得阿賴耶識者即是大乘法中之開悟者，即是大乘別教勝法眞見道者。經中、論中又說證得**阿賴耶識**而轉依**識上所顯眞實性與如如性**，能安忍而不退失者即是**證眞如**、即是聖人，當知親證阿賴耶識時即是開悟見道也；除此以外，別無大乘別教、圓教正法之**眞見道**；若尚有他法可作爲見道內容者，則成爲見道內涵有多種，則成爲實相有多種，則違**實相絕待**之聖教也。

—平實導師—

般若實相之證悟，唯有親證如來藏而現觀其眞如法性，方屬眞悟，餘者皆非眞悟。今時諸方大師悉以**離念靈知心**作爲眞如心而謂爲悟，即違常識認知；此謂離念靈知意識心夜夜斷滅故，是現實生活中即可體驗之常識故，亦是醫學界共同認知之常識故。佛法中亦謂離念靈知心從因緣生，於悶絕、正死位、滅盡定、無想定中亦如是，悉必斷滅故。離念靈知心必須**因**與**緣**具足，方能出生：**因**者謂第八識**如來藏**心體及其含藏之意識覺知心種子，**緣**者謂意根心、法塵、五色根作爲**俱有依**。此**一因三緣**，若缺其一，意識離念靈知心即不能出生於人間，即無法有知覺性現行，何況繼續存在與運作？若離念靈知意識心或離念靈知心之知覺性，可認作證悟標的之實相心、可認作眞如心者，則應實相有五：離念靈知意識心、意根、法塵、色身五根、如來藏，則大違法界實相**絕待不二**之理。若所生之意識心可以認定爲實相心，則意識心所依緣之意根等三法，以及能生意識心之最終心如來藏，當然更屬實相！則是實相有五，大違聖教與諸賢聖之理證！亦違禪宗諸祖及當今一切眞悟者之實證！知此，則開悟證聖之標的，可以知之矣！稍有世間智之學人，聞此即當知所檢擇也！

——平實導師——

目次

代序——崎嶇難行的佛菩提路

佛菩提道，本來難行；非諸聲聞四果聖人所能行，亦非諸緣覺聖人所能行，彼等非凡夫之二乘聖人所不能修證及履踐故，彼等唯能親證聲聞菩提、緣覺菩提之解脫道故，故大乘法中說彼等聖人雖非凡夫猶名爲愚，證明佛菩提道確屬難行、難證之法。縱屬有人眞行菩薩道、以求證悟般若者，亦復多有遮障故；乃至已經證悟般若之後，仍然有可能因爲尚未通達故，以及所知障中見道所斷之**異生性遮障**猶未斷盡故，而有「誤會甚深般若於前，復因私心而造謗法、謗賢聖於後」等事發生；由是緣故，乃有二〇〇三年初之楊、蔡、蓮等人不能忍於阿賴耶識之本來無生，欲外於此實相心而別求另一子虛烏有之如來藏實相心，返墮離念靈知意識境界中，謂之爲退失大乘無生忍之凡夫。

然而，彼等之退失於大乘無生忍者，皆由早年證悟之時，平實未曾先行殺卻彼等諸人之我見，復又加之以極明白之機鋒，令其悟得容易；或如楊先生之由余爲彼明講密意，以致我見未斷、般若實智不生、疑見難除；復又未觀根器，皆令隨學之一切人悟入如來藏境界，其疑終不能斷。由是緣故，彼等緣猶未熟而得悟入者，後皆不能安忍於如來藏之本來無生，不肯依　佛聖教次第修除性障及進修一切種智，乃轉生妄想，欲冀一悟即得成佛——一悟即證**佛地眞如**；或如後時之冀望一悟即得入地證聖——一悟即證**初地眞如**；皆坐我見未斷所害，欲以之取敬於他人：始終有「我」欲受他人恭敬、供養。

亦因自身見地未得通達，是故不能安忍於如來藏之本來無生，意欲別覓子虛烏有之妄想如來藏，以爲更勝妙之修證，不料返墮於常見外道之離念靈知心中，回墮於常見外道凡夫知見中，我見復萌。亦因所知障中極爲寬廣之異生性未曾斷盡，緣於破法者之邪見論著所害，不能信入自己依止眞善知識所悟入之如來藏爲眞實如來藏，欲外於眞實如來藏阿賴耶識而別覓子虛烏有之另一如來藏，是故轉墮於凡夫境界中——返認離念靈知意識心爲如來藏——誤以爲意識離妄念時之靈知才是眞正之如來藏，自認爲證量更高於眞善知識，自認爲返墮之意識心體是更勝於善知識所教授之如來藏阿賴耶識心體，便大膽否定善知識所傳授之眞實如來藏。此即是大乘見道福德與基本智慧皆尚未滿足之人，故有如是**退轉而誤以爲增上**之事發生；便如 佛世數億人天悟入第七住位般若正觀，此等數億人天隨後即有八萬人退失於佛菩提；此乃五濁惡世常所得見之事相，本來無足爲奇。然因事關學人道業，亦關乎學人未來無量世之利益，故不得不說之；何以故？謂學人若遇如是惡知識，而隨之謗法、謗賢聖者，成就上品誹謗三寶重罪，此乃無間地獄罪，捨壽後之未來無量世果報，極爲慘痛，是故不得不說，藉以警覺諸人：凡未親證之前，不可隨人胡言亂語、妄傳謠言，否則後後無量世中縱能世世深重懺悔，正報已成就，已無所益、亦無所濟矣！

至於一般人之難以悟入甚深般若者，率多由於未對聞所未聞妙法生信之前，或於初起信時隨即被別有居心之人，以誹謗、否定之手法，將所未曾聞之深妙正法，誣爲邪魔外道法，恐嚇未生正信或初生正信之學人，令其恐懼而致退轉於甚深般若正法，聞之即懼，尚不敢私閱菩薩所造甚深般若正法書籍，尚不敢檢閱其理是否果如他人所言之爲邪魔外道，何況敢於前往親聞？何況敢於信之、受之而習學之？由是緣故，遮障末法時世學人見道之機緣。

如是之事，所在多有；自平實出世弘法以來，屢見不鮮；如是惡知識，將最勝妙、可令學人確實見道之大乘正法，謗爲邪魔外道法者，固有其後世尤重純苦之無量世因果，亦有多屬輾轉聽聞謠言，而彼自身其實未曾研讀甚深般若正法書籍，尚未略加探討，便人云亦云而否定之，致令多諸學人淹沒此世證悟之機緣，可謂之爲斷人法身慧命者。

間有名聞諸方之惡知識「大師」，恐其法眷屬聽聞或閱讀平實諸書已，即將漸漸具有簡擇法義正邪之能力，則必漸漸了知彼等惡知識之法義、之證悟皆爲虛妄不實之謬說，因此而恐懼座下法眷屬日漸流失，名聞利養無復得存；由此憂慮爲緣，便故意無根誹謗平實所傳之世尊正法爲「非世尊正法」，而以言語私下謗之，冀平實無以聞之、無以回應。然而如是作爲，既是誹謗甚深正法之謗法行爲，亦是無根誹謗賢聖之地獄業，皆墮無間地獄之重罪中。

復有尙在凡夫地之學僧，緣於他人所給與之錯誤教導，每輕在家相之諸地菩薩，不知大乘經中所言眾多大菩薩眾，多屬在家菩薩；故彼法師雖已雙受聲聞比丘（比丘尼）戒及大乘菩薩戒，然終不以大乘菩薩戒爲主要依止，仍以聲聞出家戒爲主要依止；復不以大乘法中之般若或種智證量爲憑，亦不服在家菩薩之般若證量與果證，是故心中每以凡夫僧寶之身分自高，常輕一切住在人間弘法已有修證之在家菩薩；由是緣故，往往被人利用於不知不覺之間，自以爲是修正行、作大事者。此如正覺同修會於二〇〇三年初時，楊先生因爲私心不遂故，思欲徹底打擊正覺同修會，令其瓦解冰消，是故私向人言曰：「我們將由出家法師來寫書、寫文章，破盡蕭平實的法，不必我親自動手寫書來破他。」果然隨後即有法蓮師、紫蓮師二人被利用，寫出《辯唯識性相、如來藏與阿賴耶識》二本不像書的經文剪貼薄，已被我會台南共修處老學員所組成之法義辨正組，以《辨唯識性相》及《假如來藏》二書所破，至今不能回辯、不能自救。

復有「楊」先生夤緣六龜鄉空生精舍之慧廣法師，前往拜訪，將其邪說盡行相告，誤導慧廣法師，倡言：「**明心即是見性，見性即是明心，實際上並沒有眼見佛性這回事。**」慧廣法師聞之，信以爲眞，乃改變先前信受印順**識唯有**六之邪見，因此後來承認確有第八識如來藏，亦著文承認有如來藏，並信「楊」先生「明心即是見性」之邪說，欲廣作文章而破見性之法；然無絕對把握，又恐後果傷損自己，乃先以電子郵件而化名質疑平實所授眼見佛性之法，作爲試探。平實當時以爲：若人唯以化名質疑，不肯留下眞名與地址者，其人絕非眞實求法者；其心既然不誠，則不必給與回應。遂置之高閣，未與答覆。

慧廣法師等候半年時間，不知平實不予答覆之緣由，誤以爲平實無法答覆，誤以爲確實抓到本會正法確有瑕疵之證據，便增補其質疑之文，而以法名具文登載於唯有法師才能見聞之《僧伽雜誌》，公開質疑 世尊所傳眼見佛性之法，將 世尊眼見佛性最勝妙法橫加扭曲，淺化爲同於明心境界、同於意識境界；遂有本會正光居士造《眼見佛性》一書，回應慧廣法師壞法之愚行。至此，信受古高麗月忠法師所造《釋摩訶衍論》僞論之所謂龍樹後族者，可謂全軍覆沒矣！龍樹後族一名，信用已經全然破產，無法再令任何人生信。彼等若心中不服而記恨者，此後唯有另化新名，再於網站上誣謗本會正法；縱使能以化名再造破法重罪，終難再以龍樹後族之名取信於人也！亦因本會回應慧廣法師龍樹後族之質疑，致使慧廣等人強牽僞論《釋摩訶衍論》於 龍樹聖僧身上，有損 龍樹聖僧令名之眞相，大白於天下，令今時後世一切人，都不能再以《釋摩訶衍僞論》中之邪見而污損聖 龍樹令名，從此還 龍樹聖僧本來無瑕之聖名，今時後世將無人能再假藉僞論玷污 龍樹聖名也！

如斯法蓮、紫蓮、慧廣三人者，同屬大乘僧伽之一員，而皆以**聲聞戒、聲聞心態住心**，不能實依大乘法而依止於菩薩戒，**不能眞實住心於菩薩心性之中**。當知：諸地菩薩少有示現出家相者，尤其是等覺菩薩，十之八九多屬在家身相之天身，長髮披肩、胸佩瓔珞、臂掛寶釧、腳踩蓮寶，來往諸佛國土而奉侍諸佛，親聞妙法，而法蓮、紫蓮、慧廣不能知此。正因心存聲聞僧之自大心態故，不願被正法利用以成就護法廣大功德，反被惡見者輕易利用，公然誹謗甚深微妙正法而被破斥，致令人間僧伽極爲高貴之地位有所損傷，乃是僧伽二眾中之大罪人。如斯三人輕易誹謗正法，以謗法、謗證悟賢聖之惡業，破壞僧伽高貴本質，豈唯此世身敗名裂、遭教界有識之士所輕？捨壽後之未來無量世中，仍需一一親歷三惡道境界，遭逢無量無數世極爲慘痛之尤重純苦異熟果報，百餘劫後方能重回人間，復與大乘佛法緣淺，極難入諸菩薩數中，自障己身無量世之道業，又復苦痛無邊，誠可哀憫！令人不勝唏噓！

由以上舉證之人與事等事實，證知大乘佛菩提道絕非輕易可行之道，是故名之為**崎嶇難行之佛菩提道**。然而此道雖然永遠崎嶇難行，卻是一切大乘佛子遲早必行之路，捨此無由成佛故。既然大乘行人不論早晚皆必須行走此道，則於此道中行時，必須有福、有德、有眼；有福者，謂能以其大福遠離值遇惡知識之因緣，能依止真善知識而不退失；有德者依止之後心存謙恭，聞人誹謗善知識時，可藉以制止自己產生**人云亦云而謗正法**之過失；有眼者，縱使親遇惡知識時，自能辨之而遠離之，並能教導眾生同皆分辨種種遮障佛道修證之惡知識。若是少福、無德、無眼，終難逃避如是自害害人之事相，是故法蓮、紫蓮、慧廣三人，少福、無德、無眼，致有遭人利用而妄謗正法之事，可供諸方大師與學人借鑑；故此正理與事實，應當披露之，以為佛門四眾前車傾覆之鑑，慎勿輕易隨人言語轉謗正法及諸菩薩。

然今有已在大乘菩提正法中證悟之釋善藏法師，發起菩薩心性，以其自身證道過程之迂迴辛苦經歷，不顧自身顏面，為救同被誤導之佛門四眾學人，是故發起大心，披露自身親所經歷之真實現事，願以自己被誤導遮障之經驗，警覺佛門四眾弟子：**對於聞所未聞深妙正法，應當如實聞之、閱之、檢驗之，然**

後方可出之以評語；萬勿未聞、未讀、未檢驗之前，便輕易信受他人之誣謗、妄信謗法之言。並願見證：當今之世，甚深難解、難修、難證之大乘佛菩提親證，確為可得，非是空想。是故自願將其修學佛菩提道之數數被障過程、迄至終能迴心而得證道之事，悉皆披露無遺，作為今時後世佛子之殷鑑，欲救**同有是患**之學僧與居士。由是緣起之故，乃有此書之出版，即名之為《我的菩提路》。

今觀善藏法師轉其被人教導而成之聲聞心為菩薩心，亦不覆藏自己所曾親犯之過失，棄捨**五蘊我**之面子，不曾稍顧，欲救今時同有此病之學僧、居士；此乃已斷三縛結、五利使，並已親證大乘見道功德，實乃已發菩薩大心之法師，非屬二乘聲聞種性之法師，亦非凡夫位之法師；如是勝義菩薩僧，平實素所欽仰，一向心淑，故其心願應玉成之，乃有此書之梓行，以利今時後世諸多大乘學人。復因悟圓法師為正覺同修會之現任理事長，非唯年高又復德劭，並能盡心盡力住持會務、廣利會眾，亦欲藉此會務之推行而廣利佛教界一切學人；如是無私、無我之大行，會中大眾一體同欽，應當載其明心之見道報告於首，彰顯悟圓勝義菩薩僧眞發菩提心之緣由；三因二文尚難成書，故又略選近年正覺同修會之學員見道報告二十二篇入中，一併梓行，以證「**大乘別教般若菩提**於現今末法時世，非唯極少數人能聞、能證」，藉以激發末法時世菩薩心性學人之大信，以利菩薩心性學人發起求悟般若之大信心，一世即斷我見與三縛結，頓離凡夫位，盡未來際永不入三惡道中，並能因此生起般若實智。

本書中選錄之見道報告撰寫者中，擁有博士學位而擔任大學教授者三人，碩士學位下至國民小學畢業者皆有，學位分佈頗爲平均，可見法界實相之證悟，都依學法因緣及善根、福德與性障之多寡而異，不因學位知識之高低而有不同，顯示大乘法教極爲平等之特性，不因世俗法中之身分知識差異而有不同，僅錄此等明心破參之見道報告，供養尚未發起大心求悟之學人，期待佛門學人親閱此書具體之見道事證故，能隨入大乘法中深發菩提心，勤修大乘見道所需福德、智慧，修除性障以求證道，然後共同荷擔如來家業，驅逐一切外道邪見於佛門之外，以令佛門法義日趨純淨，回歸 世尊三乘大法一體弘揚之本懷，能利今時後世一切學人，如是以報 佛恩、 菩薩恩，並得因此大步邁向佛地。茲以此書編輯完竣，當述緣起以代序言，即以爲序。

佛子 **平實** 謹識

公元二〇〇七年早春 謹識於竹桂山居

見道報告

——釋悟圓 法師——

此生命苦，少有樂受之年。憶往日，正當奮發有為之時，曾有「解脫無道、濟世乏術」之嘆。頗感于宇宙人生茫然無所知，「仰天地之悠悠」，不免愴然。彼時也，尚未學佛，已有「無常、苦、空，一切作不得主」之覺受。每誦陶淵明「縱身大化中，不憂亦不懼」句，玩味再三，不知所以。何謂大化？大化之由？如何以不憂？如何以不懼？始終困惑，不得其解。讀論語，仲尼有云：「朝聞道，夕死可矣。」於我心有戚戚焉。

及接觸佛法，心神一爽，以為明德、親民、止於至善、大學之道，在於此也。發大心、識大體、做大學問，成就大人事業，不亦樂乎！

出家後，以讀書念佛為事。讀書，常晝夜不懈。念佛，則夜以繼日，日以繼夜；一晝夜、三晝夜、七晝夜、九晝夜、十晝夜、十四晝夜，經行念佛。又曾連續三個月，從朝至暮念佛不輟。念佛樂，經行念佛尤樂。

二〇〇〇年秋，偶然機緣，得讀《念佛三昧修學次第》一書，立即前來正覺講堂聽經，加入禪淨雙修班。兩年六個月共修之期，忽焉已過。知見尚可，功夫太差；憶念參究，無足陳述。

禪三歸來，讀《金剛經》，領解少分。於「莊嚴佛土」句，注神良久，何謂佛土？佛土何在？如何莊嚴？以爲學佛之道無他，唯此一事。而今而後，一切願歸爲一願，一切行納爲一行，以莊嚴佛土爲事：

一、安住—從於今日，發決定心，伏、斷煩惱性障。

1．少妄想、偷心。

2．少牽掛，少焦燥不安。

3．於人，謙敬；無可計較，何瞋慢之有？

4．於事，從容以赴，定其心以因應。

5．一切一切，少緣、少攀、少理會。

6．於生死、得失、毀譽，可以淡然。

7．憶佛念佛，嚴守重戒。

二、發行—不發心起行，易與煩惱相應，學法落空，所謂不誠無物是也。

1．皈依了義正法，禪淨雙修。

2．尊師重道，護持奉事，堅定信仰，不疑不退。

3．護持同修會之持續發展，不遺餘力。

4．弘護正法，盡未來際。

以上列述，內外照應。凡所作為，迴向淨土。際紛爭不已、擾攘不安之世，亦足所以安心，亦所以立命矣！此我三年來，來學共修之心得，既未深造，是無高論。此其間，莫大之感受，厥為 導師悲智洪深度眾之風範，戒行皎潔，定若泰山，宗通說通，智慧如海。《詩經－小雅》云：「**高山仰止，景行行止；雖不能至，心嚮往之。**」我於 導師之仰止，亦如是也。平生讀書，不求甚解；大而化之，所以不文。

書此，恭呈

蕭公導師

受業 **釋悟圓** 謹呈

公元 2003/5/9

（案：悟圓法師原為東山高級中學校長、董事長，私立能仁家商校長，2003 年至 2007 年任正覺同修會理事長）

《我的菩提路》第二篇：

明心見道心得報告

——釋善藏法師——

自許要文字簡潔、重點陳述下列報告，雖盡全力，仍難逃鉅細靡遺之陋；文采不彰，言詞拙劣，純以誠摯恭敬、敘述事實，以表心聲；篇幅冗長，久視辛勞，祈禱　恩師見諒。

受業弟子　**釋善藏**　叩首謹述 2004/4/25

學佛及出家因緣與過程

記憶中的童年是在自卑恐懼中度過，生性愚笨，不善言辭，數理科的課業成績特別差，使我自卑而沉默寡言。父親年輕時即忍受長年失眠而不服安眠藥、多種慢性病痛輪流纏身，母親求神問卜，最後發願：「**若父親得以延年益壽，則願在父親有生之年，到行天宮裏做義工，並吃早素與花素來報答神明。**」父親是個無神論者，視母親此舉爲迷信無知；母親則抱著誠心一片，日日夜夜奔忙於寺廟與家庭之間，又得盡量避免父親之不悅。因此，使我隨時準備不知哪天會頓失依怙，無法上學，要負起生活重擔之恐懼。

父親一介公務人員，小康之家，父母所能想到給子女的，僅有衣食照料，如此而已。我是長女，只有一個小我兩歲的弟弟，他聰明、會讀書，學業成績都在前三名，從小學順利到研究所畢業；可能是共業，弟弟雖然會讀書，可是也很憂鬱。我自小愛看書，喜愛文藝，常夢想能坐擁書城，享受閱讀之樂；亦好鋼琴之音，但知家中狀況，始終隱藏在心，不敢要求，只能羨慕同齡有能學習者。孤獨自憐、鬱鬱寡歡，日記中所載盡是愁苦；幸老天憐憫，小學五年級時開我一扇之門，識聲樂之機可以暫時解憂，方知自己並非無用之才，從此之後直到大專畢業，合唱團不但是心靈寄託之地，更是興趣之所在，即使是在學佛之後。

從小因常隨母親到廟裏幫忙，受母親友人兼老師陳阿姨多年注意而不自知。陳阿姨年齡與母親相仿，但未婚；一九八一年，陳阿姨棄道入佛、皈依三寶後，一九八二年也鼓勵同在行天宮眾多道友們連袂皈入佛門，專一學佛；母親雖然皈依我 佛、開始吃素，但因誓願在先，仍然如常到廟裏服務。同年，我爲求聯考順利，自願素食應考，感覺素食令身心清淨舒暢，故考後仍然不捨開葷，持素不輟。

此時陳阿姨送了二本佛書，要母親轉我閱讀；讀後方領悟過往心靈苦悶，實乃佛言之人生八苦，學佛之心油然生起，想求解脫痛苦煩惱之道，立願隨母親終身茹素。考後放榜，高級中學落榜，失望之餘，在重考或專科學校之間猶豫不決；父親說：「若讀專校，政府會補助學雜費，無須擔心。」後來進了專科學校，選科系之際，因想多學習英文，擬讀觀光科；但陳阿姨說：「觀光科畢業後的出路，很容易誤入色情業。」後聽從陳阿姨建議改選會計科，她說：「會計科，一來爲工商業所需，謀職容易；二來可爲佛寺幫忙記帳。」先前擔憂數學差勁的頭腦，卻沒想到會計對我居然是輕而易舉。

因爲選科的因緣，跟陳阿姨開始接觸；課餘時間，幫忙陳阿姨校對經書、學習打字、編輯、排版，從之薰習一些道理，頓時、天地間似乎變得寬廣，使我不再自卑恐懼。隨後她爲我辦理通訊皈依在美國弘法的師父，正式成爲三寶弟子。陳阿姨鼓勵我將來要發心爲佛教做事，故出資讓我到中國青年服務社學習多項技藝，使我發覺自己的潛能，因此我才知道人生原來有另外的意義，從此變得較爲自信開朗。或許是由於不斷的校對經書，撥開煩惱，開啓智慧，讀書一向魯鈍的我，在進入專校後居然不再是難事，甚至可以領獎學金。藉經書校對之便，越讀越多，萌起想出家之願，心想：「出嫁只服務一個小家庭，出家卻可以服務廣大的眾生，兩者之間，出家比出嫁似乎更有意義。」

我們所校對之經書來自美國，多年來由陳阿姨所領導二十多位婆婆媽媽們，三步一拜誠心祈求師父在美國所闡釋之經書能早日在全台流通，利益眾生；終於天從人願，一九八四年，得到美國總會的『默許』，成立了「贈經會」，招收會員，印贈經書；我也順理成章的從陳阿姨家移到贈經會，幫忙會務與繼續校對經書的工作，成爲當時一群婆婆媽媽中，唯一的年輕人，母親亦多加一處做義工之地。爲了有助於經書的修飾與潤稿，曾動過插班大學念中文系的念頭，後因實際情況不允而作罷。一九八六年，邀請美國洋人法師來台弘法，法師離開後，留下講法與唱誦錄音帶，無意間學習隨即上手，自此從喜好藝術之樂，轉爲研究莊嚴祥和梵唄之音，並開始帶領共修法會。

一九八七年畢業後，爲顧及父親對我的觀感，從義工身分變成全職半薪的職員，繼續留在贈經會工作。一九八九年，贈經會邀請美國師父蒞台弘法，原本是法會義工的我，感受到師父的慈悲莊嚴，想要追隨學習，就在法會當中落髮出家。父親觀察我這幾年『異於常人』的行徑，知道我遲早會出家，所以在我畢業典禮上，曾語重心長的說：「**我所能做的也只有到這裡了，以後你要好自爲之。**」所以法會過後得知我出家，傷心地一夜未闔眼；母親自皈依三寶後，瞭解不能障人出家的道理，所以不敢阻止，只是說：「**你要考慮清楚，如果眞的要出家，就要把這條路走到底。**」而贈經會經過大家多年的努力，會員茁壯成長，在此次師父弘法過後，終於得到美國總會的認可與接收，改名「印經會」，派人管理，收歸版圖，也正好解決我離去的問題。

出家一個月後到了美國，那是一九八九年十二月初的事。從來沒有想過眞的可以出家，只有想到要按照陳阿姨教的「躲在門後爲佛教做事」的理念，更沒有想到會飄洋過海來到異邦。如果當時選擇高中重考，而後上大學，或許又將有另一番不同命運。

出家後，師父曾要我們就禪、教、律、淨、密，每人自選一宗修行。我不喜歡打坐，所以禪宗首先跟我絕緣（現在才知是『以定為禪』的錯誤認知）；「律宗」持戒太死板，雖然敬重弘一大師，他曾是我出家修行的榜樣，但是我怕了那些待人律己都嚴苛到缺少慈悲心的同參，所以不敢選；對「淨宗」念佛沒有興趣，寧願去持咒還定心一點，況且師父從來沒有叫我們去極樂世界（愚癡啊！）；「密宗」？師父常常開示密宗雙修法很邪，所以就淘汰。最後我選「教宗」！天知道「教宗」是什麼？以為是要研究教典之類，那正合我意，以前跟陳阿姨學佛時，就發願要「深入經藏，智慧如海」。師兄弟間多數是選禪與淨，出家弟子中，唯有我一人不知天高地厚的選「教」門。師父雖然說道場裏五宗並行，卻又沒有說明每一宗的內涵與修行方法次第，所以我們還是渾渾噩噩、照道場的功課表行事。

頂著過去的經歷，在道場裡，長老前輩們愛護有加，提拔我負責法務、行政、編輯等工作，凡隨團出國弘法必有我一份，令同參羨慕。嚴格訓練梵唄法器，達一定水準方可上場；自認盡心竭力安排法務，使來到寺院的居士都能法喜充滿，令寺院聲譽蒸蒸日上。或許是年少剛強，不知人和為貴，一心只想為道場好，卻不知做事要圓融以對、智慧善巧，無意間得罪不少師兄弟；得了大眾的緣，卻失了同儕的心！日積月累的結果，自覺修行應該是越來越無憂無懼，自在安然，卻反而變得越來越罣礙、煩惱、道心減退、心量狹小。

原來同參道友之間，捨棄了世間財、色、名、食、睡五欲，來到道場裡，卻才是另外一種五欲鬥爭的開始。內要面對自己無明煩惱瞋恚的鬥爭，外有師兄弟之間的明爭暗鬥、是是非非、流言蜚語，痛苦啊！同門之間爲什麼結黨營私、派系分明，沒有絲毫『道情』、『道義』可言？反覆讀著師父教導的三大家風與六大宗旨，該如何不爭、不貪、不求、不自私、不自利、不妄語呢？這應只是總綱吧！細節呢？不爭的細節步驟該如何才能達到不爭呢？不貪呢？師父既提出這個綱要，書上爲什麼卻找不到答案？修行難道只是節制飲食睡眠、修苦行就可以得到解脫？爲什麼我沒有解脫的感覺，只有色身越來越差的結果？修苦行應該只是增上緣吧！修行就只是早晚課誦、聽經聞法、做事跟法會唱誦？難道我就這麼一輩子唱下去？年輕時有氣力唱，年老力衰時呢？又該怎麼辦？

師父（編案：宣化法師）的禪七只是打坐盤腿，禪七開示錄音帶，都有說到參話頭，聽得滾瓜爛熟了卻還是不知怎麼參？只會坐在那裡把「念佛是誰？」當佛號念，也不知對不對？照理說：師父是禪宗。可是自己對禪一點都不瞭解，打坐又沒功夫，沒有境界也不會入定，怎麼辦？出家時的雄心大志是要「了生脫死」、「上求佛道，下化眾生」；可是這麼多年了，佛道該怎麼求？眾生要如何度化？連自己的煩惱都度不了，如何「了生脫死」？每每心煩，就一再思考這些問題。

而陳阿姨自從贈經會改組後就『功成身退』，曾數度來信述及另學他法以後的心得與『法界實相』之類的詞彙，亦勸我求『法界實相』；因不知其所言何物，不敢貿然信之行事。一九九四年初，稟告師父說：「**想回台灣散心**。」其實心裏想『一去不回』！師父說今年可以再跟他一起出國，還勉勵慰言；雖然師父後來病重，出國之約沒有實現，但從見過師父後，心的確又乖乖的安住了一年。

一九九五年初，奉道場之命，到大馬（馬來西亞）帶法會；三月返美之前，特地回台灣俗家探視父母後，下決心要回美好好長住。不料回美之後人事全非、風雲變色，跳樑小丑假傳聖旨；一怒之下心灰意冷，十天之後留書出走。不肖弟子不能忍辱，只能祈求師父原諒。遽後傳聞：當時師父病重，聞我信息而流淚。不孝啊！不孝啊！（走筆至此，淚珠滾滾滑落、不能自已；多年往事塵封心頭，從未曾向人吐露；今見 慈尊，無可隱瞞。）

清晨五點四十分，飛機抵達中正機場上空；因爲濃霧無法降落，盤旋半個多小時之後，轉飛高雄小港機場，再回到中正機場。下機之後回到俗家已是中午時分，發現家門換鎖，家中無人，只好等待。十多分後，母親返家，突然間見到我，大驚失色，詢問我等待多久？回想早上班機降落異狀，莫非護法善神得知我無法入門，冥冥護佑，方不至於苦等太久。感恩！感恩！

進入正覺的因緣與過程

一九九五年三月回台之後，前途茫茫；雖跟師父告假說要參方，其實不知該何去何從？首先婉拒了陳阿姨所謂上山修法之處，告知想自尋生路。此時「青海、宋七力、妙天、李元松、林清玄」等輩流行，可是我心中不以為然。道場得知我出走，找人找到台北來，只好躲到汐止山上某寺院去。出家前的七年之中，以及出家後在道場待了五年，長達十二年的時間，所看、所聽、所學，都是師父的法，腦袋裏只能認同師父的法是正法，對其他的師父都是敬而遠之，叫我一時之間如何能接受外邊道場的風格？母親的朋友，一位阿姨——劉金秀鶯師姐——她亦是師父的弟子；知道我回台，送了兩本書：蕭老師的《禪—悟前與悟後》、《念佛三昧修學次第》，要母親轉給我看。

同樣是這兩本書，十二年前陳阿姨啓蒙時，我是白紙一張，沒有預設立場，欣然接受；十二年後雖是落難之僧，看到居士寫書，想到白衣高座，權充四寶（編案：第四寶是指密宗上師在佛、法、僧三寶之上自稱為第四寶。顯教中之居士未曾有人自稱為第四寶），廣行非法，心中痛恨，已無好感；又加上「禪」（禪定）素爲我所懼、「淨」爲我所不屑，故隨手翻翻，束之高閣，如此而已。我的愚昧無知與出家人的貢高心，錯失轉捩法緣的第一次機緣。憾恨啊！

在台灣將近兩年的時間，爲了參學方便；其實最主要的是因爲師父書中大力批評教界僧眾，得罪頗深，受到排擠，掛單不易；希望入境隨俗，又怕影響本山常住的清譽，所以最後決定將師父賜的法號永遠留在心中，而自己另取外號使用；但是牢牢記住師父要我留在美國的交代，所以每隔五個月又苦苦飛回美國過境一下；這個期間驚聞師父過世噩耗，返美奔喪！回到道場，舊地重遊，事過境遷，心中已不再有怨；知道是緣盡，所以才可以走得毫不留戀。

參學期間，居住彰化某持名念佛的女眾傳統寺廟，法會特多，單銀豐富，平日上課聽講《印光大師文鈔》與印順法師的《成佛之道》、《學佛三要》。可能是與印順法師無緣，他的文筆嚴重到難以相應，對於他的《成佛之道》、《學佛三要》不知所云，覺得困難重重；當時自認業障深重、善根淺薄，跟另一位同期掛單的同參寬圓師相比，她閱讀印老的《妙雲集》達到如癡如醉、廢寢忘食地步，曾令我佩服不已。如今回想，慶幸自己沒有受到印老的荼毒，卻又爲寬圓師而唏噓！

《印光大師文鈔》對我則是另一轉機，過去對 阿彌陀佛的慈悲大願毫不在意；經由大師的文鈔，使我認識了淨宗之殊勝，想到師父禪宗一輩子，因爲未發願往生，臨終遺體如是示現說法，豈可不懼哉？（當時不知師父實是「錯說第一義諦之大過」與「以神通干預因果」）所以自動放棄學「教宗」念頭，發願轉「淨土」依止 彌陀，今生定要往生極樂淨土，開始持名念佛，這是我參學期間的最大收穫。

其後下決心要回美國長住至少三年取得公民身分，免得老爲綠卡擔心。一九九七年二月回到美國，從二月到九月，在洛杉磯某間道場掛單，天天在齋堂走來走去，看到又是《禪—悟前與悟後》結緣書（是鄭師兄所送，他當時為該寺的大護法），但因爲聽到住持師父說：「**居士寫的東西都不能看。**」就順理成章的依教奉行，錯失第二次機緣。

離開此寺之後，原本打算到外州，機票行程都已確定，卻突然有一些因緣，正式認識鄭師兄。跟鄭師兄素昧平生，他居然發心供養，就住到 Arcadia 來，卻無形中得罪了此寺的住持老和尚，以爲搶了他的信徒。剛到 Arcadia 時，有位居士找過來，跟我推薦蕭老師的法，心中奇怪**「怎麼又是他？」**還是聽聽就過了，錯失第三次機緣。

而後一位同門出家女眾師兄，要回台灣前，特地彎到 Arcadia 來，跟我提到：**「聽說有位蕭平實寫的東西不錯，打算回台灣的時候去找找他的書。」**我聽師兄這麼一說，好奇心被引出來，想到那兩本放在俗家的書，就託了一點錢，請她回台亦替我請幾本書回來。後來師兄替我帶來了《禪—悟前與悟後上、下冊》《念佛三昧修學次第》《無相念佛》和一本《眞實如來藏》。《眞實如來藏》本來是要用買的，對方看我師兄是出家眾，特地拿了一本《眞實如來藏》免費結緣。

書拿回來了，師兄告訴我：她覺得《念佛三昧修學次第》講念佛法門很有次第，很不錯，可以參考看看；至於《禪—悟前與悟後上、下冊》她不敢確定對不對。師兄還告訴我：**「蕭平實有批評到師父，他說師父說『一萬隻小螞蟻合起來等於一個人的眞如，是錯誤的說法。』」**師兄和我都不知道**「眞如」**是什麼東西？更不能肯定到底是師父對、還是蕭平實對？但這些評語，對我來說是個障礙，翻了翻這四本書，還特別瞧一瞧《眞實如來藏》，好像無字天書，文字個個認得，意思呢？卻看不懂，只好把書收到箱子裏去，錯失第四次機緣。

自從一九九七年九月到 Arcadia 之後，鄭師兄就一直對我們提到開悟的事；心想：「**師父禪定功夫那麼好，才能開悟；我沒有功夫，怎麼可能開悟？**」從來未曾想過開悟這回事，故興趣缺缺。鄭師兄很熱切此法，積極在朋友、佛友（其實是外道跟佛門外道）間介紹，強力推薦的結果往往是不歡而散。他把蕭老師的書一箱箱運來，我們則幫忙清點數量、種類，搬進搬出的，但是不予置評，因爲自己不懂嘛！一九九八年九月份，另一位同門師兄所接觸的女眾居士之夫曾經出家爲僧，後來雖然還俗，據說修行功夫不錯！當時有因緣見面，就拿蕭老師的書請他鑑定是否爲正？他拿起當時的《禪門摩尼寶聚》（編案：後來增補內容改名爲《宗門正眼》，可以向正智出版社免費換取新書）批評到體無完膚；我們無知，原來生起一絲想要閱讀之心又煙消雲滅，錯失第五次機緣（與其認識不出三個月，此人貪、瞋、癡、慢、疑便顯露無遺，原來是騙吃騙喝之神棍）。

此時鄭師兄『鄭重其事』地帶了一位破參的女眾師兄來美弘法開講，不知是那位師兄知道這些聽講者非善男信女可度之機，亦或她無善巧方便，居然被人詰難問倒！使得在旁觀察的我，生不起學法之心，錯失第六次機緣。

到了一九九八年九月份起，鄭師兄要求我們跟他共修無相拜佛；抱著不得不『試試看』的心理，隨喜拜佛，當時每天清晨五點拜到六點一個鐘頭，就這樣拜了一年，每逢週末有個禪一。有沒有功夫？完全沒有。對這個法不瞭解，那時鄭師兄什麼道理也說不出，只會重複地說「法離見聞覺知」、「動中定」；對於這幾句，倒是耳熟能詳、識種深種。他又拿來一張「十八法界的運作」要我們讀，我看那張紙，印刷不清，發心重打了一分給鄭師兄。因爲對蕭老師不信受，沒有看書，一年的拜佛完全是白費！

從開始共修拜佛以後，鄭師兄就打算要『推』我們回去台灣參加禪三。在完全沒有信心、沒有功夫的情況下，叫我去給在家人印證，心裏著實不能接受；又怕被駁回來時如何交代？所以一再拒絕；鄭師兄就自己回台參加禪三了。一九九九年十月，鄭師兄被印證破參後，信心大增，要弘揚此法；驚懼之下就搬離了 Arcadia，到 Pasadena 租屋，第七次機緣到此正式告一段落，暫時解除鄭師兄『望法師成龍』的壓力。

二〇〇一年四月，買下現在住處；鄭師兄二話不說，主動要供養佛像與燈，對於手頭拮据的我們，有感恩、也有憂慮。五月初，鄭師兄以送燈爲理由，帶了法智師、法蓮師與法智師的父親來；我向兩位法師頂禮接駕後，鄭師兄說兩位法師是明心開悟之人，準備將來要請他們來弘法。當時對於出家人被在家人印證明心開悟的事，打從心裏不認同；但很高興：「鄭師兄如果請來了明心開悟的法師，就不會再施壓力，我們就解脫了。」兩位法師來去匆匆，默默無語。

隨後，我回台選購佛像，由鄭師兄的弟弟全程陪同；爲了要尋找合適的佛像，鄭先生帶我到台北正覺同修會，這是我第一次踏入正覺講堂，說不出來的一種特別感覺；鄭先生送我一張講堂佛像的相片做參考，還推薦一本精選《如來藏系經律彙編》，講堂相片隨我回美，而精選《如來藏系經典》則留在台灣的俗家；當時因對鄭先生留下很好的印象，所以心中又對蕭老師起了好感。

二〇〇一年十月底，鄭師兄來電詢問：「哪裡可以買到素齋料？」我的直覺告訴我：「那兩位明心開悟的法師，應該又回來了。」之後鄭師兄來電要我們去赴一場飯局，大概是宴請法師的；我們怕見明心開悟者，不敢參加，婉謝了。十二月二十二日星期六那天早晨，鄭師兄來電告訴我要開課；恰好有朋友要來，就藉機推辭；但很奇怪，「我下一次會去」這句話無意識脫口而出。因此十二月二十九日第二堂課雖不是很願意參加；但答應了鄭師兄一定到，做人要講信用，心想：「來上一次課捧捧場，意思到了就可以了。」大概是佛菩薩知道我們跟法智師有緣，特別派法智師來度我們，這一次的上課正式開啓了第八次機緣。

下課以後，法智師的父親拿來共修報名表要我們報名，還說他們只是來傳法的，傳完法就走人，最終還是得由當地人來接法；心裏是眞願意來旁聽學習，但又不敢貿然「簽約」，怕日後有麻煩。上課以後，觀察法智師的言談舉止，發覺他很樸實，是個憨厚的鄉下子弟，心裏開始覺得像法師這麼『古意』的人，他所追隨的老師應該不會錯；有這識種出現以後，就安下心來聽課，但仍然不是百分之百有信心。二〇〇二年二月回台請購大藏經，需要貨櫃運送，由鄭師兄的弟弟處理；鄭先生在我們離開台灣前告訴我們：「如果想上課，應該如法報名。」回美之後，才補塡共修報名表。

在上課半年多以後，有一次聽到法智師說：「佛門的四大菩薩，除了地藏菩薩現出家相以外，其他的三位菩薩都是示現在家相。」聽到這裡，心裡驀然一驚，霎時茅塞頓開，心想：「對喔！觀世音菩薩是有頭髮的，爲什麼我從來都不曾注意？我依舊磕頭叩拜啊！那我何必執著 蕭老師的外相？」從此刻起，對於蕭導師示現在家身、爲勝義菩薩僧弘法，眞心接受、沒有懷疑；進而開始認眞拜佛，練習憶佛的念。

去年二○○三年二月，經過鄭師兄的爭取，導師慈悲特准，本班有禪三報名的機會。法智師問我要不要參加？幾經考慮：雖然對善知識有信心，卻對自己的功夫很沒信心。而且當時法師上課時，因爲課程進度的關係，很少提到「菩薩藏」的概念（這概念是後來才知道），只有講一般基礎佛法，怕去禪三不能通過考驗、被駁回來，所以不敢報名參加。三月，共修處進來了《心經密意》，鄭師兄好意要我請回去看；就因爲這本書，才使我眞正入了正覺大門。

沒想到一本《心經密意》能攝受我，讓我重新認識 導師：第一次有人把《心經》跟解脫道、佛菩提道、祖師公案之間的關係與密意說出來，相較於我師父所講述的《心經》，猶如天差地別。我感動、佩服，再次確認這位 蕭老師一定沒有錯；同時也默默感謝法蓮師，因爲書上說是法蓮師請法所擬的副標題，那時還不知道法蓮師已經出事了（編案：詳見《假如來藏》一書）。心中祈求：有朝一日，導師能將《金剛經》也做如是註解。

看完《心經密意》，腦中帶著對眞心與意識心初步的印象；這時，恰好有事跟陳師姐聯繫，藉此因緣，陳師兄的『助緣』出現了：他告訴我們：「應該要整理眞心與妄心的體性與特徵，進而在十八法界當中去觀察尋找眞心在哪裡？」他叫我們要把《心經密意》、《禪－悟前與悟後》多讀幾遍。說起來慚愧，從那時起，我才開始仔細閱讀《禪－悟前與悟後》，發現這本書的可貴，非常後悔過去的無知與傲慢。

這時，法智師三月分突然間跑回台灣，不再回美國了，由陳師兄代課；陳師兄上課介紹「百法明門論」、「八識規矩頌」、「唯識二十頌、三十頌」，聽得迷迷糊糊，好像『鴨子聽雷，有聽沒有懂』，心想，反正他介紹這些唯識，擺明是悟後起修的事，那是還要好久以後才會發生的事，還是先回來看《禪－悟前與悟後》要緊！

不好了，這本書才讀了三分之一，麻煩來了：四月，法智師確定不能回美時，鄭師兄、陳師兄推我出來主持共修，言明到十月禪三截止。心裏是叫苦連天，很害怕；這個班不是普通佛學的班，都是很高學歷的高級知識分子，或者歷練老到的人士；我現在才開始要起步而已，我有什麼資格跟能力高坐在上面？心理壓力很大，鄭師兄強迫、陳師兄鼓勵，幾番推辭不了。如何能臨危受命、出來跟大家共修？

自從看完《心經密意》以後，就一直留意眞心是什麼？帶著一個疑，在行住坐臥當中尋找；雖然知道要跟大家共修的職事可能推不掉，但心裏有個最壞的打算，就是「咬死不答應，能奈我何？然後逃之夭夭。」所以還是照樣日常的工作。或許是佛菩薩慈悲憐憫我，有一天在後院蹲著拔草之時，突然間察覺：爲什麼當我眼光從左邊落到右邊另一棵雜草，□□□□時，□□會□□？再仔細注意：發覺□□會□□的□□，□□□□，而□□□□□□□□□□□□□、□□□□？一瞬間□□□□，就□□□□□□□，這個發現是初次觸證！

當晚回寮房，夜暮低垂□□就□□□□，□□？是妄心了知黑暗，□□□□□，□□□□□□□？隨後觀察：從早晨醒來睜開雙眼，想去刷牙，居然□□就□□□□□□□□，□□□□□□□□就□□□□；想□□□就□□□□□；講電話時，□□□□，就□□□□；善覺師烹調，要我嚐味道如何，才跟她說□□□□。忽然善覺師拿湯匙□□□□，□□□□□□，當時善覺師笑著說：「□□□□□？□□□□□□，□□□□□□□。」

這一提醒，讓我從□□注意到□□；因此而夜間輾轉難眠，時而左翻右覆；

某夜突然醒悟：「原來也是□□□□□哩！從□□到□□、從□□到□□，□□、□□□、□□□、乃至於夜晚上床睡覺，□□□、□□□□，祂無處不存在。」眞是「朝朝還共起，夜夜抱佛眠」。終於明白 佛陀當年在菩提樹下證悟所言：「大地眾生，皆有如來『智慧德相』，只因『妄想執著』而不能證得。」也明白了爲什麼 佛明明說法四十九年講經三百餘會，卻又說祂實「未說一法」。

《法華經》說「佛以一大事因緣出現於世」，經文「十如是」正是這個；腦海中不斷浮現出「永嘉大師證道歌」的句子，也出現「從無始來，不知常住眞心、性淨明體，此想不眞，故有輪轉」、「狂心頓歇，歇即菩提」這些《楞嚴經》上的句子；多年誦持《金剛經》，現在才眞正明白「所言一切法者，即非一切法，是故名一切法」、「如來者，無所從來，亦無所去，故名如來」、「如來說第一波羅蜜，即非第一波羅蜜，是名第一波羅蜜」、「如來說三十二相，即是非相，是名三十二相」的眞正意思。

再趕快去翻《六祖壇經》，這次我終於瞭解壇經裏「無相頌」之意；回頭重新閱讀師父的解釋，痛心於師父的依文解義；重閱一次 導師《心經密意》明心的公案，已經了然於胸，對於《心經》最後「揭諦揭諦、波羅揭諦、波羅僧揭諦、菩提娑婆訶」所隱含的密意，會心一笑！閱讀《禪─悟前與悟後》所提到的公案，十之七、八都能領會；找（導師的）公案拈提來看，愛不釋手，妙趣無窮；尤其是第二輯中講到「土城和尚」的公案，廣欽老和尚的機鋒與示現，是那麼直心、親切，反觀師父與 廣老的對話，我只能苦笑。

想起當年隨母親到承天禪寺三步一拜，清晨五點從山腳下起拜，拜到寺內西方三聖殿時已近七點，每每看到 廣老坐在殿外，雖然向 老和尚頂禮，其實心裏老是拿老和尚跟師父比較。如今重讀、重聽老人家的開示錄，以前覺得平淡無奇的開示，如今卻是津津有味，只能懺悔當年有眼不識泰山，感恩「若沒有 導師的教導，就不知道 廣老是眞悟者」，自警切勿再犯「以貌取人」之錯。

我把這些體驗告訴陳師兄，他只是笑而不答，也不告訴我正確與否，只問我：「敢承擔嗎？」第一次聽到「承擔」兩個字，不懂是何意？思惟「如果這個就是眞如，那祂跟妄心又是怎麼配合？如何運作？」回想鄭師兄破參後曾說：「喝一杯水，就包含了十八法界。」這又是怎麼一回事？跟以前陳師兄所說的「百法明門論」、「八識規矩頌」、「唯識二十頌、三十頌」，又有什麼關係？什麼叫「一念相應」？我有「一念相應慧」嗎？疑點重重，好像進入五里霧中，模糊不清。

但到此時，已經不敢想要逃之夭夭了，心裏明白是佛菩薩加被，讓我這麼短的時間入門就找到祂，我十分確定所發現的幕後藏鏡人一定就是祂。又想到應驗了當年鄭師兄申請共修團體執照時免稅資格屢辦不成，藉用我要教禪弘法的名義去申請，而後執照就順利下來；果眞因果不爽！雖然《禪—悟前與悟後》還沒有看完，雖然還有很多觀念有待釐清整理，但是我已因此開始著手準備將要接手的第一堂課。

二○○三年五月十七日，第一次上台，那天我告訴同學的第一句話就是：「剛才要上來以前，心裡很緊張，上了好幾次廁所。後來想到眞如是不緊張的，身心頓時放下，覺得好輕鬆，就不緊張了。」這段肺腑之言，或許啓發了大家的信心；自此共修上課，同學鮮有踢館或找麻煩者。從二○○三年四月破參後，到七月下旬，一直在摸索，有一天清晨蹲下身很專心的收拾物品時，冷不防被善覺師突然出現的身影嚇一大跳，嚇得我全身顫抖不止、汗毛直豎、心跳猛烈，頓時張口哭泣、淚水迸出，久久難以平復；過後幾天，回想當時的感覺與體會，仍然歷歷清楚（當時真如心是不動、也是無懼的），所以更加確定眞如與妄心的不同，也知道了什麼叫「一念相應慧」的出生。

在整理每次上課資料的時候，細細去讀《禪—悟前與悟後》，總是既懺悔、又感恩；懺悔這本書一再出現在我面前，我卻視若無睹、棄如敝屣；感恩 導師的教法是如此豐富，過去我的愚癡無智錯誤知見盡列其中；如果早讀就好了，心靈就不會流浪至今，時光空過！也感恩 導師告訴我回家的路。為了做筆記，翻遍 導師其他書籍有相關提到的部分，每每從 導師的書中感受到 導師的苦口婆心、老婆心切，同樣一個道理，總是不厭其詳再三解釋，讓我難以取捨；後來我發覺自己也有這種婆婆媽媽的個性，總是囉囉嗦嗦、又臭又長的講到時間超過，深怕大家聽不懂。

為了找資料、講故事譬喻，也參閱諸方大德著作，包括師父的書；可是他們所解釋的道理，總是讓我啼笑皆非，又搖頭嘆息！感恩 導師授我擇法眼，讓我稍具揀擇的能力，能找出他們的落處。破參以後，深入 導師的書，一再印證，確信 導師的證量如山高水深，所以當後來有一段時間，鄭師兄被人影響而搖擺不定之際，說**「阿賴耶識是生滅法，你們明心以後就知道 蕭老師講錯了」**，我卻敢跟他抗爭，敢拍胸脯保證：**「阿賴耶識不是生滅法，就算明心見性以後，也是沒有能力找導師的錯處。」**而不被轉退。

幸運如我，可以在禪三前破參，首要感謝學員們想繼續共修的因緣；若非如此，我不可能得佛菩薩的加持、即時觸證。但是因果是很公平的：我沒有太費力拜佛就找到如來藏，就得花相等的時間來準備資料、處理事相上的事，這是我自己最起碼的認知。

當然最大的受益者還是自己，藉由這個任務，不斷薰習如來藏裏的無漏法種，一次又一次的加深印象與智慧，開啓了自性的般若智慧，也積集福德資糧；有一陣子覺得腦子裡千頭萬緒，般若智慧有如毛線球脫線打亂，纏繞糾結，夜間眠睡仍似在此起彼落，自知是未能融會貫通所致；現學現賣，眞是既痛苦又難得的體驗。同學之中常有來電或上網詢問，他們的問題稀奇古怪，都是我從未想過的問題；藉由他們的提問，有時能「觸發」一些脫口而出答案，實在奇怪！感恩佛菩薩、 導師給我這機會，讓我學習在了義正法中講話，原來我也可以不做啞羊僧，只因爲 導師的法太豐富。我只有後悔爲什麼愚癡、起慢，浪費了八年的時間，正法的因緣一次又一次自動的送上門來，我卻一直把它往外推。

去年七月，美國共修處出現危機；賴師兄夫婦因此回台面謁 導師，帶回消息。聽到 導師的決定，深深佩服 導師的慈悲、智慧與寬宏大量，救了大家，也給了鄭師兄機會。十月，危機又起，恰好有事回台，首度面謁　導師，稟陳詳情。導師溫文儒雅、定功深厚，親臨慈誨，得蒙　導師寬諒，再一次給鄭師兄機會，亦解決我『進退兩難』的困境。趁回台之便，到佛教書局請購《維摩詰經》以便課誦，不意早有人印好、等待贈送道場；而此經冷僻，一直無人問津而擺在那裡。另有一本《大悲懺本》也正等待結緣，想到：**台北總會現在有拜大悲懺的活動，我們似乎亦可為之？是佛菩薩冥冥安排？**既有此因緣，就都請回洛杉磯。

雖然找到了眞如，跟大家共修，也在　佛前發願：要隨緣、隨分、隨力弘揚了義正法。每當遇到事相上的事，讓我焦頭爛額、擔驚受怕，凡夫性生起，又退縮了。心想：「**如果不是為正法而犧牲，反而是在無謂的事相上動輒得咎，吃力不討好，行善法卻是結惡緣的種子，何苦來哉！**」內心經常掙扎於聲聞種性與菩薩種性之間。這次禪三報名，　導師要我負責蒐集資料，為了洛杉磯的學員報名順利，幾經考慮，懷著五味雜陳的情緒，終究還是報名了禪三。錄取與否，就交由佛菩薩決定罷！雖然心中篤定，但沒有預期是否眞能被印證，一切全憑佛菩薩的做主。

甫接獲 主三和尚親自示下禪三錄取信函與慈言慰勉，感動得無以復加；疲累的心，立即化爲烏有。奇怪啊！

仔細回想跟蕭導師的因緣，實在是很慢、很慢、很慢才成熟，仔細推究，就是慢心作祟，才延誤了八年；人生又有多少八年可以耽誤？所以「慢心障道」這句話，眞是千眞萬確。

禪三過程與心得

頑劣的心，幾度過門而不入，再三蹉跎；若不是佛菩薩的巧設安排、蕭導師的德慈證量，怎會心甘情願的走入了義之門，發願盡形壽隨緣、隨分、隨力弘揚正法？

二〇〇四年三月二十六日，禪三報到日，一個霏雨陰霾、時而大雨滂沱的天氣，令人感到沉悶；下雨帶來了不便，拖著行李、撐著雨傘，在人群與車陣中上下閃避，不論考取與否，今日將是畢生難忘的一天。

上午九點（到新店女童子軍中心）報到後，領了編號二十四的名牌、臉盆和拖鞋，跟隨義工菩薩上二樓安頓行李；長長陰暗的寮房，齊整的上下舖分列兩旁，一股霉味刺鼻衝入；義工菩薩帶我們走到底，掀開布簾，卻是別有天地：原來我們被安排在最裏端有窗戶的位置，雖與其他十位女眾居士同寮，卻又楚河漢界、劃分清楚。好個細心的照料：爲了我們出家眾多加了一道布簾。

行李安頓完畢，按規定得先洗手，再到樓下禪堂禮佛。莊嚴威武的 韋陀菩薩聖像，矗立在入口處；一踏入禪堂，映入眼簾的環境，有種似曾相識的感覺；及至到了我的位置——女眾的第一排第一位——看見慈悲的 佛陀聖像，心頭一熱，頓時紅了眼眶；拜下時卻已是淚眼婆娑，喉頭哽咽，不能自已。

待人員都到齊了，才知道這回只有我們二個是出家眾。十點半，灑淨程序由同修會理事長上悟下圓老和尚主法，不知爲什麼，《楊枝淨水讚》一起腔，眼淚就不自主的落了下來；整堂灑淨就在淚水與鼻涕交織下進行，只能閉眼、卻無法開口。

中午上供後，過堂用齋；之後匆匆盥洗，趁空檔閱讀了禪三程序與規矩，好個嚴格緊湊的共修生活。下午一點半，到禪堂集合，要拜願懺悔。監香老師說：「**想要求明心破參，多少會有怨親債主跟來阻礙，所以務必誠心懺悔、發願。**」

正式拜願時，維那沉穩緩慢悲柔的嗓音一起腔，又引發了我的情緒，莫名的悲從中來，眼淚奪眶而出，咽喉鼻道梗塞，全身抽搐，忍住盡量不哭出聲；等到大殿裡燈光全暗，又聽到監香老師要我們大聲哭出來，把末那識的染污種子顯發、轉化，才開始不顧一切地放聲大哭。頓時哭泣聲此起彼落的，護三菩薩不時一一遞上面紙，讓我們拭淚、擤鼻，又收走污穢的面紙。記得在登壇受三壇大戒時的懺摩、拜願上，都沒有哭得如此傷心悲痛、如喪考妣；暗暗自問：這到底是什麼力量？

拜願完畢，緊接著要起三了；發下「禪三宣誓文」，快速的閱讀一遍，眼眶又紅了：無上大法如此鄭重其事。讚偈開始後，眼淚又潸然而下；一向不是哭包，奇怪自己今天怎會如此愛哭？跪念「求悟發願文」時，突然間很感動；過去也讀過，但從來沒有像此時此刻的感受，所以很深切至誠的發願。請師的時候，看到請法盤子的紅包袋內裝的不是供養的金錢，而是一紙祈請文，心又感動了：是如何的大願大力，才能不計一切、爲法忘軀啊！

主三和尚開示起三法語，首先要我們殺掉『我見』（感恩導師特別是對六、七、八識做詳細的分析解釋，脈絡分明連貫，心中疑惑完全釋然殆盡。）在與洛杉磯同學共修《禪—悟前與悟後》時，也多次就三縛結的內容加以整理，如今親耳聽聞斷除三縛結的道理，深深佩服 主三和尚說的簡潔精闢、透徹完備，悲憫自然、風趣幽默，感覺是那麼親切，比自己的父母還要慈愛。主三和尚又解釋宣誓文內容，他說這張宣誓文已經在講堂公佈欄張貼了一年多，都不曾有人有意見，所以從去年四月禪三起，就加了這張宣誓文。他要我們考慮清楚：現在已經斷了三縛結，即將開始禪三證悟的過程；如果宣誓文的內容將來不能做到，可以當場退出，絕不勉強。

他說：「能殺掉我見，進而斷除『疑見、戒禁取見』，在聲聞法裏就可以證初果解脫道，今天的解脫道是免費贈送、見者有份，就算不參加禪三，就此下山，也值回票價。現在再問一次：有沒有人要退出禪三？現在可以離開了。」但是大眾沒有人退出，所以 主三和尚接著就說：「親證無上大法的『本心』，不但能證解脫果，還能證佛菩提果。雖然開悟很難，多少祖師終其一生都爲求明心而不可得；但只要能先把我見殺了，想要明心就像桌上取柑那麼容易。」既然沒有人退出，就由出家眾開始，跟著 主三和尚對宣誓文起誓，我強烈感受到諸佛菩薩的悲心、 蕭導師的苦心，還有護三菩薩的誠心，心甘情願的發願、遵守、護持，不但是對佛菩薩的承諾，更是對自己的承諾。

宣誓後，就表示正式參加禪三了，監香陸老師先講解一次禪堂規矩跟小參規矩。導師又對特別重要的部分再交代一遍，希望禪三能順利圓滿進行，不要有憾事發生；我一向是乖乖牌，自然恪遵不犯。

起三後，先放個小蒙山施食儀，跟來到禪三場地的怨親債主與當地無形眾生結緣，恭請理事長上悟下圓老和尚主法；護三菩薩們準備了好多食物，一一用最大臉盆裝著，食物的份量就像在放燄口一樣，足夠讓怨親債主們飽食一頓。

起三前，中午用餐時，我就已經注意到同桌安排有主三和尚的座位；想到書上說：只要有機會跟 導師同桌吃飯，導師的一舉一動，都是機鋒！可以幫你悟。到晚餐時，第一次跟 導師同桌吃飯，竟然不會緊張；看 導師吃的不多，就起身巡視，邊開示、邊使機鋒，眞是「不爲自身得安樂，但願眾生得離苦」的菩薩心腸；多巧妙的現代機鋒，看得很歡喜。每天晚上的公案開示最精采生動。之前在起三時，導師特別強調『殺掉我見』，由於時間不夠，本來要講的「五蘊」，導師說留到今晚講公案前再作補講。聽 導師言簡意賅的介紹一遍「五蘊」，眞是受益！如果沒有先由 導師把五蘊的內涵打底，我想這次禪三的勘驗，鐵定慘遭滑鐵盧：卡在這裡，動彈不得。

今生第一次聽講公案，導師的一言一行都讓我很佩服跟信受，他才是眞正的禪師。每一則公案的密意跟差別智，透過他的口語解釋跟肢體表演，眞是令人開懷大笑，又發人深省。公案的文句、用詞都是艱澀難懂的古文，相信辭典都查不到它的意思；可是導師居然會懂，熟悉得就好像在說自己的母語；對每一位禪師的生平事蹟、傳法風格如數家珍，娓娓道來；如果他不是再來人，不是親歷其境，怎麼會這麼清楚？

前兩天晚上的公案時間，沒有什麼人笑，大部分的人都是莫明其妙；第三天晚上的公案時間，因爲已經有幾個人破參了，就比較有反應。三天的講公案時段，每晚都有三到四則的典故，雖然導師說「一則通，一千七百則亦通。」可是我的慧力差，總覺得第一天晚上所舉的典故最難，隨之難度遞減；最後一天的公案是顯而易見，猶如倒吃甘蔗，漸入佳境，故能博得哄堂大笑。

記得第一晚的公案，講到有位禪師悟了以後，師父想把法座傳給他，可是他不願意擔這個重擔，所以始終不肯接法。導師說他自己在過去每一世也都是像這位禪師一樣，怕被住持位子的缽袋子黏到：**住持師父叫他幫忙，他願意盡力幫忙，可就不願意接法、擔重責大任——不想當住持。**所以一千年前就見性了，因爲不肯發心當住持，到了現在還在這裡混；今生想通了，接下重擔，所以集「法師、禪師、論師」於一身，雖然分身乏術，到現在他知道『吃虧才是佔便宜』。

晚上公案普說雖是精采，三餐齋堂過堂時間，導師的開示跟機鋒更精采；因爲不論你東西南北、左右上下怎麼回答，只要是落入意識心，就給三十棒；意識心再拐個彎，是六十棒；意識心拐彎再加上葛藤，就是九十棒了；把大家弄得神經緊張，無所適從。有一次他提到：「**你們都不乖，祂最乖。**」眞是絃外之音，令人會心微笑。每次離開齋堂前，導師總不忘提醒大家：「**注意腳下**」。

禪三第二天早齋後的經行，因爲下雨，就在禪堂內活動。以前在別的道場參加禪七時，也都有經行：跑香、行香。那是錯把經行當作運動，以爲是活動筋骨，「知其然，不知其所以然」；但這次禪三的經行，我才算眞正認識、明白禪宗裏經行的用意與方式。碰到眞正的禪師，那才是『禪』；碰到假名禪師，可就是『慘』了。第三、四天早齋後的經行，蒙老天爺賞臉，停了雨，大眾可到戶外經行，導師還即興作一首偈：

「**鳥語花香霧正濃，漫步經行豈無機？條條大路通眞如，行人莫與路爲仇。**」

送給我們作爲這次禪三的紀念，可惜記憶力不好，無法完整的記下來（編案：上面的偈語是由編者補記完成）。因爲在戶外，空間範圍都大，經行聽監香老師的口號，一下子快走，一下子操手慢走，一下子又跑，導師說：「怎麼□□□？□□□，□□□□，□□□□。」恰好 導師又提到「□□□□」，以前在《明心與初地》書中看到這個經中所說的譬喻，始終想不通；藉由今日的實地操演，使我豁然開解。感恩啊！

每次用餐完畢，大眾一定要回到禪堂集合禮佛，互相問訊後才解散；從第二天早齋後，導師都不忘按順序指派男女眾各二人去廚房幫忙洗碗。當 導師問我：「你應該不用洗碗吧！」我笑了笑。所以，我的機會就讓給別人洗。

報到的第一天，從早哭到晚，大概已經暫時把剛強、我慢、懷疑、矛盾、固執、煩惱給哭跑了，把心裏的污垢去除了，整顆心變得調和柔順，覺得很安全、很歡喜、很自在。

第二天清晨五點鐘第一支香，大家已經在禪堂拜佛用功了；禮佛時耳邊聽到 導師的聲音，他說：「現在來到這裡，不是在作拜佛的功夫；如果還在作拜佛的功夫，那就白來了；來到這裡是要參禪、參究，找本來面目。」我想大概很多人都以拜佛的心態在用功，導師光看我們拜佛的神態就知道，所以慈悲提醒。那時我亦是以無相拜佛培養定力，自忖：反正我已經找到眞如心了，參話頭對我來說已經沒有意義，倒不如利用時間多拜佛加強定力，看看這次能不能連闖兩關？既然我的如意算盤被 導師識破，該參什麼話頭？想到昨天晚上的三則公案，還有點不清楚的地方，還是回來乖乖的作思惟觀吧！

小參是從第二天早上八點以後開始，大眾一邊禮佛、一邊等，心想「不知何時才通知我小參？」等到午飯時間到了，也沒輪到。下午一點半，又繼續小參，果然輪到我了。進了小參室，監香陸老師在場；頂禮 主法和尚，坐下來，導師問我有什麼體驗？我想要報告早上經行的心得；因爲經行前，導師已先問我：「你知道眞心與妄心的區別嗎？」我笑笑、點點頭。導師當時曾說：「那，等一下經行時，你仔細體驗一下，哪些部分是眞心？哪些部分是妄心？哪些是眞妄和合？」所以當 導師問我「有什麼體驗」時，我以爲是要問我早上經行的體驗；沒想到 導師卻說：「先不說經行，先說說你自己是怎麼破參的。」簡單報告了一下破參的經過與這一年上課的心得，導師聽了直點頭說「不簡單」。

說到第一次上台說法的體驗，想到眞如是不緊張的，就眞的身心放下，緊張的情緒蕩然無存， 導師說這叫作「末那的轉依」。我想講昨晚公案的「動是法王苗，寂是法王根，都不是法王」、「蛇還沒有出洞」等公案，報告自己思索以後的答案；但是 導師不聽我的答案，倒是藉了公案開示一番，以「怕被缽袋子黏住」的典故，來鼓勵我不要「怕被缽袋子黏住」。問到「侍者」的公案時，導師用「侍者」跟我講話，我又何嘗不是用「侍者」在跟 導師回答呢？導師又教我如何應付野狐……等等東西，又用問答的方式教我一些知見、觀念，讓我基礎更穩固，我實在感恩又法喜。最後他問我一個問題，這個問題我實在搞不懂；他又慈悲給了知見和方向，教我整理，其實我還是沒聽懂。他說我整理出來時，可以直接來找他。

出了小參室，心頭茫茫然，回到座位上，按照 導師的吩咐坐下來思考；從那時起，就是兩眼發直、瞪著佛菩薩聖像，腦袋空洞洞，我知道這個問題是台北教材裏的一部分，可是我什麼概念也沒有，該從何下手？眼睛看累了，就懺悔、禮佛、發願，祈求佛菩薩加被。大概兩個小時以後吧，已經想不下去了；那時也找出一些眉目，想向監香老師請問一下思惟理路方向是否正確，如果不對，好把握時間從頭來過。他們安排我見到監香孫老師，她聽完我支離破碎的想法，說我想的方向是對的！可是我已經擠不出來了，就跟孫老師繼續蘑菇，後來她提示我兩點（感恩孫老師慈悲），就不肯再多說了。她說：「**要是自己整理出來的，將來就算有人來否定你、影響你，你也不會退轉；因爲是自己的東西，任誰都打不倒。**」

又回到座位上開始苦思，有時瞄瞄□□師，發覺她也是兩眼發直、瞪著佛菩薩聖像，眞是如坐針氈、如喪考妣。我帶著這個問題去吃晚餐及聽晚間的公案普說開示，可是今晚有心事在身，雖然 導師的開示跟公案還是一樣活龍活現、唱作俱佳，也有 導師爲我們寫的偈誦、每天四句，今天是到「古道場」，公案「金剛經」、「六六三十六」、「朝打三千，暮打八百」，我也知道他在說什麼，但情緒就是沒有辦法像之前那樣開懷大笑：**有個心頭大患卡在那裡，實在是難受啊！**公案普說時間完畢，大家在禪堂繼續參究，導師也回到小參室繼續主持小參。大概是前一天太累，睡不安穩；今天又想了一個下午，頭腦快開花了，這支香是進入昏迷狀態，迷迷糊糊的，什麼也想不出；所以等十點一安板，就決定去睡個好覺。

第三天早上第一支香，先懺悔、禮佛、發願，就坐下來思惟整理。早餐結束後，導師關心的問道：「都釐清楚了嗎？」用力的搖搖頭，苦笑。七點照樣經行，可是心思已經沒有辦法在眞妄和合運作上體驗了。八點以後，開始參究，思前想後，思後想前，沒有什麼進展。眼看時間分分秒秒過去，我想如果不趕快再去小參，就沒機會了。九點多，向糾察報告想要跟監香老師小參，之後，又回到座位上苦思。十一點十五分吧！有人引我到候參位子等待，在那裡坐了將近二十分鐘，終於輪到我了；我以爲是進入監香老師的小參室，護三菩薩卻指指 主三和尚的小參室；心中又喜又驚，高興可以再跟 導師講話，卻也擔心所整理的那一點資料不知道會不會被打回票？

一進門，導師就親切的說：「善藏師終於來了，我說怎麼還沒有消息呢？」頂完禮、坐下來，導師問監香孫老師我是什麼題目？「十八界出現的先後次序」，導師說：「很簡單，分成三個部分：六根、六塵、六識三類，哪一類先？每一類中又是哪個最先？」我把所整理的東西報告，導師一邊聽我報告，一邊跟我解釋，我知道他是慈悲在教我。原來這個問題並沒有我所想的那麼複雜，幸好我會早一點來小參。導師又教我一些知見，我知道那也是他慈悲補充我的能力，以後有人來問難時，我才會應付。然後他突然嚴肅正色的說：「現在正式考你了。」哎呀！原來之前的小參都是開胃菜，主菜現在才要開始上桌。他問了《維摩詰經》裏三段經文，這個難不倒我，很快、很肯定、很有自信的回答。

他說：「你以後要行持菩薩戒，你現在是菩薩僧了。」我沒有聽懂話裏的含意，笨到還請問該如何行持？他叫我去看菩薩戒本。看我還是沒聽懂，他又補充：「以菩薩戒爲主，聲聞戒爲輔。」然後舉例：如果洛杉磯星雲法師聽說你開悟了，來找你；他如果講錯了，你就可以馬上給他一巴掌！我很快的反應：「我不敢！」孫老師在一旁聽了、都笑了。導師問：「爲什麼不敢？不要以爲你是比丘尼，他是比丘，你就非得要恭敬他。你開悟了就是菩薩僧，就沒有男女相。你已經是大丈夫，不再是比丘尼了，是女人中的男人；他沒有悟，雖然是大比丘，但因爲抵制正法，其實還是男人中的女人。」有導師打的這劑強心針，我想我會變得勇敢一點。

導師然後說：「現在你可以去跟糾察菩薩說你要喝水。去拿你的杯子，水裝這麼多，(用手比給我看)，然後從拿起茶杯，到口邊喝水的這一段，去觀察三個部分：1．□□□□。2．□□□。3．□□□□的運作；這一段□□□要□□□□，每一次不要喝太多水，啜一小口就好，不然你會一直跑廁所。這一題就要你整理到明天了。」我說:「這才第一題,還有兩題怎麼來得及?」導師笑笑,不理我。又說:「等一下出小參室去,先到 佛前向本師佛頂禮三拜,畢竟法是 世尊傳下來的;雖然是我幫你印證,但不能不飲水思源,要感恩 世尊。」導師大概知道我笨笨、沒聽懂,還又交代:不是在自己的座位上禮拜、感恩。

退出小參室,時間已經超過十二點鐘了,回到禪堂,才注意到趙師姐已經在喝水了;大眾都在等我們用齋,我也不敢去 佛前拜三拜:太招搖了。等到結完齋後,大眾退了,才默默去禮拜 世尊謝恩,又跟 觀音、地藏菩薩禮拜謝恩,也跟 韋陀伽藍菩薩禮拜謝恩,陸老師跟我說聲恭喜,我微笑回禮。

下午上禪堂就開始喝水整理了,有趣的是:糾察何老師發覺我在喝水,急切的跑過來問我:「有沒有在 佛前禮佛三拜?」跟她報告說禮拜過了,她又問:「有沒有到 韋陀菩薩像前也頂禮三拜?」其實我是在 佛前禮拜 韋陀菩薩的,爲了讓她放心,我回答說有;事後還是到 韋陀菩薩像前補行頂禮三拜。

導師好慈悲照顧,小參中間抽空來巡視我們有喝水的人怎麼喝水,特別拿了竹篦跟我比了比,來提示我,我會意、笑一笑。喝了兩個多小時,覺得應該可以了；擔心還有兩題要做，不趕快小參就來不及了。去跟糾察何老師報告要小參，她一臉難色，說今天可能沒辦法了，還說喝水裡面有很多東西要細細體會。沒辦法，只好退回來，繼續喝吧！同一個姿勢做久了，手都酸了，心想先用頭腦整理連貫動作，這樣小參時才不會遺忘；放下茶杯才閉目思索一下子，糾察何老師不知何時來到我身邊說：「師父！不可以用思惟的，思惟會落入解悟，要實際□□□□。」沒辦法，只好乖乖的□□□□，果然水喝到剩不多時，又有新發現；心中感謝 導師「之前就叫我裝這麼多水」的用意，也感謝何老師的鼓勵，才沒有懈怠。

有時望望□□師，看她兩眼發直，心裏好難過，祈求佛菩薩加被她，讓她早點參出來。藉著加水、上廁所之便，才有機會看看趙師姊、蔡師姊跟賴師兄，趙師姊是放眼觀天下，禪堂盡收眼底。蔡師姊□□□□□□不停，面目愁苦，我想她一定遇到瓶頸了；賴師兄時而打坐、時而拜佛，看不出有何動靜。這是第三天，喝水後的心情。

記得第三天午齋還是晚餐？ 導師低聲關切的對同桌三位男眾說：「你們不知道是什麼因緣，才可以跟我同桌吃飯；已經三天了，你們三位怎麼一點兒消息都沒有？」說得一號男眾連聲對 導師說慚愧。我心想：能跟 導師同桌吃飯，是託三寶的光，才有這個大福報。

第三天晚齋跟晚上公案時間，就一片笑聲了。導師對大眾舉出星雲法師如果來跟我問難的例子，強調說：「**開悟了，女人變男人；沒有悟，□□是□□。**」說的他自己都大笑嗆到，看到 導師拿起毛巾來拭淚，看起來似乎笑得很開心，其實我能感同身受：導師爲了許多的**假名僧寶**而痛心疾首。假名僧寶不但不能住持佛法，反而破壞正法。導師又說昨天晚上護三菩薩們爲我們請命：禪三過了二天，沒有人破參，他（她）們都好焦急，要求 導師不要太刁難我們。感恩護三菩薩們的道情關懷。但是 導師說這一次禪三，是本會有史以來最輕鬆的一次，也給知見、教你方向、讓你整理，如果還不能悟，他也沒辦法。依照過去的個性（習氣），到了最後一天如果還找不到眞如，通通叫進小參室來明講，用送的。但有後遺症出現：不斷的退轉了。爛攤子還是得自己收拾。護法菩薩也因此而處罰他，說「**你這樣亂搞，正法就斷了**」，讓他禪三時生病；病一次是正常，連續病二次是巧合，連續病三次，就知道不對勁了。所以後來慢慢改了，每次禪三開悟的人，一次比一次嚴格，他說：「**我也要學安忍啊！**（安忍學員不能悟入)」

禪三的第四天，喝水的人越來越多了；禪堂瀰漫著緊張氣氛，人來來去去，分秒必爭。早上又去請問何老師什麼時候可以小參，她告訴我：「晚一點會安排。」她誠懇溫和的勸告我：要好好體驗喝水，趁這個機會好好整理，下山以後就沒有時間跟心情來體驗了。只好聽話耐著性子繼續喝水。我們這一排的菩薩，有兩位到現在還沒有消息，一位不是拜佛、就是求願，甚至還低聲啜泣；另一位則是□□□□不停，我眞替他們難過。我們這桌吃飯的二位男眾，在第四天也破參了，總算沒有辜負跟 導師同桌的福報。

第四天午齋前，終於來叫我，原來是安排我們第一批喝水的九人集體進入小參室；一堆人進去，才發現好多護三菩薩都在裡邊，想必護三菩薩們剛聆聽完 導師的開示；想到 導師一個人，不但要照顧我們，也不忘給護三菩薩們加油打氣，眞是辛苦。 導師比著要我坐到最前面，他說：「等一下你來做示範。」報告時，才明白 導師昨天用竹篦點我的用意，幸好 導師昨天先跟我惡補了一點，不然以我的慧力跟觀行，一定出醜；同學們又增加一些我所說的不足，最後 導師還補充好多、好多細節，令人嘆爲觀止；眞佩服 導師的道種智如此高深，觀行如此細微，難怪何老師說喝水的學問好大。

一團人在小參室裏，都是家裡人，談話無須隱藏；導師是那麼親切、睿智、談笑風生，讓人如沐春風，眞希望時光都永遠停留在此刻。可惜終究要回到現實，導師給了第三道題目，要我們午齋後整理；至於第二道題目，因爲時間來不及，就當是我們欠他的。什麼時候驗收也不知道，也許是下輩子吧！聽到這裡，有難過、有歡喜：下輩子再還，就表示還有因緣跟 導師學習。想到這裡又很高興。

退出小參室，進入齋堂，心想：「**這是禪三最後一頓午齋了，以後不知還有沒有機會跟導師同桌用午餐。**」心裏悽悽然，卻不知道這一頓午齋，也正是禪三的最後一次。還記得最後一天早齋開示，終於提到 維摩詰居士；因爲前兩天都是講祖師大德的行止，還講過禪門祖師一天生活的流水帳，導師講的不急不徐，抑揚頓挫，把原本應該是平凡無味的禪宗道場作息內容敘述了一遍，聽起來卻令人好笑；其實「日用平常皆是道」，又有多少人能眞正認識？

早齋時，導師講到禪宗流傳的「十牛圖」，他說開悟只有頓悟，沒有所謂「先見到牛尾，慢慢再見到牛身、最後見到牛頭」的說法，那是沒有悟的人錯誤的想像；導師又在黑板上畫下七個奇怪的符號，又寫上「一二三四五六七」，令人不禁莞爾；午齋又再次提示這些符號與數字，相信今天應該比較多人知道導師的用心良苦。離開齋堂時，又聽到 導師的叮嚀：「注意腳下」。

中午過堂後，等待解散，好回寮房收拾行李，監香老師卻宣佈中午不休息，繼續用功；那也表示最後關頭 導師仍想盡辦法幫忙還未悟的人；慈悲啊！ 我們第一批破參的人，被叫到戶外庭院整理第三道題目；太陽好大，曬得全身發熱，汗流浹背；我站的位置比較靠近樹叢，不時蒙蚊子親吻；照顧我們的護三菩薩爲了成就我們，也跟著一塊兒受累，眞是慚愧。猜想應該至少是整理二個多鐘頭，時間已近三點鐘了，我們終於可以進禪堂思惟整理剛才的體驗，也趁機休息一下。不時又看到多出幾位破參者到 佛前頂禮，心想：不知在最後關頭悟的人，該如何整理三道題目？

沒多久，我們這一批都被叫進小參室，正奇怪監香孫老師何以手持引磬？導師開聲道：「十分鐘一到就打磬」。原來時間急迫，爲了要兼顧第二批人小參，我們的時間也只有這麼多。唉！福報不夠，怨不了別人。倒是佩服導師的一視同仁，孜孜不倦。很快的報告第三題的體驗，跟導師就像在話家常；任何問題提出來，他都能給圓滿詳盡的答覆。導師最擔心這群剛出生的小獅子碰到大野狼，將來被惡知識所轉，退回離念靈知心，苦口婆心的示範了二個例子，讓我們記得見聞覺知心的變相。不知道是不是眞的只有十分鐘，也沒有聽到引磬聲響起，只覺得 導師在有限的時光裡殷切咐囑、一一叮嚀，深怕一群初出茅廬、涉世未深的犢子，不知人心險惡、誤入歧途而身陷地獄囹圄。

到五點鐘，進行解三儀式，唱香讚、誦《心經》；以前看別人的見道報告裏，大部分破參的人，都會在這裡嚎啕大哭，主要是因爲過去被妄心騙得團團轉而不自知，如今破參，喜極而泣。我想：「我又不是今天才破參，應該不會有激動的情緒。」沒想到，眞的誦到《心經》時，還是不由自主的流下一行行清淚；妄心情識不但爲自己的無明，也爲還沒有被印證的同參流淚；又想到自己猶如雛鳥，羽翼未豐就不得不離慈母遠去，不捨啊！

隨後在請師前，發下一張 主三和尚「解三咐囑文」，眞切感人，殷殷期盼；讀後爲之動容，立誓發願盡形壽弘揚正法，摧邪顯正，以報 佛恩、師恩；導師親自講解咐囑文，千叮萬囑，要我們以法爲重，不要作出虧損如來的事。導師曾說很多人都喜歡供養他，要報答他，可是金銀珠寶他都不愛，也都不收；

但他只貪一樣——貪法供養——法供養越多越好。如果悟了以後可以好好修行，護持正法、破邪顯正，就是對他最好的供養；他說我們把這個「法供養」來供養他，他再去供養 佛世尊。看到 主三和尚咐囑文，自勉切莫辜負 導師的期望。

主三和尚開示完解三法語後，大眾又放了一場小蒙山施食，施食後以禪三功德迴向一切有情，算是有始有終，功德圓滿。

被印證後，身心都起了變化；徹底由聲聞種性轉爲菩薩種性，眞正醒悟到**有正法的責任與義務在身**。體悟到**印證好比受戒**，受戒有戒體力量可以止惡防非；印證是「以心印心」的傳承，讓你成爲 佛的眞子，發願承擔 如來的家業，上弘下化；原來這才是「承擔」的眞意。

禪三中的四天三夜，一天比一天感動，一天比一天折服，一天比一天信受，一天比一天依戀，萬分慶幸我來到此地；回憶這四天的過程，盈溢豐富得讓我記不清楚全部，留下滿心的歡喜與自信；但唯一可以絕對肯定的是：我找到眞正的大善知識，可以終身依止學習。

沒想到四天三夜的禪三，導師爲法忘軀、無私無我的精神，以及他所顯示出大智、大仁、大勇、大力、大慈悲的證量與德行，深深震撼我，感動、佩服得五體投地；於平易近人中，帶著清純與威德；回憶書上嘗言「導師的出家身味濃厚」，一直不解何意？此次禪三總算親自領略證明，果眞出家身味濃厚！是任何大善知識都比不上的。我眞是捨不得離開，如果可以繼續禪三下去，如果可以在他的座下學習、聽法、請益，那眞是無上福報；這種感覺只有剛出家時，所有出家弟子團團圍住師父，聆聽師父開示那種自家人的感覺，就如同嬰幼兒對母親的依戀、信任一樣。

導師才是我今生修行的法身慧命父母，感恩 導師的再生之恩，如果不是遇到導師，去除了最初的慢心，才能學到第一義諦正法，知道修行佛菩提道的次第。過去曾聽《潙山大圓禪師警策》錄音帶，雖然知道要用功修行，卻是苦無眞善知識教導，時常慚愧懊惱：作個混吃等死的粥飯僧，出家一趟最終還是白忙一場！幸而佛菩薩不負我，早替我安排了大善知識在旁邊；只是自己愚癡，猶疑拖延！如今才算是眞正出家了。衷心期望未來有機會可以報名護三，只有護三，才有機會親近、學習。

檢視前半生，對照今時，方知「爲佛教做事」的眞意。如今記述此篇見道報告，猶如重新參加一次禪三，點點滴滴湧現心頭，讓末那記得更清楚些；不斷回憶 導師小參室裏的叮嚀與咐囑，還有 導師教的秘訣；原來當時的明白，只知其一；回到美國後，碰到眞境界，要做事時，才恍然明白其二的深意；渾沌愚蠢如我，再次感恩頂禮 導師的設想周到、用心良苦。

發願

弟子前半生修行，抱著衣食之中無道心，道心之中有衣食信念，雖不攀緣、不化緣、不求緣，但因福報不夠、道糧欠缺，所以迫於人情，或者限於無奈，或因無知而受矇騙誤導，接受外道、佛門外道、世間俗人世情的布施、供養、幫忙、協助，所結下的染緣、惡緣，悉願早日斷除，不會成爲日後弘揚了義正法、破邪顯正的阻礙與誹謗；並願以弘法功德迴向：轉染緣爲淨緣、轉惡緣爲善緣，進而將有漏轉爲無漏法緣，圓滿了結；懇祈護法 韋陀菩薩作證幫忙。

自今日後，弟子發願斷除所有『有相有求、非清淨』的布施供養，不願因此間世俗人情供養而成爲日後弘揚了義正法、破邪顯正的阻礙；懇祈護法 韋陀菩薩作證幫忙。

弟子發願盡形壽追隨 蕭導師門下學習，終不自滿；尊師重道，克盡職責；以師心為己心，以師志為己志，護持正法，上報 佛恩、師恩；懇祈護法 韋陀菩薩作證幫忙。

弟子發願現身說法，將過去輕慢在家勝義菩薩僧之行徑，廣傳有緣的出家同道，令其捨棄慢心，進入正覺之門學習；並視其機緣，護持引導，令其迴小向大、發起菩薩種性，共同成就佛法大業；懇祈護法 韋陀菩薩作證幫忙。

在外道知見流毒瀰漫，邪說橫行的洛杉磯，弟子發願擔起如來的家業，不計個人名譽毀失、利害關係，竭盡所能將 蕭導師所弘揚的 世尊正法，落實地往下播種、紮根，期待美國正法的因緣能因此早日成熟，發揚光大，利益眾生；懇祈護法 韋陀菩薩作證幫忙。（此篇見道報告作者釋善藏法師，已被任命為正覺同修會美國共修處親教師。）

見道報告

—林欽源—

學佛的因緣及過程：

孩提年代，家住鄉下，三合院的老舊平房，後院有不小的空地，隔著一道樹籬笆，有間小小的寺院，住有兩位法師，每天清晨會播放著「阿彌陀佛」聖號；當時小小的心靈不會去思索它的含意，卻在成長過程中有著一股導引的力量；家父與慈母長期茹素，但我會常想：爲何要素食？由於家父七十三歲高齡才落髮出家，當時雖覺不捨，但畢竟是他自己選擇。

三年後家父往生，就近請了台南市龍山寺的師父辦理臨終事宜，在那之後與龍山寺結了緣。也因此一因緣，在龍山禪院參加生平第一次的禪七；由泰國一位比丘教導朗波田的動中禪；在第二天晚上的喝茶時間圍坐一圈，禪師要我上前，將手錶放在我手上，然後叫我放手讓它掉下去；當時怕摔壞，就是不敢放手，還挨了棒打；回座時一直思索剛才的情節，約二十分鐘後，不知怎麼，整個心完全變了，前後數秒鐘感觸有如天壤之別；之後放聲大哭，還嚷著要回家，內心覺悟到就是要平等對待一切眾生，哪怕是小如螞蟻。從此，起先常起出家念頭，但又放不下家人，這股強烈的覺受維持半年以上，之後隨時間逐漸趨於平淡。

因為這一次的因緣，激發我探究生命的實相，無意中在書局找到一本《悟前與悟後》講禪的書，看得歡喜，未等全書看完，就試著與正智出版社聯絡上，請教一些問題；奈因時間關係，無法北上聽課；又擱了數個月，有事北上，再次打電話到出版社，當時正好由師母接電話；說明了來由，表明要到講堂禮佛，師母欣然接受，當時既期待又有說不出的感受；轉搭捷運至芝山站下車前往，當時正下著濛濛細雨，不一會兒，看有兩人共乘機車停在騎樓下，心想一定是想見的人，打了招呼確認了，到講堂禮佛畢，那人還教了禮佛的方法；等到開始談話時，師母提起說他就是 導師。人如其名，平實得一點架子也沒有；當時談及那次禪七的體驗， 導師說那只是一種定境的覺受，帶有覺知心的境界並非悟境。回台南時 導師還給了一些結緣書，我感激的如獲至寶帶了回家。僅憑著一通電話，又素未謀面，一位大善知識願意冒著雨騎車來見（編案：因為當時的舊講堂停車很困難），只爲了讓一個莽撞的門外漢了卻心願。

很珍惜這次會面的機緣，也因而得知台中擬籌設講堂，到時再通知報名，聽了更是欣喜。過了六個月，懷著期待欣慰的心情，於一九九九年元月參加了台中共修處第一梯次的禪淨雙修班。

第一天上課，台中講堂擠滿了學員，還分批教禮佛的方法（編案：約兩百位學員擠進大約 160 平方米的道場）；眞是有幸，在那裡認識了台南來的多位師兄、師姊，接著大家合租遊覽車，台中、台南來回上課，持續四年之久，一直到二〇〇二年底。剛開始上課時，有師姊介紹時強調：「你們這一班最有福報了，是由 蕭老師親自上課。」當時體會不出，現在回想還覺慚愧，因爲 導師教的許多知見都來不及吸收，雖用心聽，但缺少思惟整理。常想 導師毫無保留的教導正知正見，豈是外面的道場所能宣說、聽聞？有線電視台的各大法師佛法講經，也僅依文解義，而錯說的卻又不少，眞正的第一義哪裡可聽聞？可找得到？

明心的過程：

這次是第三次參加禪三，回想先前的時光：因緣的安排，讓我很順利在短時間就接觸了正覺同修會 導師所弘傳的 佛陀正法，共修了兩年半，很幸運立刻被錄取參加禪三；事先信心滿滿，禪三時 導師的開場白說：「這是選佛場。」讓我很振奮！結果事與願違，在監香老師面前竟然要找的密意「如來藏」都說不上口，連邊都摸不著，如何能破初參？門都沒有！

隔年十月又經錄取參加，奈何進了小參室，在 主三和尚面前，耳熟能詳的「如來藏」三個字，還是答不上來。唉！因緣不具足，遮障又多，一切勉強不得！但是不死心，這次還是又報了名，又僥倖錄取；可是事後有些懊悔，因禪三前的一段時間，工作變得越忙；離禪三時間越近，事情越多；有時工作還需下班後帶回家處理，才能在期限內完成；心裡愈急，愈亂了方寸，怎麼辦？加之壓力大，火氣冒了上來，嘴巴多處破了，好了又再破，連吃飯、講話都甚難過，一直到禪三的第一天，才稍微好轉。

禪三前勉強請了三天假，一方面舒緩工作壓力，一方面調整緊張的情緒，好放鬆心情參禪。十二月八日適逢張老師南下授課，鼓起勇氣登記小參，告之近況；蒙老師關照，安慰著說：「既然這樣，沒關係；剩下來的幾天，每天一次在自家佛堂裡誠心的佛前供果，禪三時老師也會在場。」當時聽了，寬心不少；

事後想想：老師說這些話，應該有她的用意，但當時體會不出。

禪三報到日，起個大早，和台南幾位師兄、師姊一起搭車北上至新店，轉車到花園新城，由會裡師兄接送到禪三道場。第一天在 佛前大供唱懺悔偈時，眞誠的發自內心的懺悔，接著監香張老師宣讀禪三規矩後，禪三正式開始。

首先跪求佛菩薩的加持，發起菩薩大願，至誠 佛前求懺悔往昔所造諸惡業，從今而後永不復作；也希望得到冤親債主的寬恕和諒解，不要來障礙明心；並願將明心功德迴向一切冤親債主，解冤釋結；祈求本師 釋迦牟尼佛的加被：這次能夠一念相應，找到如來藏。明心後也願幫助有緣眾生開悟明心。

整個下午禮佛參究，尚未有個入處；晚齋後，導師演示公案。既期待又歡喜，也許能有所受用；所以到安板後，又繼續禮佛參究，正思索著剛才的公案□□□□□□時，忽見 主三和尚巡視禪堂。一時悲從心生：「這次不能再讓導師操心了，總要有結果才是！」就在禮佛參究時，導師走到跟前，不經意的一句：「你□□□□□？」我隨口回答：「□□。」話一答完，當下就確定了：「這就是了！」很篤定的，毫不猶豫的確認「□□」就是，而當下承擔下來；多年來的陰霾豁然開朗，當場跪著哭了；隨後整理出頭緒，當晚很安心的回寮房睡覺。

第二天輪到小參時，直接將「□□□」呈給 主三和尚，並說出所觀察出來祂的體性；又經 主三和尚的詳述補充後，要我下去整理「□□□如來藏□□□□□？」這下我傻了，不知從何整理起，竟把題目想成「□□□，如來藏□□□□□□運作？」整天都繞著這道題目思惟整理，睡覺時還思索著，白白耗費了一整天；直到第三天進了小參室，答非所問之下，內心莫名的惶恐：「這下子過不了關了。」經再次確認題意後，回到座位上，腦筋一片空白。如來藏□□□□□之外，還能做什麼？也不敢請問監香張老師。

第四天，經與監香張老師小參，導引我思考的方向，終於如釋重負，對整個問題了然於胸；在等待小參的時刻，很有自信的將整體□□□□以□□□□□分類為主，再做一次整理。等到進了小參室，向 主三和尚報告結果，經認可後，更確立了眞心的體性（與經中所說的相同）。之後交代回座喝茶，體驗以□□、□□、□□□□三種方式喝茶之運作情形；眞心與妄心是要經由這樣體驗，才能了知此中的微細，而且配合得那麼圓滿。

感謝 恩師的慈悲體恤，適時的推了一把；又巧設各種方便善巧，讓我能參悟得更深、更廣，更能從日常生活中去體驗，親證如來的根本大法；無始劫來，一直存在而被忽略的至寶，若非遇到大善知識的開示、引導，能入寶山而又有收穫，談何容易？

感謝佛菩薩的加持及 恩師一路教誨，菩薩道上深感責任重大，爾後要騰出更多時間深入經藏，更勤於法義的思惟鑽研，以期提昇道種智、差別智，並效法 佛陀的悲願精神，於修行道上持續不懈。

願將明心的功德迴向給有緣眾生及冤親債主，早日離苦得樂、同證菩提；更願盡未來際護持宗門正法，廣度有情、永不退轉，使法輪常轉，以報 佛恩、師恩。最後敬祝 恩師色身康泰、早證佛果！

佛弟子 **林欽源** 合十
公元二〇〇四年十二月十二日

《我的菩提路》第四篇：

禪三心得報告

—邱美芳—

感謝 蕭導師施設此無相念佛法門，讓學員在修學佛法的道路上有依循之根源；感謝游老師在我的學佛基礎上給予啓發與教導，感謝陸老師在一路修學的道路上，給予適時的指引與教誨。

學佛之因緣，應該是從小開始吧！從有記憶印象開始，家中供奉是西方三聖的佛像，供品也一律以水果供養；相較於其他親朋好友家中供奉的神像、供養品爲葷食，均不同。問及長輩，得到的答案是簡單扼要的「**佛不殺生，供佛只能用水果。**」再深入細問，也無其他任何答案；而每天看奶奶在 佛前早晚唸佛數百聲，心中常想：不知 佛陀有無加庇她？

而讓我眞正開始覺得 佛的存在，是在中學階段，爲求升學考試順利平安，第一次在 佛前祈求發願，果眞在那次的祈請中應驗了。心中更加篤信 佛的威神之力存在，更加深對 佛的恭敬心。而奶奶也在 佛陀的庇佑下，年壽達九十多歲才往生。

在進入正覺同修會前，因為同修的習佛與從小熏習等因，學佛對我來說是再親切也不過。但因同修所接觸的佛法是以「禪修」為主的不了義法（以靜坐為修行的方法。當時尚未正式接觸佛法，無任何的正知見，憑直覺判定學佛不該如此，但又無法說出真正的緣由，現在回想應是過去生有熏習修學過大乘了義法之故），而不斷的障礙同修精進（後來在同修會禪一「心得分享」時曾當眾懺悔）。而入同修會時，也是同修辛苦安排，怕我不接受而阻礙，並透過多位師兄姊的關照，說服我來同修會。因緣際會，第一次聽游老師的課，備感親切、輕鬆，讓心中的罣礙盡除，安住下來熏修佛法知見。

兩年半的課程，依循親教師的教導方式，如實的做功夫；在二〇〇三年三月底，即將結束課程，禪三的前一個月，特別請假用功做功夫，自己規劃著：每日早上起床後，先晨跑：將動中的憶佛念頭再次加強。返家用餐後開始拜佛二個半至三小時，再閱讀蕭老師的書籍近一小時（《悟前與悟後》上、眞實如來藏、心經密意）及上課筆記…等。午齋後略為休息，再經行近一小時，才又開始拜佛近三小時，再閱讀書籍約一小時後休息用膳。晚上配合上課及做家事外，仍以拜佛為主。

在休假期間，三月底最後一週的那幾天，行住坐臥中的疑情特別濃，而白天拜佛時，突然的有所碰觸，第一反應是：「**那是什麼？爲何會出現在念頭之前？**」一連串的問題接踵而來，在腦海中一一浮現；祂的清淨性、無染性，與我們染污的、分別的心截然不同，莫名的喜悅湧上心頭，有點慌、有點不知所措；還好腦中閃過親教師說的話：「**找到眞心時可用《心經、金剛經》等來印證。**」二話不說，馬上把《心經》的每一句經文一一比對，確認無誤：不生不滅、不垢不淨、不增不減、無形無色、無味無相、不在虛空而在身中。心中疑惑也有了初步的結果，但親教師有特別交代：有無開悟，必須等禪三 主三和尚印證才算。

由於自己的「爭勝心」使然，最後一次禪一當天找親教師小參，想告知上述的情況，但親教師以課業已結束，不宜再小參爲由而婉拒，要我帶著祂上山去。耳聞監香老師——張老師、陸老師——二人非常慈悲，即以期待的心情，繼續參究、上山去。

禪三第一天至誠懺悔、身心舒暢，但心中的爭勝慢使然，心無法安住，讓自己迫切的想找老師小參，來確認自己所找到的是否正確，但因禪堂規矩：「**未**

與 主三和尚第一輪小參前，不可登記小參。」而使得第一天晚上的小參被拒。

第二天至中午仍未輪到小參，心中更是急迫，不安的心一湧而上、無法安忍；下午找張老師小參，得到的結果是：「放棄原找到的東西，重新再參。」並希望我更改話頭「□□□□」改成「□□□□」，並繼續等待第一輪小參；聽行張老師的指示，馬上更改方式用功，但疑情很淡，不上手，持續至第二天結束，均無法得力。

第三天上午的第一枝香仍無法突破，念頭一轉，從第二枝香開始改回我原來的話頭繼續用功，又恢復疑情濃厚的狀況。中午用齋時，再一次的碰觸，內心的激動，無法言語，眼淚如泉湧般流個不停，承蒙 主三和尚慈悲，告知要我好好的整理清楚。

但因自己的瞋心、慢心未除，並在上午對監香老師起了大分別的念頭：不找張老師小參之念。這些種種的惡因，讓我在開始整理時，智慧無法開啓，腦中一片空白，如白痴一般，就連熟悉的《心經》都無法完整的背誦出來，片片段段、不知如何是好；再找陸老師小參，老師告知：被障住了，要懺悔；知道、找到答案後，要能「口說手呈」；要知道「知是菩提、了眾生心行」是如何的了？

才是整理的重點。馬上回座懺悔，仍不得力；知道自己犯了大錯，造成當時無法補救的後果。

持續至第四天中午仍開不了智慧，再向 佛前求懺悔，並懇求佛菩薩加持：若自己因緣未成熟，願將自己拜佛功德迴向給同修，希望藉由 佛力加持，讓他能破參證悟；並也在解三時，馬上在第一時間跟張老師懺悔與感謝。

下山後的第一堂課，陸老師告知我們：要做觀行功課。但無方向，不知從何做起；許多的師兄姊慈悲，見面總是「加油」打氣的話語不絕於耳；家裡同修更是怕我心裡難過，絕口不提一字。自己內心的壓力，在白天則用工作及做義工來讓自己忘卻，可是到了晚上睡覺後（以前是倒頭即睡著，少夢），種子現行而常常讓自己因未破參而壓抑的悲傷情勢影響，難過而哭醒；又怕吵到同修而再次壓抑情緒下來。再加上婆婆往生示現（雖了知是必然過程，但仍未曾現觀），經上課時與陸老師小參報告上述二件事的狀況，老師要我用這二件事來做觀行，因它是讓我難以跳脫的重要問題之一，從這下手是最快、最直接、有效的觀行功課。

自己開始將所學、所看的知見彙整後，理出階段式的觀行方法：從「取相」

爲主，將能取、所取、五蘊、十八界逐一個別的作觀行；而將禪三前後的東西全數放下，全力作觀行功課。做了半年左右的觀行後，老師提醒要將日前禪三的東西一併加入觀行中用功整理；九月份又要開始報名禪三，念頭一閃：我要先跟老師小參後再決定報名與否。此時的心格外平靜，與前次上下起伏的、迫切的心格外不同。從老師微笑的口中得知：方向對了，加緊整理用功。本想：若未得老師告知「方向對」這句話，想延至下次再報名，不要佔了別人的名額；但同修及各位師兄姊一直鼓勵、告誡：「要有信心。」自己了知：非無信心，只是整理不清楚，寧可再等一期上山會更好。這句話一直在腦海裡打轉不停。

從觀行、拜佛中反覆的整理思索眞心的性、相、體、用。以一問一答的方式，判別有無落入兩邊，是不是中道？整理中，因「一心二門」的論點，至九月中才證明無誤，讓困惑自己已久的疑問解開，心豁然開朗、輕鬆自在。而禪三前一個月中，每天反覆的體驗眞心的運作：洗澡時的祂、吃飯時的祂、走路時的祂、開會中的祂、生氣時的祂、快樂時的祂、……。

我的努力與懺悔，受到佛菩薩的加持與龍天護法的協助；原擔心禪三期間碰到會計結帳期而無法請假；事後講堂忽然公佈禪三時間延後，讓問題解決。

而禪三第一天報到，走進禪堂禮佛，抬頭見 釋尊像，總覺得祂一直在跟我微笑；至誠懺悔後，並將此次禪三拜懺功德迴向給參加禪三的同修們：個個都能明心、破本參。因有前次禪三經驗，規矩與流程大致了知而能安住用功。

再確認把準備報告的重點內容，重新整理一次，利用拜佛期間，攝心的、用心的再次體驗。又因個人排在女眾的第一號，所以第二天下午即輪到小參；雖已整理了知，但見 主三和尚的威儀、莊嚴，還是內心緊張不已；傾述自己所整理出來的東西，逐一向 主三和尚報告，只見 主三和尚頻頻點頭微笑，告知：我的報告方式，是有史以來第一個人使用這種方式。讓我更是驚訝與緊張。主三和尚的慈悲，再次讓我感動，要我整理□□□的□、□；由於緊張與沒弄清楚其意，而浪費了第二天的剩下時間；第三天早上，再入小參室，經 主三和尚的指導、說明，將喝水的體驗：□、□中的□、□□□□重新整理。

後二天的體驗，是另一層面的重新體驗，獲益良多；從經行中體驗：□□□□、□□□、□□□□□、□□……等，個別的眞妄變化差異；喝「無生茶」的□、□□的眞妄變化差異運作；□□的□□眞妄作用。這些另一層面的觀行體驗，讓我處處驚喜、高興。也加深懺悔自己的般若智慧差，要更加努力用功。

以上的報告，是弟子見道過程內容，將自己的缺點與體驗，形之於文字，作爲在學、當學無相念佛同修作借鏡。

在此，弟子也願以盡未來際隨佛菩薩及 蕭導師護持弘揚大乘了義正法，接引一切有緣眾生同入熏學，不退道心，不入外道，並能明心見性。並以熏習大乘了義正法殊勝功德，迴向 導師、同修會親教師、義工菩薩：色身康泰、佛菩提道上地地轉進無障礙。

阿彌陀佛！

弟子 **邱美芳** 合十

公元二〇〇三年十二月十八日

《我的菩提路》第五篇：

明心見道報告

──謝秀蓁──

從禪三回來到現在，滿懷感恩之心，久久不能自已，每次想起都好想哭，不自覺掉下淚來；想我性障習氣、煩惱障之深重，根器低劣，作夢都不敢想有一天能親證般若實相。感恩佛菩薩加持，感恩 導師慈悲施設無相憶佛、拜佛修學的方法與次第，感恩親教師傳授正知見，感恩護三菩薩的辛勞，感恩這一切的增上緣及逆增上緣的成就。

從懂事開始，心中總有個疑惑：人出生來到世間，到底是爲了什麼？不該只是吃喝拉撒睡，應該有更重要的意義存在才是。有一天看到基督教發的傳單，上面寫著「生從何來，死從何去？」心中升起好大的疑惑，但始終找不到答案。隻身在異鄉工作，日子過得還算平靜；直到結婚後，與家人的溝通出現了隔閡，才又挑起以往的疑惑，於是便積極地到處尋找解答。

最初認識一位修靈宗的師姊，就跟著去共修；打坐時大部份的時間我都是昏沈的；沒有講經說法，大都在世間法上打轉，我覺得沒有什麼受用，就離開了。後來在電視上看到常照法師在講因果的原理，才知道原來人生下來是有因果的，心裡好歡喜，心想這可能是我要的法；接著只要有他在北部辦八關齋戒法會，我都會去參加；每次看到佛菩薩的像，就會哭，尤其是在唱懺悔偈的時候，更是痛哭流涕；他還會開示一些現世報的因果報應的實例，對於初機的學佛者有很大的幫助。安住將近兩年的時間，怎麼好像沒有更殊勝的法義，也沒有聽過明心見性的法，對於怎樣斷煩惱也無從下手，總覺得不能滿足我要的；可是我要的是什麼？我自己也不清楚。遊蕩了一段時日，我大嫂邀我和陳銀煙夫婦一起去佛恩寺，聽到無相憶佛法門，心生歡喜，從此安住下來，當時不知台北有共修處。

佛恩寺那邊的課程並沒有照 導師安排的次第教學，初學者與明心的人一起上課；加以自己鈍根，很多的時候是聽不懂的，總是告訴自己：「根器不好，要多多熏習。」這樣經過了二年九個月，一些已經明心的師兄姊們發現：佛恩寺的老師後來不用正覺的教材，新教的法義有問題。剛好台北有開新班，我們一批人就轉到陸老師班上課。台北的課程有次第教學，陸老師深入淺出的講解，我們都聽得好歡喜，也不再打瞌睡，深深讚歎這個法實在太勝妙了。但是因為煩惱障太重，又沒有智慧轉依，憶佛的念總是斷斷續續，直到親教師提醒，所憶的佛菩薩要從意根去選擇，才恍然大悟；改憶本師佛時竟然哭了好久，好像迷失的小孩找到了親人那種感覺，我終於體會到憶佛成片的滋味了。

導師說憶佛成就只要三個月，我卻用了四年半的時間，眞是好慚愧。經過一段時間，親教師開始教觀行，對於煩惱的現行，我一直都是用壓伏的，拉扯得我好辛苦。直到親教師提醒：「要去瞭解意根要的是什麼？要和意根和平相處。」我才意識到原來心裡那個不一樣的聲音就是意根，才開始注意到自己的起心動念，用我們上課所學的知見，一次又一次地說服祂，煩惱種子現起的勢力，眞的慢慢轉弱了。這時眞的好歡喜，困擾我十幾年的煩惱，我一直對它無可奈何的心行，眞的變淡了。得到如此的受用，我信心大增，感受到這個法門的勝妙之處，更加相信：導師所說明心見性的法，我也可以親證。

功夫一點一滴累積起來，禪淨雙修班的課程也只剩下幾個月，親教師說可以看話頭了，因爲我以前也曾看話頭，就是看不住，所以又回來憶佛，這樣來來回回好幾次；現在憶佛成就，話頭就比較看得住；平常就去學校運動場走路，導師曾說：「□□□□。」我看著前面□□□，有時看著□□□□□著，這個□□□□□□□的是誰？□□與□□的差別在哪裡？ 導師說很現成、很親切；到底是哪一個？就是不知道。

有一次上完課，走下捷運時，注意□□□□，一直在思惟這個□□□□□？突然一位師兄叫我，我正要回答，突然一念閃過：「這個心行的運作就是眞心。」另一個念頭又起：「如果這個就是眞心，我該如何表達？」我就趕緊回家拿導師的書來看，想要確定我所找到的到底是不是？奇怪的是以前看不懂的公案，現在卻懂了。迫不及待，等到上課時去請示親教師，陸老師也不說是，也不說不是，只叫我去體驗。

回來後，我就從五陰十八界去□□，如果無法□□，應該就是了，十八界都□不進去；□□□才發覺好像可以說是，可是心裡明知道不一樣，就是講不出祂們的不同處，心中總覺得不踏實。

就這樣參加第一次禪三，果然 主三和尚要我去整理□□、□□、□□□的關係，整理了好久，才找監香老師小參，心想：「如果我找到的是錯的，我願意重新再來。」請監香老師給我一個方向，我跟監香老師說：「 主三和尚叫我說，我不會用自己的話說，我拿給您看。」監香老師笑笑的說：「可以口說手呈呀！」

我這才恍然大悟，原來是我自己被障住了。

不過孫老師說我缺乏自己的體驗，都落入知見，叫我再去整理。我就回大殿求佛菩薩、發願，在拜佛當中去體會，等我整理出，去排小參，已經是第四天下午了，通過監香老師的審核，等了好久，卻因為要解三了，時間來不及，沒能第二次進小參室，雖然沒能通過 主三和尚的勘驗，卻是帶著感恩又歡喜的心下山。來一趟禪三，收獲很多，能夠來到這樣菩薩道場修學正法，眞是好有福報，等我明心了，我也要來護三，生生世世行菩薩道、利樂眾生。

回來後遵照 導師的指示，檢查自己未能明心所欠缺的部份加以補足，求佛菩薩加持、至誠心發願，仍舊每天拜八十八佛、迴向、跟自己的冤親債主請求解冤釋結，願度他們一起修學佛法，將來得解脫。檢查自己的心行是否有慢心？至誠心是否懇切？努力做義工，但求盡力去做，剩下的就交給佛菩薩安排。

今年二月初參加禪一，用餐的時候，我看到便當盒裡的飯菜，心想先吃一口飯，□□□□，□□□，□□□□，心裡好震撼，原來這就是「了眾生心行」，原來八識就是這樣搭配運作的；以前雖然知道□□□一切運作都是第八識，卻是講不出來，現在我會講了。也知道為什麼去助念的時候開示文所說：「第八識□□、□□□□□」的含意。感謝佛菩薩加持，現在我更篤定是祂。這次收到禪三錄取通知時，我跪在 佛前哭了好久，心中好感恩能夠連著兩次錄取禪三，是佛菩薩的加持，更加相信只要有用心，佛菩薩會幫我們安排的。

這次上山雖已知答案，但卻很擔心進小參室時頭腦會變成漿糊，所以還是不斷地求佛菩薩加持，發願、懺悔、迴向；也一直很注意自己的心行，是否至誠心？有沒有慢心？確定後就把一切交給佛菩薩安排。主三和尚眞的好慈悲，每問一個問題，都能讓人提升；問題雖然很難，但卻都會有提示或是譬喻；爲增長我們的智慧，導師眞是用心良苦呀！通過 主三和尚的勘驗，出來禮佛，我哭了好久，感恩再感恩：感恩 世尊的正法，更感恩 導師的慈悲、有智慧施設這個法門；說不盡的感恩之心，只有用行動來表達，學習 導師慈悲救度眾生的精神，生生世世追隨護持正法、摧邪顯正，方便接引有緣眾生修學正覺所弘傳的正法。諸佛菩薩幫忙，若我因隔陰之迷，下一世暫時遺忘，請慈悲提醒我，圓滿吾願。行菩薩道是盡未來際的，我會繼續努力的。

南無本師 釋迦牟尼佛

南無 觀世音菩薩

南無 平實菩薩摩訶薩

弟子 **謝秀蓁** 叩上

二〇〇四．四．一五

見道報告

——劉正琴——

一九九九年四月，到一所寺廟短期閉關，那時廟裡有位師父—寬道法師—在正覺同修會上課，他送我幾本書。當時讀了《護法集》，非常震撼，也釐清了心中一些疑問。接著再讀《無相念佛》，照著書本所說試著憶佛，竟能體會到書中所說之無相念佛境界，就更加深對這法門的信心，即迫不及待的把當時正智出版社的書，在短時間內全部讀完。書中 蕭導師把佛法解析得很詳盡明白，引經據典將錯誤知見列出來，修行次第也一一舖陳。在短短幾個月當中，佛法知見進步神速，以往幾十年跑道場，聽經聞法，看一堆書，加起來都沒那幾個月知見的十分之一，太神奇了！個中滋味，只能親嚐，難以言表；眞個明師一出手，便知有沒有；天天充滿法喜，有一段時間，平均只睡三個小時，竟然也不覺得疲倦，可能是想到修行有出路了，不再茫然，全身細胞充滿活力；平日裡常常自言自語：「天啊！我眞的有這麼好的福報嗎？」

二千年九月，帶著一顆充滿期待的心，毅然北上，到正覺講堂聽《大乘起信論》，初見極為崇拜的 蕭導師，印象很深刻：個子雖小，卻有一雙大眼睛，炯炯有神，充滿無限智慧。幾次看見師母，也隨和樸素、平易近人，總是默默站在一旁；不出鋒頭，很難得。

接著十月上禪淨雙修班，游老師律己甚嚴，講佛法亦不敢稍有含糊，一發現講得不對，隔週就向大家懺悔，並作修正。上起課來輕鬆又活潑，常提出問題要我們思惟、整理；且從來沒請過假，除春節外，不論任何假日，都全心全意、無私奉獻，令人感動。何師姊對每位學員用心呵護，並常帶領我們作義工，以培植福德，下課時還有她準備的熱騰騰的包子可吃。兩年半的課程即將結束時，一想到游老師與何師姊，就淚流滿面，心中充滿感激。世人做任何事，多為一己之私，而且還你爭我奪，若非菩薩，怎能只一心付出而不求回報？

以往跑道場，財物布施不遺餘力，但從沒做過義工；到正覺來，因為沒上班，失去經濟來源，供養較少而勤做義工。每週二、三，提早到講堂幫忙；若有助念，有空一定前往，有時亦抱病參加。二○○二年六月，身體不適，心跳每分鐘一百二十次，手腳發抖，整天冒汗，上下樓梯像軟腳蝦，無法使力，也無法禮佛；因為不能做連續動作，活像機器人，動作一頓一頓的；整日精神亢奮、無法成眠，體重驟減。這期間仍沒請過假，照常做義工。熬了三個多月，經抽血檢查，才知是甲狀腺亢進。連續服藥控制，數月下來，先前症狀獲得大幅度改善；但是體重卻增加十公斤，有些水腫現象。還好，生病的事沒在心裡產生多大的困擾，也就報名二〇〇三年的禪三。

還沒到講堂上課時，看 導師的公案拈提，讀著讀著，忽然有所領悟：祖師的作略，在「□」的部份不少；密意在□□□、□□□，因此有些公案卻也看得懂（自以為懂）。但是對此事含含糊糊，不當一回事，從來不知道要進一步釐清；這知見從原點到基礎班結束，都沒進展，是福報、因緣不具足吧！

參加第一次禪三期間，導師叫吃水果，問：「是什麼？」當時有股衝動，想使點機鋒：□□□□。但心又虛虛的，只好按兵不動，煞是苦悶。第三天早上經行時，監香老師說：「□□！□□□□，□□□□□。」當時一陣悸動，就找監香老師小參。我說：「世尊降生時，走七步說：『天上天下，唯我獨尊。』□□□□□；還有，禪師說：『有人口咬樹枝，吊在樹枝上，樹下有人問禪師西來意，口裡答不得』，導師說如果換作是他，也只會七手八腳亂把捉。」□□□□□□，監香老師打斷我的話，很嚴肅的把臉湊近我的面前，直直盯著我說：

「妳到底要跟我說什麼？」不知怎的，當時好像嚇到，就杵在那兒，蹦不出一個字。監香老師說：「那些都是妳想出來的，全部把它丟掉，回座位去，好好禮佛、求佛菩薩讓妳一念相應。」

回到座位，像洩了氣的皮球，激不起一絲動力；呆坐了一會兒，開始一直不停地禮佛，腦筋一片空白。輪到我進小參室，就直接向主三 導師報告：「我找不到如來藏。」蒙 導師慈悲指導：如何將眞心找出來。回到座位，將導師指引的話：1．公案中，□□□□□和□□□□□□□□□□的。2．□□法，禮佛時，一一□□，□□見聞覺知的心□□□□□□□□，□□□□□□□□，承擔下來，智慧就會慢慢出現。3．□□□，□□□，□□□，□□□□□□，□□的看。一一都做了之後，仍然沒有新發現，不知如何是好？快解三前，見 蕭導師在禪堂巡視，竟冒失的跑去請示他：「參禪時，可以用語言文字嗎？」 導師回答：「明心這一關，無妨用到語言文字。」用語言文字推敲的結果，仍是沒有新的發展，眞是業障深重！解三時，監香老師很慈愛的拍拍我的肩膀說：「沒關係，下次來，因緣較熟，會更好。」感到很窩心。

對這次沒有破參，心裡也不難過，只是有點失落感。能參加禪三，得到寶貴經驗，要感謝 蕭導師、監香老師及所有參與護三的菩薩們，馬上到佛前一拜再拜。

下山途中，憶及禪三前有幾位同修叮嚀我：要拜懺、消業障，好好發願、迴向。說這點很重要，當時覺得很有道理，但是也只是聽聽；此時有點後悔（沒照做）。回到家，和寄居處的朋友談笑風生，早早就寢，一夜無夢。隔日一大早，忽然從床上跳起來，自動爬行至佛案前，開始從古到今、從小到大，一五一十的在佛前痛罵自己一頓，就好像佛菩薩在數落我一樣，重覆一直懺、一直懺，整個嘴巴、手、腳都麻掉，淚水不知流了多少，眼眶腫得像核桃。勉強收拾心情，晚上上課去。回家又自動的跪在佛前一直數落自己的不是，好多罪狀，隔日又繼續懺。近中午，可能是因緣成熟了，拿起筆記，游老師說：「**八識和合運作，前七識是妄，剩下的就是眞心。**」又想到 主三導師說：「□□時，□□□□，□□看□，思惟□□□□？重覆□□□。」坐在椅子上，□□□的□□，一邊思惟著：七轉識是妄心，是見、聞、嗅、嚐、……不待往下想，已水落石出，眞相大白。心裡一陣狂喜，奇怪！如此顯而易見道理，過去怎麼沒發現？就像隔著一張薄紙，卻一直無力戳過去。以前的答案含糊不清，眞妄沒能區隔開來，可說是一丈差了九尺，怪不得對監香老師的作略會傻了眼，死在句下，無言以對；這時節因緣還眞奇妙啊！

接著數天，心情一直很舒適、寧靜，什麼事也不想做，只喜坐著不動，有時輕輕□□□，慢慢□□□、□□□。偶而看看窗外的浮雲，微風輕挑葉尖，蝴蝶在飛舞。佛說：「自心所見身器世間，皆是藏心之所顯現，剎那相續、變壞不停……。」「一切眾生雖在諸趣煩惱，身中有如來藏常無污染，德相具足如我無異。」眼前的景象多麼親切、溫馨，佛法眞的是可以親證的。供佛時動作變得輕輕柔柔，拜佛時首次有「自性佛在禮佛」的感受，很特別。偶而也思惟起宇宙人生，明代一首警世詩：「急急忙忙苦追求，寒寒暖暖度春秋；朝朝暮暮營家計，昧昧昏昏白了頭。是是非非何日了，煩煩惱惱幾時休；明明白白一條路，萬萬千千不肯修！」無始時來流轉六道，頭出頭沒、忽男忽女，貪瞋痴疑。一期生命終了，如來藏很快就會再變現一個五蘊身來，戲碼又重複上演，生死、死生。感覺這人事物都這麼虛幻，富貴榮華、五更春夢，轉眼成空，爲何金枷套頭、玉鎖纏身？不滿百年壽、常懷千歲憂？我又何嘗不是這等愚痴人呢！

幾天下來，有感慨也有全新的領會，卻又很安詳。後來想到「不能什麼事都不做，只坐著享福」，就照著 導師的指示，請出《心經、金剛經、維摩詰經、六祖壇經、如來藏經、無上依經、眞實如來藏、心經密意、宗通與說通…》來印證對照。眞的猶如 導師所說：「找到祂，承擔下來，智慧就會慢慢出現。」導師不但給了行人十分完備、迅速開悟的知見，也把破參之後該如何向上修行之知見與次第，一一舖設；尤其那本《三乘唯識—如來藏系經律彙編》，厚厚一本捧在手上，爲行人的成佛之道都準備好了；仰瞻師恩、昊天罔極啊！

佛以無上妙慧，敷演三乘；一期法教，圓滿無缺。然末法眾生從法寶大藏經中，欲了佛旨，實有層層難關。因爲佛教分化派別，黨同伐異；且時代久遠、傳承不同，自宗不了他宗，弄得四分五裂。又某些大藏經中蒐集了不少僞經，學人無眼辨識，屢被誤導；或文義艱澀，或智慧不足，易落入文字障；或聽經聞法被法師、居士所誤導，或情執、慢心所遮障……。若無明師指點，於了義法難有入處，修法如說食數寶；不得親證，即智慧不生，佛意難明。禪宗五祖說：「不識本心，學法無益。」眞是過來人說的話，一點兒都不假。值此末法時世，得遇能善巧教導學人悟入第一義之大善知識，並於座下聞思修，感受很多，導師無非菩薩乘著悲願而來。文殊師利問維摩詰：「何謂爲悲？」答曰：「菩薩所作功德，皆與一切眾生共之。」「何謂爲喜？」答曰：「有所饒益，歡喜無悔。」「何謂爲捨？」答曰：「所作福祐，無所希望。」這正是 導師的寫照。在此修學三年了，從沒供養過 導師、師母任何財物，並未巴結過任何一句話，有的只是常常一遇到 導師、師母，就手足無措、面無表情，或者語無倫次；爲什麼會如此荒腔走板？我也覺得納悶。不過 導師仍本著慈悲與關懷的心，從沒看輕我、生我的氣，總是謙卑與隨和。講堂幾次法難，衝擊不小， 導師憑著超絕的智慧與深厚的願力，更深入經藏，層層抽絲剝繭、縱橫辨析，極力救護學人，免爲邪見所惑；展現勇猛無畏，從不氣餒，從不捨棄眾生；得師若此，叩頭稱幸。

十一月分第二次禪三前一周，像先前懺悔一樣，菩薩加持力又出現了，這種感覺絕對錯不了。因爲那幾天似乎已被安排好了一樣，懺悔、拜佛、發願、迴向、讀書、思惟整理，都是全自動的進行著；就如做一次總複習，這得親身經歷才會明白。導師說：「**佛菩薩回報給我們眾生的，總是比我們付出的還多。**」那幾天，沐浴佛恩、師恩，又一陣痛哭流涕，感激不已。心裡想：是佛菩薩憐憫我雖資質魯鈍，卻懂得護持正法、努力作義工吧！

果然禪三時，輪到我進小參室，雖不免緊張，又因事兩天沒睡，頭有點昏，但一開小參室的門，整個氣氛顯得溫馨、輕鬆，對導師出的考題，雖是低空掠過，也算順當。能通過考驗，悲喜交集；離家三年，在台北舉目無親，又是家中老么，平常依賴習氣特重，爲求法，竟可以拿出自己從未有過的意志來，實在難思議。一人出門在外，有時碰到棘手的事，也只能忍住心中澎湃的情緒；爲修習了義正法，任何事都不遑多想。佛法浩若煙海，如今剛起步，家人問起，何時返鄉？我想：此日遙遙無定期呀！

解三回來，憶及禪三中的種種，感恩再感恩；導師智慧深利，說法樸實不浮誇；證量高，能說、能寫又能教；跟著參禪，一確立知見，妄心的體性、眞心的體性分清楚，不開悟也難。若在其他道場，知見總是在常見與斷見中翻攪，再怎麼有名氣的大師也都一樣，只要講到第一義諦，就不自覺的又落到妄心裡去了，無一幸免。這樣子心外求法，要到龜時鱉日也難得悟去。何況眞心如來藏，讓人想到頭髮鬍鬚全白光了，也想不到是這個。所謂非一、非異，了眾生心行，只因太近所以難會；知是菩提、不知也是菩提，眞是焦頭爛額。若不是導師架構好知見，又廣設方便與善巧，幫了百分之九十九的忙，想把祂揪出來，連窗戶都沒有！難怪說「向上一路千聖不傳，學者勞形如猿捉影」。佛教界一大堆人，努力布施供養，一出手幾百萬、幾千萬，一輩子做志工；或不畏艱難，辛苦參學，法師、居士盲目的互相誤導，卻連個常見與斷見、涅槃與生死、眞如與佛性、明心與見性……都難解難分。自己也曾這麼辛酸過，回顧往昔，審觀今日，半夜裡感動的爬起來頂禮膜拜，都不足以表達這種感恩與喜悅的心情。

想起以前在密宗修學，花費不少時間與金錢，難怪說「修密要有錢、有閒」；密宗常常舉行不同的灌頂法會，卻多著力於護法神的修持上。密宗的護法神很多，而且長相與羅刹又神似（編案：其實正是羅刹與夜叉）。法器也不少，僅舉唸珠一項就好：如修持白觀音，最好用白水晶唸珠；修文殊、用琥珀唸珠，修藥師佛、用紫檀唸珠，修綠度母、用綠玉唸珠，修黃財神、用黃水晶唸珠，修時輪金剛、用珊瑚唸珠，修大威德金剛、用嘎巴拉（人骨）唸珠，修兇猛金剛法、就持三角唸珠，一般金剛法用金剛菩提子唸珠，還有鳳眼菩提子、星月菩提子……等唸珠。還有其他鋪的、吹的、用的、搖的、打的、敲的、掛的、供的、燒的（如煙供、火供）、放的（如放天馬）、穿的、戴的、蓋的、藥丸、甘露……五花八門。單搞這些心外表象之法，就有一大堆；甚至還得學藏文，不然誦起儀軌，像鸚鵡學舌，心緒無法安住。花好多冤枉錢，浪費寶貴光陰與生命，盡學鬼神示現的外道法，還落了個謗佛、毀法的地獄罪；若不跟著誹謗正法，命終以後也可能變成羅刹、夜叉的眷屬。因爲密宗有烏金淨土、時輪金剛淨土、上樂金剛淨土…等羅刹、夜叉住的地方，等著相應的人去住。好恐怖！

藏民大多單純、聰明、善良，但是因爲文盲，又從小就接觸這種宗教，沒接觸過正統佛教，先入爲主的緣故，所以誤以爲佛教就是這樣。那些羅刹、夜叉騙說他們是某某佛、菩薩的化身，得要供養生鮮的血肉及酒；藏民就信以爲眞，所以家家戶戶供養、修持的就都離不開鬼神。西藏是全世界研究鬼學人士最嚮往的地方，因爲那邊的鬼神騙吃騙喝較容易，呼朋引伴的結果，當然就是**鬼文薈萃**了。密宗到了台灣，就不敢太露骨，改供牛肉乾及紅葡萄酒（象徵鮮肉及鮮血）；雙身唐卡也都要另一塊布遮蓋，明令眾人不得掀開，說是：爲保護那些不瞭解無上瑜伽的人，及心靈齷齪的人會生起不淨之想，若毀謗，就會下金剛地獄。

喇嘛們逃難到世界各地，寄人籬下，要懂得察言觀色，剖析各地風俗民情。在台灣，對雙身修法就必須迴避；每次有人問起，就遮遮掩掩說：「不是你們想的那樣，其實是代表慈悲與方便雙運」，或者說是「表彰宇宙萬法皆由陰陽所蕃衍展現」，或者說「證量未到者難以理解」等來搪塞。若逢無上瑜伽灌頂，改用觀想進行，不說細節，頗爲謹慎。以致台灣的密宗學人，有一部份仍不很瞭解密宗眞正的本質。雖然 蕭導師《狂密與眞密》書中對密法剖析破斥已相當徹底，把其荒誕不經之法義，攤在陽光下，已不再神祕，卻仍有密宗的淺學者不相信，認爲他們的上師、喇嘛並沒有修雙身法；也很慈悲，都說要發菩提心；只有正覺同修會說密宗不是佛教。所以極難救拔。

涉獵密宗法義十多年來，關於雙身法之事，曾碰過三例：曾經有位密宗尼師，她告訴我：有兩位仁波切找她修雙身法；一個年紀比較大，一個比她年輕。因爲她受傳統佛教的熏習，對這檔事兒有所疑慮，所以沒有答應，因此還被那位年長的仁波切用邪門法術惡整，尼師只好遠走國外。另一位是年輕女信徒，她說□□老仁波切告訴她：他倆因緣甚厚，要帶她到內地青海去修行；起初她不知底蘊，還津津樂道。另有一位顯教法師，對密法很崇仰，就透過介紹，到一處精舍修密，上師是個女的；他告訴我：不知怎的，上師老愛叫他幫忙做事，而工作地點都是在女上師的臥室裡，還常常暗示他，當時令他困擾不已。因爲與他已失去連繫，不知後來發展如何？邪教眞是害人不淺。

《楞嚴經》中佛說：「我滅度後，末法之中多此魔民，熾盛世間，廣行貪淫，爲善知識；令諸眾生，落愛見坑，失菩提路。」「汝以淫身求佛妙果，縱得妙悟，皆是淫根；根本成淫，輪轉三途必不能出；如來涅槃，何路修證？」證明佛世尊早已預破西藏密宗之**淫欲證道**邪說。《四十二章經》第二十四章，佛言：「愛欲莫甚於色，色之爲欲，甚大無外。賴有一矣，若使二同，普天之人無有能爲道者矣。」是說色欲最能障學人之心，若五欲中尚有一欲像色欲一樣，則普天之下，無人能成佛道者也。然密宗不待第二欲之出現，僅色欲一項就榮膺「大色魔」寶座了，直下沈淪。如佛所說：「雖有虎口之患，心存甘伏、投泥自溺。」還在雙身法中大作文章說：「大乘要成佛，需三大阿僧祇劫，實在太慢了；金剛密乘可因修習無上瑜伽雙運，得以即身成佛；最慢也只要十六世即可成佛。」太荒謬了，難怪說修行如大海漂舟，種種邪說充斥，危險重重。以前泡在密宗十多年，一直被籠罩，還以爲碰到無上大法了，簡直是瞎了眼、渾了心，此非惡業所障而何？

還有密宗學人率多愛食眾生肉，有一些原本吃素的教徒，因改信密宗，也下海開始吃肉，顛倒至極。《梵網經》佛制：「一切眾生肉不得吃。」《梵網經》菩薩戒條亦說：蔥、蒜、韮、薤、興渠，號爲五辛，根本不得吃，他們則照吃不誤。《入楞伽經》遮食肉品，佛言：「大慧！羅剎惡鬼常食肉者，聞我所說者，尚發慈心，捨肉不食；況我弟子行善法者，當聽食肉？若食肉者，當知即是眾生大怨，斷我聖種。大慧！若我弟子聞我所說，不諦觀察而食肉者，當知即是旃陀羅種（惡人、屠夫），非我弟子，我非其師。是故大慧！若欲與我作眷屬者，一切諸肉悉不應食。」「是故大慧！若彼痴人自言律師，言毗尼中聽人食肉，亦謗我言如來自食，彼愚痴人成大罪障，長夜墮於無利益處、無聖人處、不聞法處，亦不得見現在、未來賢聖弟子，況得見諸佛如來？」《楞嚴經》佛言：「是故阿難！若不斷殺、修禪定者，譬如有人自塞其耳，高聲大叫、求人不聞，此等名爲欲隱彌露。清淨比丘及諸菩薩，於岐路行，不踏生草，況以手拔？云何大悲、取諸眾生血肉充食？」……等等。佛制：「食肉有無量罪過。」然而密宗人率多愛食眾生肉，並且爲自己找一個超級冠冕堂皇的理由：說那些「有幸」被他們殺來吃食的苦難眾生，可以因此得蒙超拔，還要反過來對那些大快朵頤牠們的密宗人士感激涕零、銘感五內；如果不是被他們給謀殺了，還苦無機會超生哩！這算哪門子歪理呀！無非是要遂口腹之欲罷了，這種邪理，連幼稚園的小朋友都不能說服。

前陣子，因爲佛光大學校長舉辦烤全羊活動，又出書：《淫欲證菩提》。惹來佛光人大舉撻伐，說其不適任校長一職，要他辭職。這件事實在是滑天下之大稽也！佛光山既然一方面**公開承認西藏密宗是佛教**，卻又不准校長依照密宗的法理來烤肉、發表密法精髓——淫欲證菩提；這豈非只准喇嘛放火，不許校長點燈？難道佛光山全不知道密宗的基本教義就是食肉及男女雙修嗎？既然要公開承認密宗是佛教，就應該承認龔校長的烤全羊是合乎密宗法義的；既然要公開承認密宗是眞正的佛教，就該好好把密宗自始至終圍繞著雙身法來修行的事實公開！就不應該知道密宗的內容以後，再來假惺惺的故作不知！

現在很多佛教界有名的大法師，從來沒能與密宗撇清關係；而且還與密宗邪淫的喇嘛們互相往來酬酢；對密宗之六皈依、吃肉、男女雙修、火供、問神、求財神、寶瓶法、氣脈明點成就等種種違佛法教之事，不深入探討；或者知道了以後，還故作不知，繼續與密宗邪淫的喇嘛繼續往來。而且若有信眾提出質疑，法師多半含糊其辭，只因想要迎合拍馬、吹捧更上位者，以及不想得罪密宗人，竟枉顧崇仰如來法教之廣大信眾利益，使其誤認爲密宗眞是佛教中的一個支派。對於長期以來密宗諸多貶抑大乘法、輕藐大乘法的作爲，視若無睹，令其繼續誤盡蒼生，實在是枉爲佛教法師，空談悲心。

因爲以往無人有擇法眼，無法看清密宗的本質，只是有所疑慮而不能知。如今已有《狂密與眞密》出版，揭開密宗祖師之眞面目，並廣破密宗邪謬之種種言說，那些大法師們爲何仍是一意孤行的支持藏密？而廣大的佛教徒盲目崇拜名師及其大道場，以這種迷思，緊抱著面子與情執不放，以致師徒仍舊執迷、難以醒覺。佛教界名師攀緣密宗，近代無智的大藏經編輯者，大量網羅密宗邪法而建立密教部僞經爲正式的佛經，都是密宗拓展疆土之助力。因此眾生要下墮三惡道，實在很容易。你看到處海產店、羊肉爐、牛排館、各種牛羊肉小吃……林立，素食館就少太多了。還有聲色資訊、風月場所林立，都在向眾生招手，要眾生下墮。修行也是一樣，外道法充斥於佛門中，眞假佛法難辨，娑婆世界末法眾生要往下沈淪，猶如重物落地，非常迅速；稍一不慎，就犯謗法、謗佛重罪。

近來有爲數不少的喇嘛到台灣來，而且來了就不願離開，因爲台灣人喜歡亂種福田。他們一來就會探聽：台灣有哪些法師、居士很景仰密宗，錢多徒眾也多。鎖定目標，就亂認證一通；這類事情，北、中、南部都有，而且如法炮製之下，愈來愈多。一旦認證了有眾多弟子及財勢龐大的法師，認證的人就一夕之間水漲船高，名利雙收，一生的榮華富貴就跟著來；被認證者亦樂當仁波切，這仁波切的地位可是很崇高的。（編案：也有大法師是因爲曾犯邪淫戒，就順勢藉著被喇嘛認證而使以往的邪淫合法化，想要藉此滅掉自己的地獄罪，與密宗喇嘛各取所需；但其實邪淫罪還是滅不掉的。）

還有近年來如雨後春筍般成立的密宗學院、寺廟、弘法中心、閉關中心及認養小喇嘛等等，在台灣、印度、西康、西藏、亞洲、美洲等各地，一年不知刮走台灣佛教多少資源用在邪淫的密宗弘法活動上。眾生有錢供養布施，還未必適得其所，**種福田變成種毒田，真是太冤枉了！**

走筆至此，欲罷不能，想提一下一貫道，我一出生，家裡已是一貫道的大本營了，所以對其知之甚詳。一貫道信徒不少，大多吃素，喜經營素食館，造福很多素食者。也講三綱五常、三從四德、論語、孟子…等，讓許多人改過遷善，值得嘉許。但是一貫道很注重仙、「佛」揮鑾批示聖訓，以其爲修行準則；

然而天才（即是揮鑾者）批示的訓文，皆為自己所作，或者為點傳師所寫及指示，而假借佛、菩薩名義降鑾示諭。這是經過培訓的，以及閉眼寫押韻字，又有特定人士配合，瞞盡天下人（其實堂、宮……等鑾生，亦大多如是，少部分人可以通靈，更少部分人是鬼神假冒佛、菩薩名義來附體），所以常常產生各種問題。

有一事印象最深刻：有一位女天才，看中英俊瀟灑、才華洋溢之男眾道親，竟然假借菩薩名義降旨為自己說媒，批文指示那位男眾與其成親。令每一個知道內情的人感到咋舌！想到自己也醜得很有特色，又老是嫁不出去，想當然耳，葫蘆照著描，誰不會？還不趕緊欽點一位乘龍快婿？不過回頭想來，如果害得當事人每天以淚洗面，搞不好真的會遭天譴，剎車板還是踩一下比較好，總不能「**一朝權在手，天下蒼生盡把玩**」吧！所以在一貫道當天才的幾年歲月裡，從不假公濟私，公報私仇；不論如何，絕對保持「壞事不做」的立場，好加在！（編案：台灣俚語。「好險！」之意）

外道法何其多？也來講一下法輪功。過去有位好友，憶及我舉著修行的招牌到處晃，已經很久、很久了，仍沒混出一個結果。於心不忍，真心誠意介紹我修持法輪功。讓我想到：每次到書局，宗教櫃上一整排都是法輪功的書；大陸、香港很風行，台灣的信眾也愈來愈多。可是不知怎的，看法輪功的書，很像在看笑話集；不信！我們來瞧瞧：

李洪志先生說：「釋迦牟尼講的法，只是在二千五百年前給層次極低的那種常人，就是剛剛從原始社會脫胎出來的，思想上比較單一的這種人講的法。他講的末法時期就是今天，現在的人用那個法已經修煉不了了。」「目前全世界只有我一個人在公開傳正法，我作了一件前人從來沒有做過的事情。」「禪宗認爲：這個法不能講，法一講出來，就不是法了；沒有法可講，只能心領神會，所以禪宗到今天，甚麼法都講不了。禪宗達摩傳這個東西，是根據釋迦牟尼說的一句話。釋迦牟尼講：法無定法。他就根據釋迦牟尼說的這句話創立了禪宗法門。我們說這一法門就是鑽牛角尖。怎麼叫鑽牛角尖？達摩開頭往裡鑽的時候，還覺得挺寬敞；二祖鑽就不太寬敞；三祖還湊合事兒；四祖就已經很窄了，五祖基本上沒啥可鑽的了，到六祖慧能這兒，就到頂了，再鑽不進去了。今天你要是到禪宗去學法，你別問，回頭腦袋上就給你一棒子，叫棒喝。……這就是牛角尖鑽到頭了，再也沒什麼可講的了。達摩都講：他只是能傳六祖，以後就不行了。」「釋迦牟尼在菩提樹下開功、開悟之後，不是一下就達到這個層次了，他在整個四十九年的傳法當中，也是在不斷地提高自己。他每提高之後，他發現講過的法又不對了。等他再提高，他發現剛剛講過的法又不對了。整個四十九年……」您說好不好笑？不過對於李先生提禪宗的部份，雖有些哭笑不得，倒也無法反駁。因爲現在禪宗的證悟法門，確實也是失傳了；還好，導師又把它復興起來了。

法輪功就是煉法輪不煉丹，讓身體健康，延長壽命，並幫助他人也能健康。若不說是佛教的一門，誰也不能說他有錯。可是硬要將佛法扯進來亂講一氣的，難道又是看見佛教的賣相好？拿來大大的利用一番。如果想要利用佛教，那就別亂批評；卻又先利用，然後再打壓佛教、貶低佛教，又誹謗教主釋迦牟尼佛；這樣來欺騙眾生，眞是豈有此理？！眾生也眞可憐，又多了一處大陷阱。

唉！不堪回首話當年！不過，自我安慰一下：走了好多條岐路，對 導師之摧邪顯正亦更能信受。安準了定盤星，不再徘徊修行路，往後要走的路還很長，只要跟著 導師走就沒錯。在同修會中，有明師爲導、益友爲伴，多麼幸福美滿。能明心，感謝佛菩薩、恩師、護法龍天、義工菩薩、所有同修會的同修護持正法……。

沒想到寫個見道報告，竟然感受恁麼多。因爲何師姊叮嚀：「得好好寫，能做法布施是最好的。」心想：雖然明心過了關，但慧力還差得太遠，又久未提筆寫文章，已文思枯竭，如何寫得好？若要摧邪顯正，又談何容易！得具備諸多條件：要宗教俱通、勇猛堅毅、辯才無礙、百折不撓又修養好，如此方有可爲。兩年前，有一回跟一位友人談及密法本質，當天著實被罵得狗血淋頭一般，一時被惹火了，心裡暗自嘀咕：「**我是爲妳好，還狗咬呂洞賓，我才懶得管得妳法身慧命的死活。**」事後又再懺悔這個心念不好。好多天，覺得自己眞是泥菩薩過江。獅子跳躍的地方，豬仔勉強去跳，恐怕會摔死的。唉！難啊！所以只能做做抒發心情的事罷。

無上甚深微妙法得以久遠流傳，佛門今時後世一切學人得以修學正法，端賴正覺同修會日漸茁壯、法務弘展、導師法體康泰，講經說法、……著書無礙；祈佛菩薩加持冥佑，護法龍天鼎力相助。

佛弟子 **劉正琴** 拜上

二〇〇三、一二、二三

《我的菩提路》第七篇：

見道（明心）報告

—洪美珍—

回憶末學初接觸佛法，係源自八年多前，同事所贈一本佛書：《金剛經》，從此便與佛門結下不了深緣；往後三年多，未加入任何道場，祇是空閒之餘自行遊閱禪宗、淨土宗祖師們的開示錄。儘管很多看不懂，還是很喜歡看；祇是心中一直質疑：爲什麼那麼多修行人，心甘情願拋下一切、埋下一生的歲月，在追尋開悟之事，到底在悟什麼？有什麼好處那麼吸引人？直到一九九八年時，在家附近寺廟中發現了 導師所著《念佛三昧修學次第》，末學終於找到解答了！

看了《念佛三昧修學次第》，末學是一面讚歎作者（因為學佛次第描述非常清楚、不吝廣傳功夫，非常慈悲），一面滂淚（末學懂得真正學佛目的了）；經過幾天後，有一天竟然在夢中夢見了這本書的作者（雖沒見過面，但知道這是作者），他正在幫末學燃三指手指頭，當時末學僅高喊著：「四大皆空！四大皆空！」然後卻感覺不痛了！醒後，末學忽然領悟到：這不就是書中所指的「無相念佛法門」

的實例嗎？（祇是其中「不痛了」乃是悟後整理時忽然領悟到的）於是決然尋找明師依止，因此於一九九九年一月加入正覺同修會台中「禪淨雙修班」（導師親授）上課。

前後五年時光，不算短；雖然台中、高雄來回跑，路途遙遠，風雨卻難阻求法的決心與毅力，歷經四位親教師，熏習大乘般若正知見，並鍛鍊無相念佛及看話頭功夫，還有參禪知見，於佛法修證上方有入手之處；佛子循此途徑，方有入處覓得身中不生滅心——如來藏——而能入大乘見道位中，了知法界實相，所以絕對值回票價，絕不枉行！

在這五年之間，末學共報名四次禪三，承蒙 導師慈悲不捨，四次均被錄取（非常感恩），尤以第三次禪三，雖經監香老師認可：「這樣就是了。」祇因當時心想：「哪有那麼容易又平淡？別人觸證時都很震憾、受用，自己爲何沒有？」雖到最後一天，兩次喚末學小參，自己竟不敢進去，祇向監香老師說：「等自己確定後再進去。」終究還是帶滿了遺憾與疑惑下山，準備下次整理清楚後再來扣山；再過一年，仍如前況，毫無進展；由於生死心切，不得不懷著羞愧之心，第四次再報名禪三了。

第四次禪三：當第二天輪到小參時，末學即先自首：「在□□、□□中，即一切□□□□中，尋找眞心；祇是很羞愧，仍未觸證，請導師慈悲指正。」導師聽後，便問末學如何發願？此時末學聲淚俱下（為支持累劫道業，很誠懇來發這個宏願）說出，導師銳利的法眼已知末學落處了，於是叫末學小作整理後，再與兩位監香老師小參，同樣的一句：「這就是了！」此時末學不得不講出心中的疑結，否則求悟無期：「難道這樣就算是『觸證』？不是很震撼、受用？」監香老師便說：「你誤解『一念慧相應』了！其實明心——當你明白、知道了眞心，就對了！不要質疑了！」再經 導師印證後，便開始喝水整理、體驗。（編案：一念相應慧，別有意旨，不便明言。）

當開始喝水整理、體驗時，方覺般若智慧如泉湧出——突然感受到平時很強勢的「我」，彷似一具布偶，均需靠如來藏配合，方能達成一切，無一實質的蘊處界我存在，不値執我（此時感動，不禁淚下）；另一方面發現：如來藏確有很多功能作用，回家後務必趕快重閱《楞伽經詳解》。且往後修學別相智、種智的路很漫長，更需有長遠心，方能行長遠大道！何況今後需台北、高雄路途更遠的跑，回到家已夜闌人靜（深夜二點多了），但想起古人卻是一山翻越一山，兩腿行腳，毫無怨悔；或僅爲祖師們的一言半句法語，寧挨棒、受棍，至老年時舊傷猶存，求法的心勇猛不屈，而今我大丈夫的氣魄難道沒有嗎？何堪載道大器？如今已遇大善知識，應特別珍惜！不容退轉我心，更應勇猛精進，不得少爲足！

喝水整理後，再進小參室，經 導師善巧一提示，更覺般若慧引發很快，此時更感 導師智慧難測，經藏智慧如海，而自己彷彿是隻井底之蛙、貧乏無知；最後因已近禪三尾聲，祇得帶著課題回家、繼續整理體驗了。這次禪三可說是：入寶山、載滿寶物而歸。心中無限的感恩： 佛菩薩、護法神慈悲加持攝受、導師慈心引機、及監香老師、義工菩薩等辛苦護持，方能成就此行；也給自己信力上的肯定：不論多苦，都須堅持到底，方見柳暗花明時節，而且要好好跟定 導師，出路絕無問題！最後仍再度感恩 導師再造之恩，愚弟子絕不毀 佛前誓言！

受業弟子 **洪美珍** 合十

《我的菩提路》第八篇：

見道報告

—徐義雄—

一心頂禮 釋迦如來
一心頂禮 大慈大悲觀世音菩薩
一心頂禮 蕭平實導師
一心頂禮 張正圜老師

諸佛菩薩祈加持 往昔惡業皆懺悔 所修功德皆迴向 冤親債主皆歡喜
往日岐途過半百 今已緣熟遇明師 導師已陳菩提路 循途用功即能成
願我追隨蕭導師 努力修學無相法 憶佛話頭皆成片 證得蘊界二取空
願我明心得正法 啓開佛門成佛子 悟後起修解般若 不再迂迴覓歸途
願我早日破重關 眼見佛性如幻化 培植福德修淨業 性障漸除薄三毒
願我證得如陽焰 邁向十行迴向位 深解唯識眞實理 護持了義正法門
願我餘生能出家 宣揚導師正法理 不惜性命摧邪魔 導引眾生歸正途

願我生生世世中　皈依聖者蕭導師　座下佛子齊努力　令佛正法永恆傳
南無本師釋迦牟尼佛　南無本師釋迦牟尼佛　南無本師釋迦牟尼佛

終於解三了，此時夜幕低垂，天空飄著濛濛細雨，不見星星、不見月亮，大地一片寧靜，而內心不斷的起伏著，不知是興奮、還是惶恐。回首來時路，已不見蹤影。「道人若要尋歸路，但向塵中了自心」，啊！歸路！這才是眞正的歸路。此時心中已不起漣漪，望眼山下，家家戶戶燈火光明，北宜公路的路燈，綿延著，不知伸向何方？如同佛道就是這麼無止盡。而山下芸芸眾生，猶如無頭蒼蠅，還在生死中漂流中，悲願頓時現起：「眾生無邊誓願度，煩惱無盡誓願斷，法門無量誓願學，佛道無上誓願成。」現在，騎著如來藏大牛返塵，續佛慧命，想起導師所囑咐的任務，不論成敗，都要兩肩挑起，這是多麼重大的使命啊！加油吧！

記得十二年前，由於二姊（徐□□師姊，後來也加入禪淨雙修班，也在這次禪三破參）的引介，加入「菩提道次第廣論班」——也就是「福智法人團體」——學佛。過去從未接觸過佛法的我，一接觸，馬上就一頭栽進去，一待就是

七、八年。這期間，每天一定到福智法人（新竹鳳山寺的里仁食品公司）報到，然後開始工作，做些雜事：例如跑跑腿啦！整理倉庫啦！掃廁所啦！……等等！晚間，每週一次研討會，每兩週上一次善行班。所謂善行班，就是把自己或別人的底細挖出來，讓大家來討論，然後每天作記錄，他們說這個就是提升道業的資糧（只要努力工作，就可以提升為班長或副班長，或法人事業的重要幹部）。說不好聽一些，就是揭別人的瘡疤吧！

另外還要研討希奇古怪的外道書籍，例如《死亡奇蹟預言》、《死亡九分鐘》……等等有關鬼神小說故事。然後又說是為了利益眾生，於是開了很多家連鎖商店，利用不支薪水的義工，從事買賣賺錢的行業，賣些日用品、蔬果、素雞等等，應有盡有；咖啡廳、早點、午餐、晚餐，都不放過。孰不知每多開一家連鎖店，就要關閉附近多少商家的生計呢！他們卻說這就是「佛法的事業」。然後房子一棟一棟的買，財產不斷的累積，最後用來供養邪淫密宗的達賴喇嘛，名為「弘揚正法」。

終於有一天，我開始懷疑了：「難道這就是佛法嗎？」佛法的事業應當是把法開示給眾生聽，讓眾生有悟入的機緣。但是七、八年來，從未聽過裡面的出家師父及在家學長講過一部經典、或一本祖師的論，只聽到說：「在家居士是煮不開的水，要證悟，那是幾劫以後的事。」越想越不對：已經偏離佛道太遠了。要墮落下去，主持團體的人下去就好，何必拖累一大群人跟著下去呢！於是開始裝病不去上班（事實上也是真病，經年累月不休的工作太累了，得了重感冒而引起肺積水）。在家裡閒著，直到一九九九年底，我家同修參加林務局退休人員每年一度的聚會。自從住台北後十幾年，她都不參加，這次說一定要參加；大概正法因緣已熟，於是南下豐原；同事給她一本《無相念佛》及兩本小冊子，帶回來給我看；看過之後身心一度震撼，這不就是我要的嗎？隔天星期六下午，與同修兩人按扯尋找，終於找到了，當時是在中山北路六段一間地下室，兩人毫不猶豫的塡上報名表，接到通知：星期一晚上開始上課，從此正式成爲正覺人，那是兩千年四月的事。

第一次見到張老師，覺得很親切，親切中又帶些畏懼；過去幾十年的教書生涯，又在商場打滾了幾年，看到一位女眾居然會害怕，眞是不可思議。還好老師諄諄善誘、和顏悅色，菩薩心、老婆心，透過善巧方便，很快的學會無相拜佛、憶佛。老師說要消滅性障，否則會覆蓋道業，於是又從消滅性障下工夫：

消除貪、瞋、掉悔、睡眠、疑五蓋。疑蓋，已知過去隨學的師父落處在哪裡，對自己的判斷深信不疑。睡眠蓋，只要第二天醒來不昏沉，那怕只睡三、五小時。掉悔蓋，只要消除掉散心，常常一心不亂；萬一有掉散心，只要掉而不悔，就可以了，不要懷念過去、籌劃將來。以上三蓋要消滅比較容易。至於瞋恚蓋，貪不到、就起瞋，所以重點就在貪蓋；貪什麼呢？貪著色聲香味觸五塵。眼睛一張開就開始攀緣色境，而聲音從四面八方進來，要擋也擋不住。至於觸塵，我們又很難做到觸而不受，苦樂憂喜捨不斷的生起。那剩下的香和味兩塵，是比較容易下手的地方。有多少就吃多少，不計較食物的色香味，這樣慢慢的消減對吃的執著，無形中也慢慢的不執著其他三塵。走路不東張西望，聲音來也不起厭煩，苦樂憂喜捨，不形之於色，都安住在憶佛之念當中，再加上無相拜佛，覺得自己的定力：感覺得出來，不斷的增長中。

二〇〇二年十月參加禪一時，樂觸境界突然爆發出來（後來透過導師的解說，才知道是初禪善根發），兩天兩夜覺明現前，處在樂觸境界當中；當時不懂，我以爲觸到如來藏了，結果張老師潑了我一盆冷水說：「**這是三界內有形有相的法，如來藏是無形無相的；樂觸生起，要擋也擋不住，順其自然就好。**」老師問我：「還有沒有別的？」我說沒有。老師不再講話，我就默然的離開小參室，從此不再提這種念頭。

很快的，兩年半的課程結束，抱著滿滿的信心報名禪三，結果沒有錄取，當時覺得有點失落感；隔幾天，似乎有人在耳根告訴我說：「不能退、不能退。」對啊！好不容易才遇到眞正的法，怎能輕言放棄呢！於是馬上打電話給張老師，說我對老師的信心決不退轉，我一定要在老師的座下開悟。老師說一定是緣未具足，叫我多作懺悔、祈求、發願及迴向四事；於是當天就寫下了懺悔文，內容包含四事，當作每天必行的早課，一年來從未間斷。不知不覺的一年又過去了，老師看我的緣已熟，定力、慧力、福德、信心都具足，性障也消滅到差不多了，於遞給我報名表，我就二度報名禪三，終於錄取，也終於破參。

在這裡，我想要告訴未破參的同修們我的體會：定力和性障兩者，有絕對的關係；性障越消滅、定力就越增，定力越增、性障更滅，兩者相輔相成。有了定力，則憶佛及話頭的功夫容易成片；有了定力，參究時才能有疑情的產生；有疑情時，內外的一舉一動，隨時都是一念相應慧的緣，所以基本上要從消滅性障及透過拜佛憶佛的功夫來增長定力。至於慧力，平時老師上課後，回去要作整理；禪一時，老師的開示，也要好好的體會，每一句話都是禪機，這都是破參的緣。還有每天要作懺悔…等四事，每月一次的大悲懺法會，一定要參加懺悔。

由於我一年來，每天從未間斷的作懺悔…等四事，眞的，就與佛菩薩相應到了。就在遞出報名表後沒幾天，在夢中親見 佛來加持；那個夢境到現在都還歷歷在目，非常清晰。其實那個時候，佛已經把密意告訴了我，但是我錯過了機緣。還好十月十一日拜大悲懺時，至誠懇切的懺悔，感動了 觀世音菩薩，祂千手護持、千眼觀照，就在當天下午，疑情正濃，拜佛時，祂化現了一隻蚊子（我相信一定是祂化現），在我耳邊嗡嗡的叫，好久都不肯離去，□□□□□□□□□□□，就在那一刹那，我觸證到了，這不就是如來藏□□□嗎？祂無形無相，遍一切時、一切處，眞體與妄用，和合運作無間。踏破鐵鞋無覓處，得來費了好大的功夫啊！當下我整個人都傻住了，頓時感覺佛菩薩的威神力不可思議。於是上課時登記小參把經過的內容報告老師，老師一直笑著聽我敘述，不置可否，最後只說了一句話：「繼續拜佛、繼續參。」

回到家繼續參，就是找不到還有其他的入處，不如自己先來個驗證吧！首先把五蘊十八界的運作過程，全部鋪陳開來，找出眞心的安立處。這一安立，結果把墨汁和清水全部分開，還原成「清水是清水，墨汁是墨汁」。再回憶佛在夢中的示現，看到佛從很遠的地方慢步的走過來，到大眾面前，只講了一句話：「來加持你們啊！」然後慢步的走進一間屋子。一會兒，又慢步走出來，到大眾面前站立不動，默然良久，轉身又慢步走回原來的地方，直到消失。這個夢境，再配合《金剛經》□□□，這不都是在提示如來藏嗎？回頭看自己每天的□□，□□□直到□□□□，一切的□□□□，也不都是如此嗎？「□□□□□□□□□」，「眾生日用而不知」，的確是這樣。這時心裡已有七、八分把握，此時距離禪三還有一個多月，抱著祂又不能講，又不能放，眞是苦不堪言，那時才體會到「啐啄同時」的道理。

好不容易挨到上山了，第一天拜懺時，懺到內心深處，淚水一直的湧出，護三菩薩忙著遞手紙，擦了又濕，濕了又擦。忽然覺察到：從如來藏來看這一切，都是虛妄的，何必隨境起舞呢？於是把話頭掛上去，心安定了下來。接著蒙山施食，之後監香老師說明禪堂規矩，然後 主三和尙開示，斷了學員的三縛結，□□□□□。晚上 主三和尙講解曹山本寂禪師公案，聽了非常相應，尤其最後一則印象深刻：銳禪師問曹山禪師：「如何是祖師意？」曹山禪師說：「你把手伸出來。」於是銳禪師伸出了手，曹山禪師就在他的手指頭上數：「一二三四五，足！」不多不少是五支。公案講完，主三和尚就下座，開始數幾位學員的手指頭，每個人不多也不少，都是五支，然後一個個問：「知道嗎？」大家都一臉茫然。當時 主三和尚沒問到我，如果問了我，我一定說知道，因爲我眞的知道。

第二天上午經行後，開始小參，輪到我一進小參室，主三和尚就問：「有沒有入處？」我很篤定的說：「有！」就把過去所觸證的，加以自身的體驗，及昨晚的公案，和今早的經行，所感觸的，一五一十的和盤托出，主三和尚只問了我一個問題：《楞伽經》上講的□□□□、□□□□，我一一的回答，看起來主三和尚非常滿意。最後給我兩道題目，叫我下去參，越細越好：一是「○○○○○○○」，一是「打坐到一念不生的時候，□□□□□□？」並交代明天回答。回到座位上，苦參不得其意，不要說越細越好，連表皮都不知道，要如何參呢！這下子心開始慌了，好不容易才過了第一關，難道會死在第二關？那豈不是前功盡棄？既然禁語，當然不能問別人，那麼問監香老師張老師，看能不能得到一點入處；可是張老師連理都不理我，怎辦呢？靈機一動，怎麼把 祂忘了？於是趕快跪下，至誠祈求佛菩薩幫忙。

到了第三天下午，要開始喝茶，主三和尚再度叫我小參，回答昨天的問題；進入小參室，就把過去有關知見及第一天 和尚的開示，大概敘述一下，但是自己覺得不很完整；都是老師的東西，不是自己的體驗；最後 和尚慈悲，還是叫我喝茶去；此時心中才眞正的放下一塊大石頭，終於過關了。回到座位上，按照 主三和尚的指示喝無生茶，體會眞心□□□□？妄心在□□□□？最後□□□□□。還是只體會很粗淺，雖然 主三和尚抽空出來，在我身上點了幾下，我還是不知其意，直到解三前，還喝不出所謂極細的部份。最後 主三和尚就集合已破參的同修，集體解說；光是提起茶杯，就講了半天，何況要把茶喝下去，那豈不是四天三夜也說不完。這時才瞭解，眞心是這麼忙，妄心也這麼忙，眞妄心無時無刻和合運作無間。此時由衷的佩服：導師的智慧如海，深不可測。自己何德何能，跟到了這樣的大善知識；如果沒有 導師，我現在還在隨波逐流當中。現在已踏入佛門了，更應該進一步求見性，在道業上繼續增長，否則怎對得起 導師呢！

寫到這裡，眞是感慨萬千，要感恩的人實在太多了，除了 導師已鋪好的一條成佛之道（編案：把 佛所說的成佛之道整理出來）讓我們循序修學，及張老師三年下來不辭辛勞的教誨外，還要感恩這次的護三菩薩們辛苦護持，還要感恩正覺同修們的鼓勵及家人的關心，更要感恩佛菩薩的加持，在此，再度的說一聲：「謝謝！」

破參之後，更覺得佛法的奧妙，一層比一層深，並非如四大名山學眾所能瞭解，也非如所謂佛學院學術研究機構的專家學者所能知悉。祂不分學歷，不分年齡，不分性別，只要有福德者，就能遇眞善知識，在祂的引領下，就能證悟破參。

綜觀現今教界附佛外道猖獗，尤其藏密中觀應成派的邪見，無孔不入；他們食如來食、衣如來衣、住如來家，卻說邪魔外道之法來取代佛教正法；而各大山頭又大力護持或夤緣藏密，使宗門正法難以在人間立足。正當宗門正法瀕臨危急存亡之際，慶幸還有大慈大悲的菩薩示現人間，舉正法纛，砥柱中流。但畢竟勢單人孤；在此，我要大聲疾呼：凡我正覺人，不論已悟未悟，都要團結一致，在 導師的引領之下，努力修學、充實自己，在佛道上百尺竿頭更進一步，個個肩負起摧邪顯正的大任，好讓一息尚存的正法脈，能永續流傳，讓後世學人尚有宗門正法可聞，盡力救護眾生都迴歸正道，千萬不要再明裡暗裡阻撓導師救護眾生的大行！

最後，願以證悟功德，迴向今生及往昔諸生的父母、師長、兄弟、姊妹、配偶、子女及諸親友：並希望大家早日皈命三寶，共同修學了義正法，在未來的生生世世中，成爲同修道友，一起相互扶持，早日明心見性，得入見道菩薩位中，共同荷擔如來家業，直至成佛。

願消三障諸煩惱　願得智慧眞明了

普願災障悉消除　世世常行菩薩道

南無本師　釋迦牟尼佛

南無本師　釋迦牟尼佛

南無本師　釋迦牟尼佛

佛弟子　**徐義雄**　頂禮

二〇〇三、十一、三〇

《我的菩提路》第九篇：

禪三見道報告

—曾蓉蓉—

來到正覺講堂的因緣是因爲十六年前，我家同修聽到有人說「有一個明心見性的法門」，心中產生莫名的嚮往，就帶著我一同修行；從神道教到一貫道、再到佛教，我同修從都不懂佛法就去受菩薩戒，如果有聽說哪位師父是明心見性者，他就要去問「如何能明心見性？」爲了找明心見性的人，又再一次去惟覺法師的寺院受一次菩薩戒；輾轉在偶然的機會，我同修看到 蕭老師的《禪—悟前與悟後》一書，他哭了說：「我一定要去找這個 蕭老師，只有他能解開我心中的疑惑。」他帶著我來到以前中山北路地下室的舊講堂，當時因爲郭故理事長的亡故，正在做三時繫念；我跟同修就坐在樓梯間等待，下午還吃了總幹事給的盒餐；繼續等到法會結束，見到 蕭老師後，才在張老師的週五班安住下來學法，從一九九九年開始。所以我學佛的因緣是家中同修一路帶我走過來的。

以前有聽過親教師或破參的師兄師姊們，每每都說 蕭老師是大菩薩再來，會觀看因緣的；我自己心裡想：「有影也無？」（編案：閩南語。意爲「眞的嗎？」）

可是，現在我也會說 導師是眞的大菩薩再來，會觀看因緣。就我而言，二〇〇三年四月份禪三之前，我夢見 蕭老師開遊覽車帶很多人去參觀寺院；參觀寺院的同時，我因尿急上廁所，出來時因找不到路，結果車子開走了，我就一直哭：「怎麼沒等我？」所以當我醒來時，已知這第三次報名禪三，應該是不會錄取了。第四次報名，是二〇〇三年十一月份；之前我夢見 導師給的機鋒：導師要我把手伸出來，幫我算命；然後 導師卻看看自己的手，搓搓手說：「我的手很粗。」而我也把手搓搓說：「沒關係，我的手也很粗。」可惜當時不懂，錯過了。又再一次夢見 導師說很多法給我聽，我都聽不懂，只記著一句「不生不滅」，和 導師嘆一口氣說：「妳明年才有因緣悟啦！」所以二〇〇三年十一月有因緣參加禪三時，心想這次沒悟、沒關係；因爲 導師已經跟我說了：我明年一定可以悟的。這給了我很大的信心，果眞今年二〇〇四年，我眞的悟了，感謝 導師的慈悲。

再說第一次上禪三時，同修開車載我上山去，在車上我開始哭了起來，因爲我沒有東西，知見不具足，慧力也不足，定力也沒有，那麼笨，如何能悟呢？同修鼓勵我說：「沒關係！盡力就好。沒悟，下次再來嘛！」就這樣上了禪三。

在第一輪小參時，導師問我有沒有找到，我搖搖頭說：「沒有。」「那妳覺得自己缺少什麼？」我就坦白的對 導師說：「我沒有慧力，也不用功（原來是想隱瞞的）。」然後我把 導師在小參室跟我說的話都記起來，導師說：「當妳有找到眞心時，要趕快舉手來跟我說；眞心眞的是無眼耳鼻舌身意，無色聲香味觸法。」還說：「如果沒悟，妳對得起 世尊嗎？對得起你的老師嗎？更對不起妳自己。」說著就用手指著我。我把這些話□□□□都記住了。雖然這次禪三沒悟，但回家時心中是快樂的。導師還說要我們求 觀世音菩薩幫我們開智慧，要發大願，所以每次我跪在 佛前看著 觀世音菩薩的聖像求開智慧；發大願時，就哭給 觀世音菩薩聽，求 觀世音菩薩讓我有悟的因緣，否則單靠我自己，哪能悟呢？

回到工作崗位，開始忙碌的生活，也繼續的參究；因爲我會利用中午吃飽後，在公司的倉庫裡經行，我在想：「導師講能看是妄，能聽是妄，能聞是妄，能知是妄，色身是妄，現在說話在想的也是妄，這都不是眞心，那到底哪個才是眞的呢？」經過一天、二天⋯，有一天我□□□□□□，這是妄，哪個眞眞的？到底哪個是眞心？□□□⋯⋯啊！只剩□□□□□這個！我馬上想到 導師說：「如果妳有找到眞心時，要拿《心經》來對照看看，是不是『眞心眞的無眼耳鼻舌身意、無色聲香味觸法』？」那我就□□□□□□□□□□，如果是這個，欸！祂眞的是無眼耳鼻舌身意；我再□□□□□□□□□，如果是這個，祂眞的是無色聲香味觸法。眞的是：眞心離開見聞覺知，眞心是眞心，妄心是妄心，同時存在；啊！對！對！就是這個！就是這個！我再把 導師在小參室裡、在夢中所做的機鋒拿來對照，原來 導師都明說了嘛！現在我懂了。

雖是知道，但心中會有不踏實的感覺：會是這個嗎？今年有因緣能再一次上禪三，心裡還是害怕，信心不足。在第二天晚上過堂時，導師說要把眞心和妄心分清楚；此時心中自我肯定：「是！我是找到眞心了。」眼淚不自主的流了下來。在小參室裡 導師幫我印證受記，讓善知識印證受記，對我這個笨笨的人，是何等重要的事！具足了信心，是盡未來際的，所以我要說：導師您好慈悲，我很高興能成爲 導師的入室弟子，非常感謝 導師的慈悲。 感謝慈悲的佛菩薩：

南無 釋迦牟尼佛

南無 觀世音菩薩

南無 大勢至菩薩

弟子 **曾蓉蓉** 叩拜

《我的菩提路》第十篇：

禪三見道報告

—黃正榕—

敬呈

主三和尚 蕭導師菩薩

這回已是我第二次參加禪三，能夠破參明心，眞是要感恩 蕭導師及師母慈悲，親教師之教導；最重要的是有佛菩薩佛力之加持，乃能入小參室順利過關。記得上次禪三經過四天三夜，日以繼夜禮佛參究，參到頭破血流、口乾舌燥，見到已明心的師兄師姊都在喝「般若茶」，是多麼羨慕，心想若能喝到，是多麼殊勝！但福德因緣不具足、定力、慧力都不夠，哪能喝得到？這回禪三事前把前三條件都補足，加上虔誠懺悔、發願，佛菩薩慈悲加持（真的，佛菩薩很公平，很快就讓我喝到般若茶），上回的臨時抱佛腳，同這回用功精進，不同的果報，眞讓我畢生難忘。

記得當初我家師姊在一次殊勝因緣中獲得《大勢至念佛圓通章》文章時，

便心生歡喜，自己在三樓佛堂中禮佛，默默自修六個月，確定這個法門是學佛多年夢寐以求的智慧法門，便決定要參加講堂共修課程，但未知講堂地址，只好從早期 導師印行的書上尋找，輾轉打聽，從印刷廠、共修處舊地址，終於找到，報名參加二年半的共修課程。

她問我是否也要順便報名，但因共修的時間是下午，也正是我早上生意忙完最累的時候；又得知是在家居士所辦之講堂，我就更加謹慎。因我跟同修自從親近廣欽老和尚聽聞佛法，在他圓寂後，爲求智慧法門，就跑遍全省最有名的大道場（如慈濟）及居士共修處，雖然不是全都不好，但因我疑心較重，若發現有不如法，或與菩提道不相應，或不是我們所要的了義法門，我就與我同修默默離開。

所以我師姊看我參加意願不高，這個法又那麼好，不參加很可惜，便想出一個方法：要我開車載她去上課，我就在車上休息等她下課。經過二、三回，看我還是無動於衷，就跟我說：「師兄！你較敏感，幫我聽聽看；萬一不對，或是不如法，我們就趕快溜。」我想一想，很有道理，就進入講堂上課。一聽到前所未聞、全台都無法聽到的無上大法，眞是法喜充滿，如入如來寶山，取之不盡，不但未溜，如今全家同兒子、女兒都參加共修了。

我在講堂參加共修四、五年，對佛法之體驗，比起到全省最有名道場二十多年，不知進步多少倍，眞是無從算起。尤其這次參加禪三法會，那種與佛菩薩貼切相應，殊勝妙感，讓我熱淚直流，直覺佛菩薩示現在莊嚴禪三法會上。現在又破參了，更印證 蕭導師所宏揚之佛教正法，句句與大乘佛典無誤；這種勝妙的法喜，全省道場哪裡找得到？唯有正覺禪三會上才有。……。

在這次禪三起三法會上， 蕭導師慈悲開示：「**諸位學員，你們報名禪三就好，但沒想到這一次你們卻帶了那麼多怨親債主來參加禪三。**」故在懺悔時，導師再三提醒：要用心把功德迴向給他們，以免他們遮障。那時我一想到上次禪三因用功不夠，福德因緣不具足，自覺罪障深重，故無法破參時，就眼淚直流；又想到 世尊佛法之威德力，及 導師菩薩的智慧如海，救了我一家。因我有個兒子，小時候就非常頑皮叛逆，有時氣得讓人覺得人生毫無意義。

記得一九八一年左右，在土城承天禪寺，有天清晨 上廣下欽老和尚就在廣場出入的樓梯口，坐在藤椅上，對我家師姊開示，他老人家指著我那個兒子說：「**有機會的話，要帶這個孩子多親近善知識，否則果報不好。**」我師姊哪敢怠慢，老和尚圓寂後，馬上就帶著孩子，從慈濟的證嚴法師，到全省最有名的名山及各大居士道場，大多去過，雖有小改，但仍無濟於事。直到兒子在家中，有因緣遇到 導師前來親自開示，對佛法眞正信受以後，便在講堂共修三年多，受了正法熏習，後來又證悟，讓他親自證實「因果、如來藏種子等流」之眞實不虛，才能讓他痛改前非，現在親朋好友都讚不絕口。又想到我沉迷於……，這次禪三前也發願戒掉；而我那心直口快的同修，最近也讓我耳根變得非常清淨。故一想到講堂共修正法之熏習，及佛菩薩加持力是何等廣大殊勝，更加衷心懺悔；頓感清涼無比，佛法眞的是太妙了。

這次能夠破參，眞要感恩我家師姊：自接到錄取通知，我同修便坐鎮家中，幫我摒棄外緣，讓我專心禮佛、經行、參究。就如同禪三的日以繼夜用功精進；所以各位師兄姊的禪三是四天三夜，我可是十天九夜。一想到上次禪三因福德因緣不具足，雖使盡吃奶力氣，四天全部睡眠不超過六小時，參得身心俱疲，還是無法一念相應；那種如喪考妣的情景，眞讓我畢生難忘。所以這次鼓足勇氣，上課前請求小參，請親教師慈悲指導。

聽親教師的話參究：照程序好好的下功夫，不要搞小聰明，把定力、福德不夠的部分一一補足。故從接到錄取通知，我因暫時退休在家，就如同禪三，拼命用功參究。每回禮佛後，就在家中佛堂裡……參究，終於參出：眞心與妄心配合眞是天衣無縫；妄心一動念，眞心……；但尙無法確定如來藏在哪裡？一參不出來，便哀求觀世音菩薩加持，再發願、再禮佛、……。終於我肯定的參出來：禮佛時……，很清楚現在眼前。尤其是……，眞是妙極了。雖然知道 導師要我們參究的，可能就是這個，但因有上回慘痛教訓，不敢掉以輕心。後來我又想參究：**「念頭同眞心現起的前頭是否還有東西？」**結果念頭前面還是念頭，只見到白茫茫一片，什麼都沒有。

禪三第二天早齋吃水果及大殿中經行，導師慈悲的機鋒，我終於穩穩接著參透，見到經行摔大手的那位菩薩師兄，就百分之百肯定了。午齋時 導師慈悲問我吃水果有味道否？我怕密意洩漏，一時心急，又落入眞妄不清。故下午小參前，心一急，無明又現前，頭又開始昏脹；趕快懇求觀世音菩薩在上作證：我若能破參，定將所有功德迴向怨親債主、父母、師長。眞不可思議，果然一下子就不暈；一進小參室，猶如佛菩薩加持，更加清明。我就將參究過程報告 主三和尙，雖然最後一道題目從未聽聞，我卻能未經思考馬上回答，終於過關。

眞是感恩再感恩。

導師要我喝茶整理，沒想到要喝這口般若茶，還眞不簡單；本以爲已經喝出很多禪味，結果一進小參室，經 導師開示，我所體會的眞像小巫見大巫。內心覺得 導師眞是智慧如海，才眞正體會：喝這口茶，好像 世尊駕臨演說一部大藏經。也讓我明白：明心破參，只是初見道，才只是眞正要開始學佛。我們猶如法身慧命剛出生之嬰兒，往後要同 導師學習的路還很長遠。……。

破參之前，因我同修及二兒子都已明心，當他們在客廳探討佛法、有說有笑，但一看到我接近他們時，馬上就停止言談，怕洩露密意，眞不是滋味。但自明心回來，我們三人一起共飲般若茶，暢談佛法，眞是人生一大樂事。但我們飲水思源：每次禪三，蕭導師、親教師、護三法師與師兄師姊，個個累得人仰馬翻，每天睡不到四個小時，這一次的禪三期間，導師只能有空洗一次澡，陸老師有空便靜坐養息一會兒，張老師猛喝茶提神，這種爲正法、爲如來家業而拚命，無怨無悔，我在此眞的感恩再感恩。

但其實最要感恩的，也是我們最偉大的護法金剛菩薩，就是我們的師母。以前，我家師姊常說：「**師母是奉佛菩薩使命而來的，做導師的護法，維護正法**

而來。」當初我總以為只是我家師姊說好聽的話，但現在我深深的體會到：她為了提防盜法的人，常常要受別人的誤會及指責。又把家庭事務、兒女私情擺一邊，幫助 導師弘揚正法，把 導師毫無保留的奉獻出來。不但如此，還要布施錢財、護持講堂，這個角色是多麼難當。要不是師母盡心盡力付出，我們哪能有機會在 導師引導下破參？哪有如此功德受用？所以我真要感恩師母。

最後想到：上次禪三，心想我同修沒認得幾個字，都能破參；像難度頗高的特考，都難不倒我；禪三前，我就把《真實如來藏》研讀好多遍，並把重點作成一大張筆記，就是沒耐心作禮佛的功夫。慢心一起，心想定可輕易破參，結果參得頭破血流，最後一天早上便棄械投降，全身筋疲力竭。但忽然內心一想：還好平常同 導師及親教師很熟，應該能給個面子，幫我明心。沒想到一向覺得非常慈悲的 蕭導師及親教師，連看都不看我一眼，但卻很熱心的幫我旁邊一位台中師兄指導參究，及指導其他師兄師姊，當時我頓感失望及落寞。要不是對正法之肯定，確信真的有如來藏可證，可能就有退失之念頭。現在想起來，真是好險！要不是當時 導師及親教師寧願不作濫慈悲、濫好人，寧可讓因緣不具足的學員誤解，否則讓我輕易過關，我就失去用功參究的機會了。⋯⋯。現

在才深深知道 導師及親教師不是不慈悲，其實是在救愚痴的我，眞是用心良苦。

弟子今在此誠摯發願，願將明心所有功德，迴向：願

蕭導師菩薩及師母色身安康！願

摧邪顯正功德圓滿成就！願

正法得以永住！

受業弟子 **正榕** 頂禮

公元 2002 年 11 月 30 日

《我的菩提路》第十一篇：

明心見道報告

——蔡青利——

弟子 蔡青利

一心頂禮本師 釋迦牟尼佛

一心頂禮極樂世界 阿彌陀佛、觀世音菩薩、大勢至菩薩

一心頂禮恩師 平實菩薩

回憶兒時，自懂事以來，便經常抬頭望著天際……尋思著：「**我從何處來？爲什麼要來？以後又要去哪裡？**」小時候鄉下住家的廁所是在屋外六十公尺處；從廁所的小窗望出去，便可見遠處高低隆起的墓地。我每每起身以後遠遠望去，思緒便升起……人都一定要離開世間呵！死後就要永永遠遠地躺在那隆起的墓底……等，而我呢？這一生再如何地美好、如何地努力，亦將終歸於零、終歸於滅，如前人一般躺在那淒暗的地底……想著想著……竟悲從中來，淚水便不住的湧了出來。於是經常地反問自己：**我這一生究竟爲何而來？生命的意義是**

什麼？人生的價值定位在哪兒？而「我」，這個「我」到底是誰？生命的疑惑一直盤旋不去。（編案：此篇文中之⋯⋯，乃是原文即已使用⋯等符號，以下皆同）

及至婚後，我雖於家庭及工作上，不失用心盡份地去做，然內心深處，總有一股強烈的力量，片刻不離地似在提示我：外在的努力或追求，那不過是我應盡的責任與義務，眞正的方向是往尋覓自己的道上邁進，去找尋安心之道。故平時除工作、照顧家庭外，多餘的時間，是我最珍貴的獨處時候：一旦得空，我是絕不願花在閒逛或旅遊上的。兩個孩子的旅遊行程，經常是我同修帶著他們去玩，而我總是藉「看家」的理由而缺席。在此，對我的同修致上感恩之意！得空之時，我便將這些時間拿來唸佛、閱讀佛書，及後來學的無相拜佛。每天晚上就寢前，也必定要閱讀些許，方能安然入睡。

十多年的學佛過程，學習過淨土宗、現代禪的課程、淨土眞宗等。然對生命的疑惑仍舊存在，修行的過程進進退退：一會兒覺得法喜充滿，不久便又煩惱、疑惑生起：等，起起落落的心緒不能計其數次。直到現在明白眞心後，才恍然知道這是怎麼一回事了；原來以前的修行方法，是在意識上作功夫，猶如鏡上拭塵，雖時時勤拂拭，但仍會惹塵埃。難怪乎進進退退、煩惱不已。現在明心了，知道要轉依無生的眞心，知道有個不生滅的「我」之後，對於外塵境的生生滅滅、起起落落，自然不會隨之起舞。親見本來面目的功德眞是太妙了！

接觸正覺同修會，是在一九九六年中，一次前往□□師父的精舍，師父告之：「我有一修行之寶。」於是隨其上樓，師父就將 導師大作《無相念佛、念佛三昧修學次第》及《禪─悟前與悟後》三書贈于我。在修行上，我非常感恩□□師父引導我進入此法門（在此禮謝□□師父）。

回家後，先讀完《無相念佛》，心中甚覺與此法門相應。晚上繼續閱覽《悟前與悟後》……猶記當時，我是歡喜顫抖地邊閱邊流淚……嘆息道：所謂末法時期，竟能有此大善知識出世，爲末法眾生演說教導此無上大法……內心的沸騰如何言喻呀！……我讀著讀著……不覺東方天際已露魚肚白……。我很清楚：這法門不同於我過去所修學之法。導師在書上所言述的修行理路相當清楚，若依法修持，定可直通明心見性的菩薩大道。

起初與□□師父前往正覺的桃園友會共修，次數不多，因路途遠而作罷，於是在家裡自己練習無相拜佛及憶佛的功夫。可喜的是：導師於二○○○年起在台中授課，嘉惠中、南部有緣的佛弟子。三年的共修，敬佩 導師的智慧如海、說法無礙，開啓弟子佛法的正知正見！心中常生起**「吾何其福德，有幸跟隨此大善知識修學佛法！」**感恩至極呵！共修期間，雖尚未明心，然（已漸漸具足正知見）於坊間書店上的佛學著作，漸漸地有著難以翻閱下去之心情，因此心中更清楚何謂佛法？何謂正法？實萬分感激 導師三年孜孜不倦的說法教導；亦十分敬佩、感恩師母，在這三年台中班的課程中，不辭路程遙遠的舟車勞頓，一路照顧 導師南下說法，爲的也是我們這些求法若渴的眾生！三年的時光，南下北上、來往多少回！多麼辛苦用心呵！若非菩薩再來，怎能有如此的大悲心？不求回報、不求名聞利養，只一心一意的要把正法留傳下來！這般的大菩薩，普天之下，何處尋覓！在此，弟子頂禮感恩 導師與師母：您們辛苦了！此恩如何回報？

這次禪三報名，蒙佛菩薩加被，導師的慈悲，得以僥倖錄取；內心是既驚且喜，誠惶誠恐。懈怠如我，深恐有負 導師之教導。禪三前，更加專注於作功夫。在一次禮佛中，當下似乎感受到另一個心的運作；然而疑惑不定，信心不足。心想：還是到禪堂時再說吧！

禪三的第二天早晨經行中，透過 導師的機鋒，隱約知道眞心在哪裏？但是，依舊模糊。進入小參室，導師問我：「哪個是眞心？」我□□示之。這時，導師慈悲的說：「這是□□、這是□□，它怎麼是呢？」當時我一聽：是啊！這確實是□□與□□，怎麼解釋呢？導師就告之：「你再去整理。整理好了再告訴監香老師，可以者，會再安排小參。」我請求 導師告訴我如何整理，導師慈悲地說：「我告訴你如何整理，那是我的啊！」也對！我應自己再去禮佛、再整理才是。然而從何下手？

禮謝 導師，離開小參室，我的心既沉重、且茫然……要懺悔啊！要發願啊！要求佛菩薩加持……我在大殿 佛前，更加懺悔自己（的業障），並發願、迴向……。這天的晚餐及隔天的早餐，我眞的是食不下嚥，參到苦不堪言。

第三天早齋過堂畢，導師讓我與另一師姊「洗碗」去。我們倆用一般的速度洗著碗盤。一會兒，導師過來，很慈悲和顏地教導我們要洗□□，並且去注意□□□□……。照著 導師的教導，洗得□□，注意□□……刹時！啊！我知道了！是祂！肯定是祂！□□！□□……沒錯！就是祂！如此親切、如此清楚，從來不離妄心這個我，沒錯！□□和□□裏都有祂……再細細體會去……於是才知道：《心經》裏爲何不稱「觀世音」菩薩，爲何卻稱「觀自在」菩薩，祂原來就「自在」嘛！我今始明白！想到 導師在早齋當中，使機鋒曰：「不要以為吃飯是理所當然的。」「肚子餓了，想吃飯也是煩惱，但是這煩惱裏有『菩提』噢！」祖師說：「吃喝拉撒皆有佛法……」可不是嗎！？我懂了！連著下來兩天，導師的機鋒，我都知道了。事實上，導師在禪堂慈悲的法演，在在早已明示了。

第二次進入小參室，導師慈顏地聽我道出眞心如何、如何……並且考了三道題。我自己很訝異這一道道題出現時，竟能清楚明確地回答 導師。深深地感受到：接受大善知識的印可攝受之後，那智慧的門剎時開啓了；過去不懂的經句，猶如泉湧般的出現……這時全都懂了！我太高興了，太感恩了！太感激了……如何道出這心情？！誰能知曉？！唯我同修會中明心之同修道侶呵！

說感恩 導師，實未能表達出弟子內心萬分之一的感激之情！唯有常在佛菩薩前，禮佛功德迴向恩師及師母：身體康泰、長壽住世，為眾生常轉法輪！

阿彌陀佛！

弟子 **蔡青利**

《我的菩提路》第十二篇：

見道報告

—林育才—

蕭導師、張老師！

阿彌陀佛！

弟子謹以最恭敬、誠摯的心，記錄弟子學佛及此次破參的歷程。回首來時路，若無佛菩薩慈悲攝受引導，弟子絕無可能踏入正覺，進而能夠參加禪三，並得破參明心。感謝諸佛菩薩慈悲攝受加持，感謝 蕭老師施設如此勝妙的法門，也感謝張老師兩年半辛苦的教導。

弟子這一輩子的經歷，不論是求學、工作、家庭等，都算平順，很少經歷波折。記得在美國唸書時，曾有一位學弟跟其妻在學佛，那時的我還天眞的認爲「宗教都只是在勸人爲善」而已，也不曾起過任何想要嘗試接觸的念頭。七八年前，那時年約三歲半的大兒子，有兩次看到了我所看不到的「人」的奇異經歷，雖然當時心中並無畏懼之感，但因好奇，以及爲了一探究竟，開始有了宗教方面的接觸。

而就在那個時候，學校的一位同事請了一位法師（後來才知道是惟覺法師的弟子）每星期來校一次，介紹打坐修行之法，從此之後弟子便每星期固定參加聚會、練習數息、打坐，在家時也會抽出時間練習。有一陣子繃得很緊，半夜醒來硬是逼自己打坐數息，非得學出個名堂不可，有幾次還嚇到半夜醒來的同修。不過越學妄念越多，無法對治；那時以爲能將妄念壓得越少、功夫就越到家，一直在跟妄念抗衡。但因所學目標、方向都不明確，學得不甚相應；而這位法師也只來了一個學期就不再來了，因此也就難以爲繼了。從那時起，學校一位學佛的同事，見弟子對佛法有興趣，就不斷的介紹，提供弟子相關的書籍；弟子也不斷的請閱、購買各種書籍：東南亞的、日本的、印度的，以及國內四大道場、現代禪、梁乃崇、南懷瑾等。不過看是看了，就是覺得很虛幻、很飄渺，無法抓到核心，對佛法的諸多困惑也一直都無法消除。

開始學佛之後半年，學校不定時會有校外人士或法師來校演講，弟子也從不缺席，而當中就有一次是經由同學介紹而請來的正覺同修會的老師。老師除了說法之外，也帶來了幾冊 蕭老師的結緣書跟大家結緣，弟子也請了幾本回去看；雖是小小的冊子，但是越看越有味，很能相應：有方法、有目標，對「怎麼做，會如何」等修行上的問題與過程，描述得相當詳細，若非過來人的親身體驗，如何能寫得出這般刻劃入微的書籍？書末的見道報告又是這麼的眞實與令人心動，讓人忍不住躍躍欲試。之後又請了一大冊當時還是贈閱版的《悟前與悟後》拜讀，從此之後，曾經滄海難爲水，除卻巫山不是雲，再也看不下任何其他大德、法師的著作了，而若有機會上書局，也一定會看看是否有 蕭老師的新書出版，以便一睹爲快。

如今回想起來，那一年對弟子而言，眞是生命的轉捩點。說也奇怪，也只在那一年，校內才有密集的邀請法師、大德前來演講的活動，以後就再也很少有如此的機緣了。要不是有小犬那事的因緣，以及隨後一兩年的密集接觸，弟子大概也不會有因緣修習了義正法，眞是何其有幸，這一輩子竟能有此因緣入正覺熏習第一義正法！而當初一起參加修行、打坐、聽演講的同事們，只有弟子學了無相念佛，甚至參加了共修；其他同事則各有各的因緣，這冥冥之中，似有定數。

弟子自從讀了 蕭老師的著作之後，便欲開始自行練習拜佛，可惜在此之前從沒跑過道場，對佛事亦一竅不通，連最基本的拜佛動作都不會；又因慢心深重，怕被笑說連拜佛都不會而恥於問人，因而蹉跎再三，一直僅止於拜讀 蕭老師大作而已。後來不知在哪一本書中，提及 蕭老師在度完一百零八位同修見性後就要閉關去了，因而開始有點兒急了，想要依書中所教練習，可是不會拜佛終究無法跨出第一步；又因慢心不肯就教於人，最後拜佛的動作還是從網路上學來的呢，眞是有夠……。之所以想先行自我練習而沒有直接報名參加共修，也是耽心會跟不上進度，才想先偷偷練習，等有了一些基本功夫之後才敢報名，而同時也擔心無法堅持每個星期都到台北上課，因此遲遲未報名參加。

一直到後來寫信請教 蕭老師問題，承蒙 蕭老師不嫌棄，在其法務冗忙之中親自回信，並於信中附上報名表後，才決心報名參加共修。只是心仍猶豫，並無立刻付諸行動，直到第二次由張老師代爲回信時，才敢寄出報名表，那是已是一九九九年十月了。而這輩子活到四十歲，未破參前最重要的一件事，就是報名參加了共修。報名表寄出之後，本以爲離四月上課還有好幾個月的時間，可以先行偷跑、自行加強練習功夫（那時已開始依書中所教用功），免得到時跟不上就麻煩了。誰知不久之後有一位師姊打電話問我要不要參加十月的班？雖然已經上了一陣子，但她說才剛開課不久，沒關係，不會跟不上的。可惜當時弟子在心理上、功夫上根本還沒有準備好（其實參加共修哪須先行偷跑？親教師自會教導），連忙婉拒師姊的好意，也因此而成就了跟張老師學法的因緣。

進了正覺之後，才知道自己離悟原來這麼近，似乎是垂手可得；可是學了一段時間之後，卻又覺得遙不可及，眞是既遠又近，似近卻遠。共修不到半年，蕭老師開始講授《大乘起信論》，且不限制聽講資格，因而又有此殊勝因緣能親聞 蕭老師的開示；可惜受限於時間，無法常來，但只要一有時間，一定坐火車換捷運趕來聽課。而聽了 蕭老師的課不久後，竟然接二連三夢見 蕭老師，至今恐怕已有七八次之多，而夢見張老師的次數亦是不少，想來過去生定與兩位大善知識有些因緣，否則豈能光看幾本書就來共修？且一來就粘住！

在禪淨雙修班兩年半的課程，弟子非常感謝張老師這期間不辭辛勞、風雨無阻、既慈悲又威嚴的教導攝受，弟子不但於佛法的正知正見有所增益，在張老師清淨身口意的身教言教下，耳濡目染、性障及習氣也能在日常生活中歷緣對境漸漸消除。功夫方面，在老師的督促下，也能慢慢進步，由初期的每天拜一個多小時，到每天兩三個小時，一直到最後禪三前的每天五六個小時以上；平常憶佛或看話頭的時間也能漸漸拉長，如此一路鍛鍊下來，功夫也小有成就。

而在報名禪三時，弟子也一直猶豫該不該報名？總覺得自己的功夫還做得不夠，看話頭的定力也還不足，萬一報了、錄取了，不是佔了大家的名額嗎？但回過頭來又想：兩年半的修學，不就是爲了能參加禪三破參明心嗎？況且弟子求悟的心一直提得很高，也常想起高老師心得報告時的一句話：「**你沒碰上這個法門也就算了，既然碰上了，就一定要把他弄出來。**」所以心也都繃得很緊，從沒放棄過。張老師也說：「**報名是自己的權利，不報就一定沒機會。**」爲了給自己一個機會，鼓起勇氣，最後一刻，報了！

報名之後，雖然信心仍然不足，自認爲不會錄取，但佛菩薩在這段期間又頻頻示現因緣：一、講堂拍攝 VCD，弟子竟陰錯陽差的擔任供水的角色，眞是何等榮幸，但是深覺慚愧，何德何能竟有如此機緣。二、過了一週跟張老師小參，一開始就不知何故談到……。這……可能嗎？三、弟子的同修回國任職以來，第一次因學生表現優異，要帶他們去南部參加全國比賽，就偏偏這麼巧，十年來第一次的三天兩夜，就剛好碰上弟子四十年來第一次的禪三日期。怎麼辦？她去，我就得待在家裡照顧小孩。後來，其中有位參賽學生的家長反對，比賽就不能成行了！眞是好運氣！　四、禪三前的那個星期，學校剛好期中考，不上課，弟子可以摒除外緣，專心用功。還有其他大大小小的特殊因緣，在在都讓弟子覺得信心大增；若非諸佛菩薩的加持及安排，欲令弟子在禪三前能發勇猛精進心，又怎麼可能？！後來接到禪三通知，果眞上了！

禪三第一天，大家分配工作刷洗、布置大殿、小參室、寮房等，下午懺悔、灑淨、蒙山施食。晚上晚齋後在大殿上，主三和尚 蕭老師開示公案，可惜有如鴨子聽雷，有聽沒有懂。開示完已經十點多了，匆匆漱洗完後，再回大殿用功；但因尚無入處，雖然一直拜到半夜一點四十幾分，仍然沒個消息。離開時，只剩一位師兄和一位師姊在，可是高老師還坐在後頭守護著我們，眞令人感動。

第二天，凌晨四點半不到，師兄姊們都已陸續到大殿發願迴向繼續用功。六點鐘過堂，之後回大殿經行，導師邊開示邊給機鋒：「**誰□□□？**」「□□□的是誰？」而就有這一次經行中，經 導師的機鋒與指戳，已有多人破參，此時氣氛就開始緊張起來了。 導師一個一個問過來：「**知道了沒？知道了沒？**」輪到弟子時，只能搖頭回答不知道， 導師還加了一句：「**怎麼會不知道呢？！**」過後繼續慢步經行，還是無法體會。

早上開始排第一輪的小參，好不容易終於等到進小參室， 導師問：「**你怎**

麼樣？有什麼體會？」答：「不知該如何體會。」導師再問：「你這麼聰明，怎麼會不知道？」答：「……」（不知該如何回答。當時起了兩個念：一、老師指的是世間法嗎？二、參禪不是要鈍一點才容易入嗎？可是又不知該如何啓齒，只好閉嘴。）導師看我沒說話，就接著說：「好！沒關係！我教你！你就以見聞覺知的心，去找那個□□□□□□□！」弟子：「喔！那是不是不要用語言文字？」導師：「沒關係，也可以用語言文字。但是拜佛的速度不要太慢，大概五六分鐘一拜，太慢不容易找。」（心裡還在嘀咕著：怎麼知道我拜得太慢？）卻這樣僅幾分鐘對答就結束小參了。出來後，還是摸不著頭緒，理不出個方向來，只能一直拜佛。

午齋時，導師就一桌一桌過來點名：「某某某！夾菜！」「某某某！吃水果！會了嗎？」「誰在吃水果？」從此之後的每一餐飯都吃得緊張萬分、心驚膽跳，但也沒有能逃得過、避得掉，除非已經破參。

那個下午，完全沒有中場休息，除了攝心拜佛用心參究，還是攝心拜佛用心參究。又因理不出個頭緒來，開始有點緊張，況且又瞄到女眾那邊已經有好多位師姊在喝無生水了，壓力頓時有如排山倒海而來。尤其看到那杯水，覺得眞是突兀；就這樣大刺刺地明擺在座墊前，一點兒都不含蓄，好像在昭告世人：「本人已破參明心。」眞的很不是滋味，卻又莫可奈何，誰叫自己因緣還不成熟？只能收攝心神繼續用功禮佛。但可能是色身太過緊張僵硬，竟開始腰酸背痛起來。來禪三之前，在家連拜五六個小時也都沒事，怎麼現在竟如此不濟？往後還有兩天怎麼辦？這個下午眞是如坐針氈，度「分」如年難過得要命，而參究依然沒什麼進展。

晚齋時，導師更嚴厲的手段使出來了。導師問：「林育才！吃水果！」等弟子咬了一口，導師接著問：「是什麼？」弟子答：「是蘋果！」師曰：「給你三十棒！」被敲了一記腦袋，依然不會，還欠二十九棒！還沒破參的人幾乎都難逃 導師的竹如意棒。最後，導師說：「來來來！換你們問我吃什麼？」弟子的座位剛好離 導師所站之處不到一公尺，於是趕忙抓住這千載難逢的機會，大聲的問：「吃什麼？」導師一個字一個字□□□□□的說：「吃—水—果。」又說：「□□□□□嗎？」雖然早就料到 導師會有此一答，可是不懂還是不懂，仍然是一頭霧水。導師說這叫啐啄同時，若有人能從中會去，正覺的法脈就不怕斷絕。

晚上的公案開示，狀況依舊，還是每個字都聽得懂，但是如來藏在哪裡？仍然不知。導師講解公案妙語如珠、趣味橫生、表情生動，加上巧妙的譬喻，常常逗得在場所有人哈哈大笑，可是自己爲何而笑，只有自己知道。弟子雖然笑得勉強，有點兒苦澀，帶點兒心虛，卻歡喜這樣溫馨的氣氛；大家擠在一起，如一家人般共聚一堂，聆聽深妙法義，況且此時又不必全力攝心禮佛，心情較爲輕鬆。相較於白天，同樣是在這大殿裡，一個個哭喪著臉：喝水的喝水、禮佛的禮佛的那種肅殺氣氛，眞是不可同日而語。

公案講完已是十點多了，又繼續禮佛參究，這一天就沒時間去洗澡了。拜了一會兒，心想這樣下去不是辦法，根本使不上力，於是舉手請求監香老師給個入處，張老師將弟子帶至一旁，弟子趕緊說：「好像都空空的，不曉得怎麼找。」「怎麼會空空的呢？你這是被業障障住了；要去迴向，好好跟冤親債主說一說。」「噢！謝謝老師。」一句話就回來了！

一回座，馬上胡跪發願迴向，並請佛菩薩作證。之後繼續用功禮佛直到凌晨一點二十分左右，離開大殿時還有約十來位師兄姊在用功，而高老師依然在後頭打坐護持。臨睡時，導師在上齋堂所講「吃水果」的表情縈繞心頭，久久不散，畫面也一直不斷放大放大……，卻仍然參不透其中玄機。

第三天，一如昨日，不到四點半打板，大家便匆忙起身，在大殿裡佛前發願迴向後開始禮佛。弟子一邊拜、一邊思惟，突然一個念頭上來：「□□啊！」繼而一想：「是□□的識，是□□□□運作的識啊！全身上下都是啊！」可是又覺得怪怪的，好像哪裡不對？這個空空的，而我們不是在找一個體嗎？如來藏是體啊！？又想：如來藏是第八識，祂也是識，眼耳鼻舌身意等識也都是識，祂們也都沒有實體啊！嗯！好像這個答案還不錯。七轉識一個□□□□祂就□□□好好的，□□□□祂都知道，那不就是□□□□了嗎？祂自己不在六塵上分別，只是依七轉識來運作；能看的是眼識，再加上意識作更詳細的分別，末那下命令，如來藏□□□□□！一下子，前一晚的公案就突然都懂了：首山任看□□□，嘴咬樹枝時的□□□，以及最後 導師手持檔案夾當扇子、邊走又邊微笑的離場等，全都明白了；就連前一晚 導師講的「吃—水—果」，也懂了。

不過，又想到張老師在課堂上曾經說過的話：「要從各方面去驗證，只要有一個不通就不對。」只恨當時書不在手邊（禪三規定不能帶書上山），無法對著書本查證，不知會不會有哪個地方不通，因此一時之間也不敢確認，只是覺得這個答案不錯。又想：萬一不對，怎麼辦？不如先暫時放下，重新找過，多找幾個答案，到時萬一這個不對，也還有個退路。可是就放不下來。繼而又想：這又好像不是一念相應，沒有相應到什麼，只是好像在解題，突然間靈光一現，懂了這一題的解法；因此又有點兒猶疑。如此反覆思惟了一陣子，終於按捺不住，舉手要求向監香老師報告，張老師過來說：「現在不急，待會兒過堂後再說。」可能是時間已經接近早齋了吧！

說也奇怪，導師在那一頓飯所說的每一句話都聽得懂，沒有一句不懂：「臣下很壞，蒙蔽君王。」「你在吃，祂沒有在吃。」……等，但也只能輕輕點頭，不敢太用力，也還不敢笑。回大殿後不久，張老師就過來了，本以爲可以報告心得了，沒想到老師卻說：「待會兒經行過後跟陸老師報告。」哇！還要等！結果就在一邊經行時一邊思惟整理：我這一步踏出去之前，眼前景物—如地板—會先映入眼簾，眼識分別青黃赤白，意識同時了別法塵如距離、顏色、亮度等，末那知道了就決定□□，如來藏□□□□□□□。色塵隨時都在映入眼根，眼識意識及末那隨時立即的在分別並作決定，□□□□□□□□□□□

□。……（此段略而不載）如來藏完全不於六塵上起分別，……（此段略而不載）有時連意識自己都不知道的情況下，如來藏早就□□□□□□□了，譬如意識正在注意……（此段略而不載）。哪個是眞心如來藏的作用，哪個是妄心七轉識的作用，根本就不會混在一起啊！怎麼可能搞混？不過再仔細想：這五蘊十八界的運作，好像都是上課時得來的知見，如果沒有聞熏過，自己是不可能想得到的，所以又好像不是自己的東西，還是不敢確定，只能一直思惟，就耽心萬一這個不是，那不知要再從何處參起啊！

好不容易經行結束，舉手要求與陸老師小參，老師將弟子帶至佛像旁問：「怎麼樣？有什麼體會？」弟子：「如來藏就是□□□□□□，妄心□□□□，祂就□□，七轉識想什麼，祂都知道。」師：「那祂有沒有看到？」弟子：「沒有！看到的是眼識，是眼識和意識在分別外境的色塵相，意識分析判斷完後，交給末那作決定，如來藏□□□□，就□□。眼識意識我可以知道、可以體會，但是末那就不太清楚了。」師：「末那的體性非常微細，甚至比阿賴耶識還微細難知。好！你剛剛已說過不會六入了，那維摩詰經中又有說『□□□□□』的□□是什麼？」弟子：「就是□□□□□啊！」師：「那菩薩……是指什麼？」

弟子：「如來藏啊！這個我剛剛在經行時已經有所體會了。」師：「對啊！可是外道不知道，又不能跟他們明講。」

陸老師雖沒明講弟子已經找到了，但弟子已可猜到應該八九不離十了。於是接著問：「好像智慧也沒什麼開啟的感覺，也沒有什麼明顯的法喜或覺明現前的現象。」師：「這不一定，智慧要慢慢來，漸漸的發起；覺明也不一定，通常書讀得多的人比較沒有強烈的覺受，有些小學畢業或不識字的人，破參時的覺受就很強烈。好！我待會兒給你安排小參，導師會要你喝水，整理三道題目。」弟子：「謝謝陸老師。」哇！就這樣？！眞的這樣就是了嗎？有點難以置信。

回座後，在等待小參的這一段時間，還差點打瞌睡，可能是這兩天眞的睡得太少了。雖然心情較爲篤定，但是這種等待也是另一種煎熬，就好像犯人在等候法官宣判的那種心情一樣難捱；畢竟得過了導師這一關才算，也不曉得導師會出什麼怪招、問什麼問題。時間一分一秒過去，十一點十八分終於排到小參了。一進門，導師就問：「很辛苦噢！是不是比唸博士學位還辛苦？」弟子點頭稱是（如今回想起來，破參恐怕更要難上十倍百倍），師：「好！既然陸老師已經跟你勘驗過了，那我來問你：你找到的是阿哪個心？」一下子傻眼，愣了約三秒鐘，不知該如何回答，因爲祂拿不出來啊！只好說：「祂無形無相，但………」師接著說：「如來藏就□□□，噗！………」……師：「對嘛！祂一方面離見聞覺知，一方面又有知，這樣兩邊是不是都通了？」弟子點頭。

弟子又問：「祂的自在性、清淨性，我可以知道，但不生不滅卻無法領略；又：清淨性又有染污，也無法了知。」師：「我們拿覺知心來看，覺知心須有幾個緣才能生起？如來藏是因、就不看；要不要意根、五根、法塵？隨便舉就可以舉出這幾個，這幾個也是由如來藏所生啊！這個覺知心是清淨的嗎？」弟子：「不是。」師：「對嘛！那就是因爲如來藏含有覺知心的染污種子啊！自體雖然是清淨，但有染污（當中有些弟子已經記不清楚了）。所以勝鬘夫人問佛時，佛說：『有二法難可了知，一、自性清淨心難可了知，二、自性清淨心而有染污，難可了知，唯利根菩薩方能了知。』」導師邊說，弟子邊點頭，頭都快點掉了。最後 導師說：「那你現在是不是利根菩薩？」弟子：「不是！不是！」師：「你再說不是，我就敲你頭！」弟子：「都是導師說了之後我才知道的。」師：「好！現在幾點了？」張老師：「快十二點了，攏講不停。」師：「待會兒下去喝水，體會眞心□□□□□，妄心□□□□□，兩個又是□□□□的？」

中午過堂時，走起路來，已能確知眞的是步步踏著無生呢！這一頓飯就吃得比較不緊張了，也比較不怕導師的機鋒了，因爲大事底定，也可以不必板著臉吃水果了。唉！破參眞好！這一餐，導師仍是機鋒不斷，現在才能瞭解：導師眞的是太老婆心切了，簡直就是攤開來明講了，可是爲何之前的我也是懵懂無知呢？悟前與悟後竟然有如天壤之別。此時也能更進一步體會：眞的是行住坐臥都是禪。吃飯是禪，走路是禪，吃喝拉撒睡都是禪，舉手投足莫非是禪；要參禪，何處不可參？眞是生緣處處，法身慧命出生的因緣，到處都是。

午齋後開始喝水，可是不好意思將杯子擺太前面，似乎太招搖了，也怕對身旁的師兄造成壓力；不過，後來監香老師還是過來將弟子的杯子擺遠，………。接著，眞妄心又是如何同時配合運作呢？就把這一部份配合起來觀察；眞心是眞心，妄心是妄心，各有各的功能，分得很清楚，何曾混淆？（但禪三回家後第二天的思惟又有所不同：妄心本來就是真心如來藏的體性之一，也不可能外於真心如來藏而有另一個妄心啊！只是眾生不知，一直認妄為真，才須將真心中這一部份的體性單獨分開，以示區別；其實真心妄心何曾分開？本來就是同一心啊！）

如此來回想了幾次，覺得再也想不出什麼東西了，就開始以手觸地………

嗯！這一杯無生水，當眞喝得暢快淋漓（雖然實際上只是喝下了兩小口），太有價値了，感恩之情不禁油然而生，感謝 導師施設了這麼一個善巧法門，讓弟子能深刻體驗眞心妄心和合運作及五蘊十八界的道理。

體會了約莫一個小時，覺得有點兒膩了，最後終於忍不住舉手問監香陸老師：何時可以再小參？陸老師回說：「**這一杯水，通常要喝半天到一天，這裡面有深細的法，要慢慢體驗。**」看來這一杯無生水，也不是容易喝的！回座又思惟體驗了一陣子，眞的覺得已經絞盡腦汁、山窮水盡達到極限了，再也思惟不出更深細的法了。結果因爲心不定，竟發現喝水比拜佛還累；……。後來又坐下來喝水，正巧此時 導師走過來，看到弟子正在舉杯，二話不說，便用竹如意在弟子……等處，就如同武俠小說中的點穴般的敲了幾下，這一敲，還眞敲出了新發現；眞是行家一出手，便知有沒有。之前只觀察到□□，沒注意到……如此一來，又覺得有些進步。

晚齋時的機鋒也都一樣清楚明白，有時還覺得 導師講得太露骨了，想笑卻不敢笑出來。晚上的公案解析又是精彩萬分，此時已敢放聲大笑，尤其是最後一句：「**您老請坐！**」 導師一說完，轉頭問七十幾歲的張師兄：「**張□□！**」張師兄答：「有！」師：「你想不想開悟？」張師兄：「當然想啊！」師：「那您過來！」張師兄急忙上前，導師將法座一挪，放在張師兄身後，說：「您老請坐！」便將張師兄按上座位，師便下座離去。眾弟子鼓掌大笑。張師兄雖有此殊勝因緣，得 導師親自授與無上大法，但仍然一頭霧水、一臉茫然，只好雙手一攤，苦笑著向張老師求救，張老師在眾人笑聲中，不知對張師兄說了一句什麼，想來也是有爲張師兄之處，可惜張師兄仍然無法體會。

這天晚上舒舒服服地洗了個無生澡，剛過午夜十二點鐘，便想提早就寢補充睡眠，才一躺下去便想起祖師的一句話：「夜夜抱佛眠，朝朝還共起。」眞是形容得太貼切了。躺在睡袋裡，回想這一整天的過程，實在是太難値遇了，沒想到弟子今生也能有此福德因緣，能破參明心。想到兩年半來的努力終算是沒有白費，終於跨出一小步，進了這無門之門，不但對得起自己，對得起家人，對得起班上的師兄師姊，也對得起張老師，對得起 導師，當然更沒有辜負諸佛菩薩慈悲攝受加被之恩。想著想著，竟然有點兒興奮，結果這一夜竟沒睡好。

第四天早課依舊，時而禮佛、時而喝水，不過沒有更進一步的體會。因係最後一天了，吃完早齋就看到 導師忙著吩咐監香老師如何安排小參，既要顧到不同時間破參的師兄姊們的體會整理，又要兼顧那些還在苦苦參究的同修們的小參，眞是辛苦萬分，後來連中午的午休都取消了。好不容易等到跟 導師第三次小參驗收喝水的心得，一組人入小參室， 導師一一點名報告體驗，後經 導師總結，才知道還有許多小細節沒能仔細體會，譬如……弟子們都漏掉了。妄心的部份也是一樣，這才知道 導師的觀行多深細。同時也經由 導師的開示說明，才瞭解：□□是如來藏先天的功能，但能□□□□□卻是後天學習而來。最後 導師交代……去體驗眞心、妄心做了什麼，及眞心妄心的和合運作。

中午過堂時， 導師指著一位尚未破參的師姊說：「大家看！她是善知識！」這位師姊連忙搖頭否認，結果免不了 導師又是一棒：「你又落在意識上！」 導師繼續對著其他人說：「不只她是善知識，你也是善知識，你也是！大家都是善知識。」眞是如實語，每個人的法身無時無刻不在說法，誰不是善知識？大家都是善知識。乃至蜘蛛螞蟻，莫不是善知識，眾生都是善知識，奈何眾生不自知！ 導師又說：「不要以爲一念相應是要去跟什麼相應，眾生的意識本來就是一直跟第八識相應，破參只是突然間知道了、看到這個事實而已。」

這眞是弟子這一次破參的最佳寫照及註腳，先前的疑惑頓時煙消雲散，豁然開朗。導師還說這三天都沒能好好睡；而且這幾天，當我們白天都只穿一兩件單衣時，他卻身裹四五件冬裝還直打哆嗦，又沒有感冒，直到昨天下午才稍微好一點。這讓弟子憶及第一天　導師在經行時說過的話：「你們當中有一些業障鬼，害我昨晚沒能睡好……。」第二天陸老師主持經行時也說：「昨天導師只是輕描淡寫的帶過，其實我這兩天也是整晚都不好受，根本沒睡好。你們知道導師要幫你們擔多少業嗎？蕭老師眞的很勇猛……。」想來實在汗顏，每一次禪三，導師及監香老師不知要替學子們擔多少業啊！眞是罪過罪過。悟後若不繼續努力精進，如何對得起　導師及監香老師呢！

下午　導師更忙了，破參的人也越來越多。而看到一旁的□師兄及隔幾個位子的□師兄，還有其他幾位同班的師兄都還沒有消息，……。最後一次小參的機會，是和前後一起破參的師兄姊們（有二、三十位吧！）同進小參室，因爲時間實在不夠分配，導師先對較晚破參的師兄姊解說第一道題，然後是最早破參的師兄們報告，做第三個題目的體驗和心得，……。

解三時　導師還特別交代了一些該注意的事項，破參的人該如何繼續用功，未破參的人可能是什麼原因，該如何補救等。導師也說這次禪三雖然不是每個人都破參，但還算圓滿，更難得的是這次總算又有人眼見佛性了。也願自己將來能有福德因緣再過見性這一關。

回想這次的禪三過程，四天三夜與世隔絕，幾乎沒有世俗的雜念，非常清淨，眞想以後每次都來參加禪三，實在太難得、太殊勝了，也慶幸自己這次入寶山，沒有空手而回。參加禪三雖然是非常難得的因緣，但是也眞的很辛苦。還沒破參之前，每天拜佛十幾個小時，參得死去活來（眞的是死去、活來），沒有親自來一遭，無法體會個中滋味；破參後，每天盤坐著喝水十幾個小時，其中的滋味，亦非外人所能揣測一二。眞的是如人飲水，冷暖自知。而護三的義工菩薩們也是辛苦萬分，有的整天站在大殿內守護，有的忙進忙出安排小參，有的辛苦的張羅三餐、茶水……，讓學員們能心無旁騖的專心參究，眞是功德無量，弟子在此誠心感謝諸位發心的菩薩們。

還要感謝身負重責大任的監香老師：張老師與陸老師。他們不但要跟我們一樣晚睡早起，還要隨時觀察弟子們的狀況，予以適時適當的指導，要監香、要小參，還要分擔弟子們的業障，所付出的心力體力，若非勇猛精進的菩薩，難以爲之。最後更要感謝主三和尚 蕭導師的辛勞，不但要替弟子們扛業障，還要觀機逗教，使盡各種神頭鬼臉，逼出弟子們的法身慧命，豈但晚上不能好好睡覺，連飯都不能好好吃，四天三夜從頭到尾觀照到一切人、事、物，若非大慈大悲大智大勇的菩薩再來，孰能爲之！

弟子願將此次禪三的見道功德，迴向正覺同修會：願正法永住。迴向 蕭導師：願法體安康，早證佛果。迴向張親教師及其他親教師：願地地增上，廣益一切有緣眾生。迴向弟子的冤親債主：願早日修學佛法，同證菩提。弟子也誠心發願：將來能有因緣成爲親教師，分擔 導師、張老師及其他親教師弘法的重責大任。

南無本師 釋迦牟尼佛

南無 阿彌陀佛

南無 觀世音菩薩

南無 大勢至菩薩

南無 玄奘菩薩

弟子 **林育才** 謹述

公元 2002 年 12 月 11 日

《我的菩提路》第十三篇：

見道報告

—段凡中—

從小至今，生活一向單純，接觸的人很少；結婚後，接觸了一些人、事、物，覺得人生好辛苦，開始思索著「人生」這一遭的價值是什麼？爲何要一直一直的輪迴呢？非常希望能停止輪迴，終止種種苦痛。

二〇〇一年初左右，家裡同修鄒貴鑑的兄長鄒貴海告訴我一些佛法知見，並提到一個從沒聽過的名詞：「阿賴耶。」當時淚流滿面，很想、很想學這似乎陌生但又親切的佛法。五月份陪家母去雲南旅遊，那時流行墜機，上機前叮嚀家裡同修：若我有不測，請將理賠的三分之一金額，捐至想去上課的佛堂（當時並不知講堂名稱及方位）心中只感到那是可依靠的地方而已。

拖了半年，才有機會拿到共修報名表，也幫同修一併報名，期待著開課日期快快到來，因爲心中非常的期待，等了好久才接到上課通知，眞的好高興！有被錄取的感覺，便排除課程上的障礙，竟然順利能將學生們的課程調配，挪出週五晚上來上課，眞是驚訝又喜悅！！

剛開始，同修抱著陪我上課的心態，一聽竟有「明心見性」，他也很有興趣的說：「我覺得老師好，全部的感覺都好。」一定要讓同修安住下來，所以只要聽到他讚歎張老師時，很高興、很安心，表示他會繼續聽課下去。

記得第一次走到張老師面前，忍不住一直掉眼淚，就像遇故人的直覺吧！她親切、溫和、安詳、正直，給我很大攝受力，所以上課時非常認眞的盯著老師，也做筆記，星期五是我最期待的一天。

張老師將佛法應用在人生，讓我受益匪淺，更將佛法的第一義諦全部傾囊相授，只要在 導師那裡有任何新的體驗，都散播給我們。她說：「**大眾有問題都能問，如果有老師無法回答的，還有導師可以問，屆時再轉答你們。**」她總是謙虛、卻又有自信，以 導師及世尊為靠山及依止；常常提及 導師的種種慈悲、大智慧，總為大家拉近和 導師的緣，為的只是每個眾生都能早日親證。二年半來，只見張老師為正法的護持及付出，身、口、意的清淨，堪為表率。二年半來，導師和張老師，開啓我對人生價值的改觀，可謂法身慧命的父母呀！

家父在去年三月二度中風，生命危在旦夕，那時心裡有強烈的「**死！**」念頭出來。只因上課時老師提過：「自殺的人是最自私，既有勇氣自殺，爲何不將生命投入學佛呢？」我在此情執中，掙扎許久；如今回首再看當時，眞的很感謝老師一張張書法的格言、一句句撫慰受傷心靈的法語，慈悲溫柔的至誠心對待，開啓生命的另一扇門，讓我知道該不畏懼生死輪迴之苦，讓我懂得等視所有眾生，悲憫更多眾生，該像諸佛菩薩一般，有能力去度化眾生啊！

第一次見到 導師，是在百齡高中大禮堂，遠遠的見到 導師，只覺得在哪兒見過，卻找不到答案，只覺得很熟悉的感覺：平實又謙虛。講堂裡的大人物似乎都很謙虛又親切，或許是菩薩的共同特質吧！

在禪三時，面對 導師時，心中很歡喜可以如此近距離聽 導師開示，認眞的盯著 導師，希望自己能懂，能一念相應。

導師晚上都陪我們熬夜，用機鋒一而再的提示；過堂的時候，總快快吃完，好給大家再多一次的暗示；唉！慈悲至此，哪裡找！三天拜佛下來，只覺得自己腰及膝酸痛，想到張老師時，含著淚告訴自己：一定要堅持的撐下去，否則太對不起老師。最後一天，經行的人少了一些，陸老師要女眾在內圈，都說要注意腳下，到底腳下有何密意呢？ 導師給我方向和方法，就如此幾天下來一直照做，卻苦無突破。曾找孫老師小參，她說：「沒辦法！只有求佛菩薩的幫忙了。」見她感冒還得爲我們護持，心中好慚愧及感恩！

經行時，大好天氣，導師藉當時的情境，當場吟一首偈爲我們開示：「………（編案：請詳第二篇）。」眞是厲害，唉！還是不知道！多看腳下吧！天呀！突然有一批蟲自天而降，陸續著地；一向很怕蟲的我，著實嚇一大跳！定神下來：蟲也有如來藏，不妨好好的觀之；怎料又有一批蟲，陸陸續續自樹上掉下來，沒有風吹欸！嚇得我落荒而逃，趕快離開蟲區。經行完畢，拍拍身上衣服，害怕蟲在身上，檢查沒有蟲，安心的入禪堂繼續用功。

拜了一下，指頭有被蚊子叮的癢覺，好吧！照著導師說的方法：□□□□，只有說服自己二秒左右不癢，只好張眼瞧瞧，沒看見有蚊子，怎麼會癢呢？坐下來，開始用導師昨夜教的：□□，□□□□□，有何密意呢？想著想著，覺得頭髮有東西在動，「蟲！」第一個想到的就是「蟲」，勇敢的又摸又撥，沒有蟲！繼續回到□□上用功。一會兒，頭髮還是有東西在動，重覆再用手去弄，仍沒東西。蚊子嗎？也沒看見！咦！突然找到答案了。《眞實如來藏》書上寫過：「末那恆審思量，能警覺六轉識明覺了知之心，若無如來藏藉五根直接應對外五塵而恆現內相分，則末那便同瞎子死人。」如來藏中含藏六識種子，如鏡相，歷緣對境，我若想成蟲，便現蟲；想成蚊子或蝴蝶……便現所想之物；此時一隻蚊子在眼前飛舞，公佈頭上東西的答案。前七識的虛妄，張老師都一再述說；第八識的體性、功能也一再講述。哇！發現新大陸了！再用彈琴、教琴來驗證一下，心中怦怦然！舉手登記小參。

中午過堂後，大部分人都去洗手間了；我望了 導師一眼， 導師問：「有消息嗎？」答：「有。」 導師也很高興，問我：「確定嗎？」想起張老師說：「要能承擔，且要口說手呈。」便肯定的回答：「確定。」 導師高興的說：「去登記小參。」想到 導師如此愛護我們，不禁眼眶都紅了。

上完洗手間，正要回禪堂，剛好 導師在外面，對我招招手，問我找到的拿給他看，我□□□□道：「這便是。」 導師說：「太籠統，要能先過監香老師那關，才能到我這一關。所以要說清楚些。」我急得說：「那怎麼辦呢？我的慧力不好呀！」 導師慈悲的說：「這裡面包含□□、□□、□□□，如一杯牛奶中，有水、有奶粉、鋼杯，要分清楚。現在離小參還有點時間，好好整理一下。」

謝過 導師，回到座位開始整理，到底該如何條理說明呢？一會兒，便輪到我跟監香老師小參了。孫老師對我笑一笑，安心不少，便從見到蟲說起，孫老師說我觸到的是總相，問我：「眞心在做什麼？」叫我□□□□，說說看：「眞心在做什麼？」我像背公式般一一分解著，孫老師大概被我笨拙的表達打敗，慈悲的說：「那我來問好了。因爲□□□□，所以□□？」我馬上會意答：「□！」她點點頭，又問：「那眞心□□□做什麼？」答道：「□□□。」她說：「待會兒導師可能會問有關十八界的問題，先好好思惟整理一下。」感激的謝過；一會兒便入 導師的小參室，高興的對 導師會心一笑，心裡很有安全感，因爲自始至終都百分之百的信賴；見到盧老師陪侍在旁，心更是安了下來。

導師問的問題，和孫老師很相近，但更細膩、條理分明、一一鋪陳；答不上來時， 導師很慈悲的比喻，讓我套著模式答；種種善巧譬喻，若非大菩薩，焉能如此通達、智慧如海、慈悲至極，令我望塵莫及！難怪同修每次拿起 導師寫的書，總讚歎 導師智慧，自歎「看書的速度，總比不上導師出書的速度。」

若非有大善知識的引導，哪能如此順利明心？是諸佛、菩薩加持， 導師、親教師、監香老師及護三菩薩等的恩寵，才能縮短無量劫的時間賺得明心。喝水時，杯子不小心碰出聲音，心中慚愧且不忍，祈願每個人都能過關，他們比我更有資格呀！望著我家同修認眞的在洗碗，其實論條件，該過關的是他，我只是僥倖的幸運兒。好希望有人能一一的幫我補足後面的眞、妄體驗，不點不亮的腦袋，讓我不禁想到親教師、好想抱著她痛哭一場！

若有所謂功德者，悉皆迴向：願眾生早日得度、願同修早日親證、願我等及眾生與累世至今生父母、師長、子女及冤親債主，在未來際中，皆在 佛前出世，聽聞且信受第一義諦妙法，永不退轉。願盡未來際中，生生世世與 平實菩薩 正圜菩薩，在正覺佛菩提道上永不相棄，並發勇猛精進金剛心，護持正法，永不退轉。

因智慧不夠，若有一絲一毫身口意，非如理作意者，皆在 佛前懺悔，不再無明遮障；雖反應很慢，但我很願意學習，希望早日爲如來家業盡全力！想到禪三的護三菩薩們的辛勞，希望下次起能爲代勞，讓他們也能休息一下。

下山後，有點與生活脫節，秀斗、秀斗（日語。意謂電線短路而出錯）的做出平常都不會有差錯的小插曲，例如：戴著手錶問別人幾點了，忘了前一秒想做的事，想不起上課（教琴）的時間……等，家人總是體諒的對我笑一笑。禪三期間，女兒持唸大悲咒、正覺總持咒爲我迴向，同修也幫我求；甚至躺在病床靠著呼吸器維生的家父也幫我祈求 觀世音菩薩，我何德何能、受此愛護呀？！得之於父母者太多，出之於己者太少，流不盡感動的眼淚，提醒自己：生生世世常行菩薩道，精進道業、護持正法永不退轉，以報恩澤。標下這個月的會錢捐給正法，這筆錢雖能還清銀行債務，但護持正法的大事，若想要等有錢再做，只有遙遙無期。張老師曾說：「要善待一切眾生。」更何況自己的眷屬？過日子並無影響，只是延緩還清債務的時間；很高興同修也認同，心中更篤定、踏實；其他人皆未提，怕任何人因信位不足而障人入道，豈不可惜哉！三緘其口，默默耕耘，做該做的事就好了！

佛弟子 **段正中** 合十

《我的菩提路》第十四篇：

見道報告

—劉惠莉—

南無本師 釋迦牟尼佛
南無 觀世音菩薩
南無 蕭導師平實菩薩

大約一九八七年，家兄請來《佛說阿彌陀經》給我讀，當時並不是很認眞讀；後來因爲工作忙，也就中斷了。大約六年前，平常很少聯絡的堂妹，突然來我家住了一星期；有「非人」附在她身上，由此因緣，我開始素食，並且很認眞的讀經、持名唸佛，想要瞭解詳情。某個因緣，在素食店看到《無相念佛》，看了很歡喜。書後提到 蕭老師將宣講《楞嚴經》，我就來到了正覺講堂，並且報名「禪淨雙修班」。兩年多以來，上課未曾缺席，進出講堂亦不喜攀緣。

由於對 導師書中所寫的法義很有興趣，我就請了整套書回家讀，並且一邊讀、一邊作筆記，因此才有日後的《蕭導師著作名相索引》的誕生。

之前，我是持名唸佛——心念心聽，行住坐臥心中默唸佛號。這時只要把心中佛號聲音去掉即可，所以和無相念佛還蠻相應的。

當進入看話頭階段，走路、等車時，我就看話頭，並且把話頭定在前面行人腳上。在學校沒事時，我就把話頭定在學生身上，因爲小學生好動，身體動來動去的，話頭就比較活。有時候，會覺得行人、學生好像是沒有聲音的動畫；建築物看起來好像是影像。星期二上課時，我也把話頭定在 導師的臉上、佛像上，所以我喜歡凝視佛像。

有一天回娘家，母親和中風躺在床上的父親吵架。我在一旁，卻發現自己的內心很清明、平靜，絲毫不受父母吵架的影響。回家時，在台北火車站月台上等捷運，突然聽到捷運車進站的「嗚」聲，很奇妙的，聲音縮小了，跟平常聽到的聲音不一樣；聽法也不一樣，是用「心」聽，不是用「耳朵」聽。這縮小的聲音在心裡就好像「片雲點太清」似的。當時很震撼，生平第一次這樣聽聲音。回到家後，電視的聲音，也是用「心」聽的；樓下小朋友嬉戲的聲音（我家住在第十四樓），也是用「心」聽的。這種感覺，言語很難描述。當時我不知道這些是什麼？後來看了 導師的書，以及上星期二的課，才知道這些都是意識心的變相；往內反觀的是證自證分；縮小的聲塵是內相分。

我的話頭主要是用「□□□□□？」有時用「□□□□□□□□□」；有時用「眞心是什麼？」來參究。當我□□□□□□□□時，就用「□□□□□□□□□□」。有一晚，我做了一個夢：有一位老師走進教室問大家：「眞心是什麼？」然後轉身就走。有一位女同學站起就說：「什麼跟什麼嘛！說了一聲『眞心是什麼』轉頭就走掉。我告訴你們：就是妄心啦！」醒來後，我將這個夢告訴兒子，兒子說：「媽媽！這可能是有什麼暗示。」我就開始思惟……然後我想到「眞妄和合」，難道□□□□□□□□的，就是了？可是當時我還不敢承擔。

這段期間，腦海經常浮現《金剛經》的一首偈子：「凡所有相皆是虛妄，若見諸相非相即見如來。」有一天，我參得頭很痛，心想：「算了！先放下，去逛街好了。」我就去逛百貨公司。逛了半天下來，身體累了，回家洗個澡，沒事坐在書桌前就拿起《心經》來讀；當我讀到「色不異空，空不異色；色即是空，空即是色」時，我恍然大悟了！眞所謂「日用而不知」啊！正如《金剛經》所說：「凡所有相皆是虛妄，若見諸相非相即見如來。」我就開始讀 導師著作《公案拈提》系列的書，並做筆記，也檢核自己所悟的：對？不對？

學了這個法門後，我就很少看報紙，也很少看電視。除了拜佛，我就一直反覆的讀 導師的著作。在學校沒課時，我也不跟同事聊天，我經常躲在學校圖書館讀 導師的書，也許是興趣吧！讀 導師的書，有不懂的，我就暫擱一旁；因為我想這些都是 導師的證量的流露，我不可能完全看懂的。但是我發現：讀 導師的書，遍遍有不同的領悟。

上課時，張老師曾對大家說：「禪三時，得口說手呈說服導師。」禪三快到了，我就開始琢磨要怎麼「口說手呈」比較完美。手呈：□□□□，整座金山都在這裡，體相用具足；如來藏是本體、無形無相、神妙無方、沒有方所、隨緣應物，□□□□是相和用，黃龍禪師說：「我手何似佛手，禪人直下薦取。」口說：以經典來證明，最有份量。《勝思惟梵天所問經》云：「有為法住無為性中」，有為法中即有無為法，無為法不能單獨在三界中現行，須依附於有為法中顯現出來。《金剛經》云：「凡所有相皆是虛妄，若見諸相非相即見如來」，動靜二相皆是虛妄的，不能落在動靜二相上，若見諸相非相即見如來藏。《心經》云：「色不異空，空不異色；色即是空，空即是色」，色即是色身，空是如來藏。亦如「水不離波，波不離水」，離開海水，就找不到海浪；欲覓海水，須沿著海浪而尋。

禪三小參時，導師說：「這是教上說。但我看是□□□□，妳從理上說給我聽聽看。」另外一道題目是：「十八界出生的先後順序。」

心中很篤定自己所參出來的答案是對的，與經教、導師的著作所說無異。導師要我從「理」上說，這「理」是什麼？我不解。可是導師說很簡單。我就反省：哪裡遮障住了？願也發了——誓死捍衛正法；定力：看話頭功夫也有了；慧力：導師的書也讀遍了，而且不是只讀一遍；福德：義工也當了，護持款也捐了。我反覆思索：到底是哪裡遮障住了？我就一邊拜佛，一邊口說：「弟子貪瞋痴深重，今對 佛前求懺悔。弟子將此身心奉塵剎，是則名爲報佛恩。願□□□□正覺寺，幫助正覺寺順利建成，讓正覺同修會有自己的禪三道場。」就這樣一邊拜佛，一邊唸了一段時間。坐下來休息時，腦筋豁然想通了：「理」就是道理嘛！色陰是四大所成，色身會敗壞、變異無常。□□也是生滅法，意根作意□□□，□□□，意根作意□□□□□□，□就□□；種子流注時，前念落謝，後念踵繼，如此念念生滅；識陰覺知心也是如此，都是念念生滅；但是如來藏是本體，不生不滅，□□□時，如來藏還是□□□□，否則□□□□。

但是，如來藏無形無相，必須□□□□□□□，才能在三界中現行。

至於第二題「十八界出生的先後順序」，是在懺悔前就整理好的：六根先有，再來是六入，最後是六識。意根帶著如來藏進入受精卵，前世意識就永遠斷滅了。此時的「名」只有意根，「色」就是受精卵。如來藏的**大種性自性**作用，藉著四大元素以及母親體內的營養，胎兒五根漸漸具足；隨著五根漸漸具足，六識才出生。「根、塵、觸處生識」，眼根對色塵產生色入，眼識出生；耳根對聲塵產生聲入，耳識出生；……意根對法塵產生法入，意識出生。此時母親的子宮是胎兒外世界的全部。眼根所見外色塵是外相分，如來藏則相對應現一模一樣的似色相分，稱爲內相分。外色塵是物質色法，六識不是色法，故不能直接觸外色塵，只能觸如來藏所變現的內相分色塵。

導師問：「經中說『□□□□□□□□□□』這句話怎麼說？」我（□□□□□□□□□□□）說：「這個道理和我之前□□□的道理是一樣的。」導師問：「可不可以改爲『□□□□□□□□□□』？」我說：「可以。」導師問：「這樣改，好不好？」我說：「不好，會洩露密意。」導師又問：「『不會是菩提，諸入不會故』，這句話是什麼意思？」我說：「菩提指如來藏。如來藏離見聞覺知，對六塵諸法不分別、不貪著。」 導師又問：「『知是菩提，了眾生心行故』，這句話又是什麼意思？」我說：「如來藏雖不分別六塵諸法，但是能了知七轉識心行。」 導師問：「你如何證明如來藏是不生不滅的？」我說：「契經說：『阿賴耶識乃至成佛，常所寶持。』阿賴耶識是本體，因地時有染污種子，修解脫道斷煩惱障、斷分段生死，阿羅漢位改名為異熟識，只改其名，不改其體；大乘則要到八地才改名為異熟識，再修斷所知障（的無始無明）隨眠，變異生死斷盡，究竟清淨，改名為無垢識，也是只改其名，不改其體，本體還是因地的阿賴耶識心體，所以阿賴耶識不生不滅。」

喝水的體驗：禪三回來，這兩天我繼續體驗喝水如下………（編案：以下數段體驗之內容，未悟者不宜聞之，省略）。

感恩張老師兩年多以來的教導。

感恩 導師施設無相念佛法門，令弟子得以學會看話頭功夫與參禪知見，才能在佛力加持下，找到本來面目。願將 導師印證開悟明心之功德，迴向累世父母、師長、冤親債主，得蒙諸佛菩薩加披，早生善處，修學正法，早證菩提，大家一起護持世尊正法，令正法法脈在人間燈燈相傳、永續不斷。最後敬祝導師色身康泰，度眾無礙，早證佛果。

阿彌陀佛！

弟子 **劉惠莉** 頂禮

2004/04/04

《我的菩提路》第十五篇：

見道報告

—詹益墩—

我學佛的因緣，要從與佛法的結緣說起。其實我眞正學佛的時間開始得很晚，過去所接觸的很淺薄，也不很如法。嚴格的說，來正覺同修會，才算是眞正的開始。相較於同修會中、甚至於外面道場的許多的菩薩、老參，我應該算是很遲才開始的。雖然我在很年少的時候，約莫在唸國中時，十三、四歲的年紀，便自認將來早晚會走上修行的路，而在我成長的過程中，也一直沒有打消過這個念頭，但卻一直都沒有具體的行動。

在中學時期，倒是因爲想要瞭解生命的實義，或者說是生命的實相，曾經認眞地去探討及追求過。起初的因緣，是因爲義父母親因一個機緣開始接觸了修行的團體，家中也接觸了一些間接有關佛教思想、及其他以佛法包裹外表的外道修行的書籍。但不消多時，我似乎對於在世間的對待法，如行善積功德、昇天等，不很相應；對一些只說善惡輪迴的法，雖是信受，也仍然不太滿足。

腦中對「生命意義、生死、世界宇宙」，疑惑終日，一心想要解決「心」的問題；雖然對此、自己要追求的也很模糊，但只知道那些怪力亂神的迷信、練氣修仙的道法、以及種種算命風水，絕不是我所要的。因此自己私下也看了《心經、金剛經、六祖壇經》和一些禪宗公案及近代的禪宗思想研究的書，如日本鈴木大拙等人的著作。（這還不包括對東西方哲學的書）。在薰習的過程中，既沒有什麼次第，也無正確的知見，也沒有人開引指導，加上當時年輕，對人生的苦、空及無常，沒有什麼深刻地體認，雖然自得其樂，但於自身的智慧卻著實沒有任何增長利益。在這樣的過程當中，卻有一個矇矇矓矓的體悟，雖然有些不完整、不具體，但仍然依稀記得：「人來到這個地球，一切都有其因緣，與前世所造的善惡有關。週遭的人事物，也與所造的一切相關連。這一世也不斷造作善惡業，爲來世的果報種下因；而我們這個肉體（包含所有的動物），是個因緣聚合、由自己的『心』所映照出來的東西；山川大地、宇宙星球也是如此。」對此，當時自己也不知道這樣的想法到底對不對？不知道有沒有與佛法相符？後來，因爲應付升學聯考的學業壓力，而且自己的興趣也很雜，自己對生命實相與佛法的探究，也就斷斷續續，沒有再持續用功。只是偶而翻閱結緣的雜誌書刊，或隨父母去朝山、拜佛。但對自己有一天會親近佛法、學佛修行的認知，說也奇怪，念頭卻也篤定。

後來在大學時，也有兩個因緣：一個是西藏密宗，一個是台中蓮社。當時正好教國文的中文系教授也是信密宗的，常在課堂上說一些密宗「佛法」，起初倒是讓我對此有些樂意。在此之前，父母親也因友人介紹，輾轉接觸了密宗的修行團體。（在此之前，也不斷地去參訪過不少道場）。不過，當時密宗倒不像這幾年這樣盛行，在台中只知有一個密藏院，長期供養由西方國家來的西藏喇嘛來台灣傳法。長期在修行道路上的父母親，因此緣故，想當然爾，一直認定密宗是佛教的一個宗派，不疑有他。只是覺得，從西藏來的修行者及法門，有些許不同於原先在台灣的寺廟、法師的修證及儀軌。自己後來也曾有一回隨父母親到所親近在台北居住的密宗上師的精舍，參加所舉辦的法會。我也因而對密宗的修行，開始了一些興趣，但忙於課業，也沒有進一步接觸，但只覺得密宗都在有爲法上用心，有些言不及義。尤其上師對口欲的修爲，實在些不敢領教（那位上師精研烹調，並要求門下弟子食肉、教導如何料理。父母倒是不為所動，依然持齋如故，聽說在當時那位上師的道場中，已成少數的異類）。我心想：可能是自己涉入未深，密宗較爲深妙的經典教義，我尚未聽聞。同時也對那位教授及上師常說算命之術、與密宗求財之法，只心生疑惑：自忖這會是佛法嗎？自己對這樣的法，心中著實無一絲一毫喜樂平和的感覺，甚至帶來煩惱（自年少以來，自己對於世間人常為己身求錢財、功名、長壽，都有一種心生厭惡的感覺）。對於密宗所修種種的法及所繪之壇城曼陀羅，諸多疑惑；但不敢隨便誹謗，自己有時只能隨著密宗上師的言語而說：密宗的修行或許是一種「以幻修幻」的方法吧！未料後來因爲一些因緣，一方面也是不甚有興趣，便沒有再對此更加深入。但一直都是以爲所見的疑惑可能是人爲因素，所遇非人，非屬教門、法義的問題。這樣的迷思，一直到遇見 蕭導師，才算是完全扭轉過來。

另一個與佛法的因緣是「台中蓮社」，其實也不很直接，也很淺。大學時所參加的社團，在同一層樓的樓梯口，正好就是佛教社團，每日來往進出都會經過。聽說這佛教社團當初與雪廬老師的淵源很深，因爲李炳南老居士（雪廬老師）也曾在學校教書，一直影響到那時候（當時雪廬老師還在）。同時與我參加同一社團的人，與學校佛教社團的成員重疊性相當高；而且有個現象：中文系的學生特別多。我與許多中文系的學生，不知是什麼因素，也有不少的交情，大概是當時年輕氣傲，喜歡和他們高談思想、文學。若佛教社團有舉辦活動，常有人邀我去參加，只是自己有些慢心，從未參加。心中總想：只是唱誦唸佛，實在不對味，對於佛教社團的學生言行表現出來的不食人間煙火及迂腐，有種不太認同的感覺。同時，長久以來也有的一個想法：學佛不該只是自了漢，不應只爲求生西方世界安身而已（當時對阿彌陀佛的淨土法門的瞭解也很有限，不太清楚往生西方世界還得要繼續修行），求得證悟方是重要，乘願再來娑婆世界度眾，才是大丈夫所爲。也時常很勇敢地對完全未接觸佛法的人說佛教的教義，諸如：佛教的修行是積極的，而不是消極的遁世；對佛的頂禮，不是一神教的對天神的膜拜；小乘的修行不是究竟；求神拜拜，不是佛法；神鬼廟宇，不是佛教等。常常也用自以爲是的佛法認知，挑戰一般民間信仰的不如法迷信。（真是初生之犢啊！）雖然那時很多人都以爲我是佛教徒，這倒也不虛假，自己一直是這樣認爲；但若認爲我懂得些許佛法，那便眞的大錯特錯；現在想來，也眞的慚愧得無地自容。

一直到學校畢業後，服役、出社會工作，一直都沒有再更主動的接觸佛法，尤其是任何道場。而我卻在那時，因一心想要追求世俗的理想，另一方面因爲自己的心性也較能符合這種安安靜靜、與世無爭的環境，決心要從事學術研究的工作，因此便積極準備出國唸書，希望將來能找到符合自己生涯規劃的工作。當時心中想的，倒不是要世間的地位名聲，而是希望能給自己的環境單純一些，能自行掌控時間、多一分自由度，以便自己能在修行及藝術創作上，可以有所收穫。而且最好可以在四十五歲時退休，把副業變成主業。這樣自私的如意算盤，佛菩薩似乎不太認同；所以唸書的過程，心情的起伏轉折很大，雖然辛苦通過了語言考試，也開始了正式的課程，但評估若要達到自己設定的有效社會認定的價值標準，或許要耗上十年、八年的光陰。當時，心中一直有「所爲何來」的困惑纏繞，每日在學校上課如同嚼蠟，日益索然無味。盤桓數月，便改變心意、打道回府。只將當時帶去的一張菩薩像、一本經書合輯小冊子（內有《心經、金剛經、八大人覺經》…等）留給友人。

回國後，便忙於工作俗事，無多暇照顧餘事，更無法奢言修行精進。其中，在大學的好友，好意再度引薦我到台中蓮社雪公的一位弟子門下親近，但好友知我不甚容易馴服，若不是的確令我心服口服，倒也不強我所難；然而在道業精進用功的道路上，便這樣蹉跎了幾年的歲月。

從畢業後的那段時間，全球的佛教活動似乎熱絡起來，除了更多的西藏上師來到台灣傳法，更有南洋來的修行者。而法鼓山及中台山便在這段期間漸漸茁壯，成爲在台灣與佛光山及慈濟一樣擁有最多信徒的道場。父親也與他的道友們情況類同，那幾年間，幾乎逛遍了許多大小道場。除非我主動詢問，父親也未曾向我多說明情況。最後的結論，似乎多半是類似「修行還得靠自己的平日點點滴滴累積的用功」云云。我想大概只擁有令人讚歎的宏偉硬體、或眾多信徒的道場，或者只有接引初機的勸善功德，對他而言，泰半是不很契入吧！更不用提很顯而易見的外道宗教吧！

一九九八年底，父親因友人（現仍在同修會中）介紹 蕭導師的著作，後來向同修會索取及訂購的著作，對 蕭導師所闡揚的了義法，心生莫大的喜樂，如獲至寶。更邀集多年追求修行的同道好友，向在台北的 蕭導師請益。未料竟然促成日後 蕭導師親允南下台中說法的因緣。隔年的元月，台中班的第一期禪淨雙修班開課，那是我結婚後約莫一個月餘的事；父親也如同過去一般，從未曾開口邀我參加。我想大概是思及我俗事纏身（當時工作狀況也是幾經波折，不很順利），忙得焦頭爛額，不便多提。我無意間風聞此因緣，便向父親玩笑地說：「怎麼這般美事沒有讓我分享？」當時同在場的同修，也欣然表示同往，因此便開始與父母親及同修一同來正覺同修會共修的法緣（認真的說，同時間尚有我的姊姊、姑母及一位表兄，皆因父親的緣故前來，到現在仍都在同修會中精進）。說也奇怪，從未謀面聞法的正覺同修會，竟讓我這樣「鐵齒（編案：閩南語。意謂不信邪）」的人，毫不懷疑地想要親近。經過這些年，只覺得這是佛菩薩的安排，能有此因緣來修學 世尊傳下來的了義法，一直都是滿心歡喜；能有緣修習無上大法，也未曾因一些瑣事而生厭煩疲倦；不因世人在事相對 導師、對同修會的批評，而有所煩惱懷疑；同時深感 蕭導師乃大菩薩的大願、大悲、大行、大智慧，因此更沒有因同修會中發生的一些風風雨雨而心生退轉。

在會中與同修們共修的過程當中，每逢雙週的週末上課，而平日有空便閱讀蕭導師的著作。只覺這個道場讓人耳目一新，而 蕭導師的法，有高深莫測的感覺。如何的耳目一新？是因爲來到同修會的師兄、師姊及義工菩薩，似乎都不會多攀緣，共修後便各自離開，少有人相互詢問來處、出身，更別說閒聊世間瑣事。似乎大家只關心法義修證，而維繫這個道場的力量，就是這個正法。從旁默默地觀察同修會一些人與事，知道 蕭導師不爲名聞利養、不圖法眷屬，所做的一切，都只爲弘揚正法，念念守護攝受學法的弟子們，念念爲佛陀正法的存續做最大的努力。又見遠從台南來的許多師兄、師姊（當時他們是包遊覽車來），甚至也有從高雄、台東來的師兄，不辭遠途，讓我感到大家的道心堅強。其中，不乏許多老參，可感受他們無論對經教義理或修行知見體驗的深入，眞可謂臥虎藏龍。

尤其共修初期，常有人經由般若信箱或在課餘時提問；有些就只問一些初淺的佛法名相的解釋，但也有好些似乎是來向 蕭導師踢館的意味，但 蕭導師也從不以為意，依舊很老婆地一一解答。不久，便從 蕭導師的書籍及上課中，心中逐漸有一個概念與輪廓：原來在這裡，是眞的可以讓我們開悟的，是可以明心、見性的。而且還明白的告訴你：眞實開悟是什麼內涵。引經據典以 世尊的聖教量來印證不假，況且同修會之中也有不少人已經明心。坦白說，「明心、見性」這樣子的概念，從前想都不敢想。尤其對已逛遍所有道場，而終皆失望的佛子而言，眞的是莫大的鼓舞。而更令人深具信心的是： 蕭導師已經井然有序地將所有佛菩提道的修學次第整理出來，讓大家可以安心地跟隨遵從，不復茫然不知目標。更有無相念佛的修學法門，能紮紮實實讓動中的定力迅速增長。

對於無相念佛的修學，讓我一開始時，很容易便領會。因爲 蕭導師引《楞嚴經》大勢至念佛圓通章中的善巧譬喻「如子憶母」，讓我很容易入手。當時在國外生活的日子，對於這樣的經驗倒眞的是不陌生。

另一件事則是 蕭導師對密宗的破斥（當時《狂密與真密》還沒有出版），起初聽到這樣的開示時，有些震憾，因爲那眞是聞所未聞（其實是曾聞有人批判密宗，但因其人非修行之人，又無提出密宗何以非佛法的說明，便未放在心上；他們所說的只在雙身法上大力批判，因當時只以為雙身法是密宗在發展過程中的僧侶腐化的產物，自己雖然也認為那絕不是佛法，但仍不知這東西還真是密宗**最後階段**、**也是最重要**的修行法門；然而密宗尚有太多、太多的邪見邪行，是我所不知而被蒙蔽的）。不過很快地，也就將過去所有對密宗的疑惑釐清，因爲密宗果然是包裹著佛教外衣、而本質是外道的宗教。更重要的是，姑且不論雙身法，原本以爲是令全球世人敬仰的達賴喇嘛，本質竟然也是外道法，而且明明白白地將其錯誤的邪見剖析辨證在文字中。當時便起一念頭：有太多的西方人被誤導太久、太深了（達賴喇嘛及藏密在西方國家是很受尊崇的），但他們卻沒有任何的經論著作來教導正確的知見。這大約是 蕭導師《邪見與佛法》出版後的事。

就這樣，我一直安安靜靜的經過三年多 蕭導師親授的禪淨雙修班，後來的台中老參班，及今年將學籍轉入的游老師的雙週六下午班，到明年的元月，將要滿五個年頭。雖然在這過程當中，父親及表兄已先破參，心中倒也沒有因此著急而生煩惱。自己知道，修學這個了義法，不可有得失心；而修行要有長遠心，不是與人爭一時的高下。因爲是否具備資格能參加禪三的選佛場，自己最清楚。心中總想：明心可不是自己要去得什麼東西，而是自己已經準備好了，要去承擔如來家業。常常自我挑戰，自問：是不是自己的信力已經具足？是不是發了大願？佛法的知見是不是足夠了？福德資糧呢？性障煩惱呢？定力呢？一切都將這樣的安排交給佛菩薩。自己總是這樣想：機緣成熟時，自己應該會知道的。

今年（二〇〇三年初），因爲同修會中發生了一些變故（編案：詳見《辨唯識性相、假如來藏、眞假開悟、識蘊眞義》四書之法義辨正），自己卻生起一種慚愧心：正法遭難，我竟無法多出點力。自覺過往太不精進，有負佛菩薩的安排。這一生能夠遇到正法，能夠在正覺同修會 蕭導師的門下修行，心中常常覺得：這樣的因緣是何等殊勝？相較於那些仍在尋尋覓覓的大眾，我是何等有福！因每回聽禪三報告，總有許多師兄師姊說是經歷數十年的修行，有的跌跌撞撞，有的苦無突破，最後才遇到正覺同修會。相較他們，我也是多麼的幸運！我是不是該認眞思考、更加精進，不要再虛度光陰。更何況 蕭老師常說：「成佛之道是遲早都要走的路，與其晚走，不如早走。」因此便報名今年十一月的精進禪三。心中也想：反正第一次報名，也不見得會被錄取，或許屆時也可能收到不錄取的通知。但若不開始第一次報名的嘗試，哪裡有將來第二次、第三次⋯⋯終被錄取的機會？

四天三夜的精進禪三法會，我想稱之爲修行的震撼教育也不爲過。對我而言，從未曾來過禪三，怎知平日的用功實在不足得很。平日所熏習的一些知見，有不知如何去應用的窘態。明明知道 主三和尚一再使用機鋒，但在未悟之前，對答不上，仍然只有一再苦笑的份兒。

起初，腦中竟一片空白，經典及 蕭導師的書中的片語隻字，無法從腦海中浮現。在禪三前，自己也整理了一些心得，如今一點兒也派不上用場。心想：佛菩薩定是要我不可蒙混過關，要我老老實實地從頭參起。自己也索性不去理會，只是拜佛及參究。第一天因起三的儀式，時間很快就過去了，也沒能眞的有什麼消息。在當晚 主三和尚開示禪門公案中，只覺得精采萬分，而自己彷彿觸證到了些許答案。但開示過後，自己卻不懂得針對似有相應的一、兩個公案，再三去咀嚼一番；也沒有乘勝追擊，去整理所觸證的東西。思惟落到不甚明白的公案中打轉，企圖要在其中鑽出活路來。不消多時，便將所有的公案，忘得一乾二淨，當晚只得兀自在禪堂繼續拜佛。

第二天下午，輪流到小參室與 主三和尚報告。也不知如何，講得結結巴巴的。 主三和尚慈悲，還試圖用問題來引導我；但自己仍然說得毫無頭緒，三言兩語答了一些。最後 蕭老師說我眞妄不分。當時一心只在參究的念上，出了小參室，起初也沒有多想。但念頭一轉，若我的狀況是眞妄不分，那豈不是很嚴重？虧我在同修會修習了這麼久。隨後即又安慰自己：還好不是全部都妄，還有眞的部分。心想應該還有希望。便依 主三和尚的指示，從□□當中再去體會眞心與妄心的作用，以及從「□□□□」一語下手。

當晚 主三和尚的公案，似乎讓我有更清楚的答案，但有些卻仍然是不甚明白。心想：可能是仍然沒有悟得很深刻。對於 主三和尚與大眾的對答，心想：若問到自己，自己的答案是什麼？不知會不會也挨棒？

第三天早上，在經行過程當中，主三和尚特地擋在我的面前，突然之間，答案便清楚浮現出來，心中有些激動。過後，再經過一番整理，便向監香老師報告，瑣瑣碎碎地說出我從 主三和尚在早齋的開示中，在經行中所使的機鋒等等狀況。當時監香陸老師聽我說後，沒有太多贊同，但也沒說不對，只淡淡地對我說：那多半是我說的，還不夠，沒有說服力，無法生起智慧，來日遇上了邪師邪見，沒有能力應付、破斥，有可能被轉。最後只勉強的說我的方向還算是對的，要我下去後再整理，從經典、 蕭導師的著作及公案中再做加強。

當日中午，被 蕭老師指定去洗碗，當時依 蕭老師所指示的訣竅用心體會，果然在洗碗中，更加明確所悟。但殊不知自己不敢如實承擔，意識心我見未如實斷，自作聰明地想著：應該不止這樣吧！於是頭上安頭，妄想另一假想而無法實證的心，會安住在五蘊身中的某一處。於是將腦中所記得僅有的經典句子及 蕭老師書上的話兜上，不巧的是，那都是自己錯誤的解讀。卻把所悟的擱置一旁，未再去深究體會，也忘了自己對先前 主三和尚開示中不甚明瞭處再去參詳。午後，急忙找張老師小參，結果可想而知，被張老師狠狠一棒打昏。事後想想，這定是佛菩薩的安排，不讓我太輕鬆過關（其實也不是真的輕鬆啊！）。讓我在與陸老師小參後，以為答案就差不多接近了，但事實上，自己所悟仍然不夠深刻，知見的盲點仍然存在，當然智慧不會開啓，以致又再度落入意識的思惟，於是馬腳便自動露出來。最後，註定該被張老師在我頭上放一棒。「拼拼湊湊」，這是當時張老師對我說的評語；但仍要我從□□、□□及□□，與□□再下手。臨出小參室前，張老師還問了我「**是不是先前 蕭老師台中班上的…？**」、「**一直都沒有明心？**」「**好像很久了吧？**」我一時沒太多的反應，臉上沒有表情，只是傻乎乎地，一一照實回答所問。張老師見我如此，以為我有失落感，便安慰我說：「**沒關係！沒關係！愈陳愈香！**」下去後，心中確實有些許的慚愧，但只有幾秒鐘的時間，便又將心念放在繼續參究上。

傍晚時，只見張老師走入禪堂，形色似乎有些著急狀（事後回想，當天應有許多人繼續與 主三和尚或監香老師小參，或許當時破參的情形不很理想，到了第三天都天黑了，仍然不是很多人有消息），只聽張老師很嚴肅地說：「**大家有沒有發大心、發大願啊？這次禪三最大障礙之一，便是沒有發大心。心志不雄偉，佛菩薩如何將這了義的法傳給你呢？**」當下聞語，眼淚便不斷流出，心想那就是我啊！於是誠心跪在 佛前，誠心懺悔、發願。

當晚 主三和尚的禪宗公案開示，正如 蕭導師所說：「與禪門歷代祖師相同，實在不懷好心。」不僅是所開示的公案較前兩晚更難理解；復見已有明心之人與 主三和尚對答內容，似乎又更讓人迷糊。或許是自己受到先前的事件影響，妄心仍無法安住，心便變得粗了，以致對當晚的公案開示，沒有太大的相應。和尚下座後，自己便將只抓著一兩個能夠領會的公案，再琢磨一番，不敢再貪多，將其它的通通丟掉。將心安住下來後，細心地再度將自己所有的心得，一項一項的檢驗：到底是哪裡出了問題？篤定沒有錯的部分，再去對照所有知道的公案及知見，頓時發現自己的落處，實在是可笑得很，爲何之前的多次一念相應，還兀自不敢承擔？舉手詢問義工菩薩：「今晚是否仍可以再與張老師小參？」只聽義工菩薩表示：「實在太晚了，導師與張老師當晚已經排不下了。」要我明天再來。當晚，便一直禮佛，直到十二點；步出禪堂，正在走廊上飲水時，正見到 蕭導師仍未休息，竟前來禪堂探視，心中猛然一陣激動，眼淚直掉。

當夜，仍與前三天相同，輾轉難眠，心中一直在整理這三天來的東西。另一念頭又如是徘徊：「『我』正在□□，……那個在睡著無夢、正死位、無心定……等五位□□□□□□□□□？」將自己篤定的部分，自己再三挑戰，內心自問自答。這樣寤寐翻轉，以爲天將亮，便又起身，方知才凌晨三點多。於是拖到四點鐘，方下樓進禪堂，那已經是第四天了。

當天早齋，主三和尚開示時，態度似乎較先前嚴肅了些，意有所指的說：「有人意識心殺不掉，如何能與眞心相應？」並指示大家要從「地藏王菩薩的大願、觀世音菩薩的大悲、普賢菩薩的大行，最後方能成就文殊師利菩薩的大智慧」中多去體會。此時，我似乎較爲篤定，但知 蕭導師的這番開示，便是我所犯的毛病。過堂後，當天早上，便在佛前繼續誠心禮佛，體會「菩薩行」的眞義，何以「生死無疲倦」？後來與張老師再度小參，沒頭沒腦地將我幾次的觸證經過，直是源源本本說出，再將自己整理的部分，也向張老師一併報告（這次可不敢再妄加自作聰明）。雖然我很篤定，但說的很沒有次第、沒有章法。而張老師卻似乎聽得很懂，便引導我幾個問題，讓我更加能夠清楚的承擔下來。接著張老師便安排我與 主三和尚小參，我還是很笨拙地、也只是將觸證的經過，向 主三和尚報告，回想起來，眞是說得很差，但 蕭導師似乎也是聽得很懂。於是 蕭導師便也問了幾個問題，加強對證悟的見地。此時方是深深體會，沒有善知識的攝受導引，眞的是無法見道的啊！

回到禪堂，只覺佛菩薩好像對我說：「傻孩子！已經告訴你這麼多次了，還傻乎乎的。」佛菩薩的安排，就是要讓我在幾乎是最後一刻方才過關，方能如實地讓自己把病源找到，方才能夠安忍，方能珍惜。

禪三後的心得：一、莫論英雄出身低，須要的是生死心切。二、降伏自己的慢心，切勿自作聰明，方能相應。三、要如實發起大願，勇於承擔如來家業，方能相應。四、若無善知識的攝受，一般人如我，是無法見道的。五、未上禪三前，以爲修行只在聽經聞法、做功夫上，但日久懈怠而心生疲倦，多數人因而不能安忍。應於機緣成熟時，參加禪三法會，姑且不論明心的功德，經過這樣的修行震撼教育，確實能讓心調伏，更加精進勇猛。六、未上禪三，不能深刻體會 蕭導師的慈悲及智慧。七、明心後，要繼續在六度上用功。還有太多太多不知道的法要修學，還有恆河沙數的煩惱種子要斷，還有無量的眾生要度。

正覺弟子 詹益墩 敬呈

《我的菩提路》第十六篇：

見道報告

——葉經緯——

蕭導師慈鑒：

印象中，生命究竟的意義，一直是自幼以來常埋內心的疑問，但這個疑問不曾阻礙我的步履。及長後，因爲我慢習氣使然，再加上理工教育的訓練，從來不肯輕易「信服」來到我面前的宗教機緣。

公元一九九二年回台任職至一九九九年，前後七年多的時間，這個疑問一路伴隨我在世事中打滾，它雖仍不是個阻礙，但卻日益黏著、濃厚。我慢慢開始覺得，即便能坐擁世間全部的知識，若不踏出「入信」的第一步，將難以窺知宗教在解決這個疑問上的關鍵。因此公元二〇〇〇年的六月，我依著一位情同手足的同事的推薦，皈依密宗。由於密宗講究依止上師，因此一年多來，每日均盡可能依照上師所傳儀軌持咒事相努力修行，並研讀上師的著述；唯於佛傳經典，僅讀過《金剛經、心經》，並於《金剛經》印象深刻。

在密宗裡的這一年多來精進的修行，儘管在入門知見上似乎頗有體會，然而心中的疑問卻不減反增：「大樂」、「氣、脈、明點」與《金剛經》中「凡所有相皆是虛妄」的意旨明顯不符；而應成派中觀所說的「緣起性空」、「無常」、「放下一切，不執著」等世俗法上的事相之理，豈是佛教獨有、不共外道之究竟眞理？斷見外道也同樣有這種說法。儘管心中疑問越來越深，我仍勉以自己道行淺薄，仍須精進，不敢妄加評斷。

公元二○○一年的四月，一位同事熱心的送給我達賴喇嘛在林口體育館開講《心經》的全程入場券。爲了此一法會，我特地騰出四天的時間，全程諦聽。但四天下來，卻始終覺得（達賴所說的法）與道不契，難道世尊辛苦奔走破斥外道之微妙正理就只是如此嗎？還是我根器太差，無法領會其絃外之音？四天的法會就在悵然若失的心情中結束。隨著漫漫人潮步出林口體育館時，見到二位師姊在擁擠的人群中發結緣書，我想應該是進一步幫助人們理解達賴喇嘛開示的著作吧！因此隨手接過一包。（編案：當時由會中學員主動發心送書，主要爲《邪見與佛法、宗通與說通、狂密與眞密一至四輯、甘露法雨》等書，想救西藏密宗學人。）

當晚回家翻開一看，吃了一驚，原來這些書不僅不是護持，反而是大加撻伐達賴喇嘛的知見。但是我仔細的看下去，越看越佩服，闔上《邪見與佛法》時，忍不住擊節歎賞；那一刻，長久以來乃至法會時的疑團盡釋。是的，世尊辛苦教導的就應該是這個！這一信服，就展開了會內共修的歲月。

共修期間，由一個默默上課的邊緣學員，慢慢成爲具足正確參禪知見、體會鄭師姊與諸義工菩薩維繫道場的苦心，並關注同修會狀況的入門學員；在修行上也有許多點點滴滴的體會，如在幾次境界中清楚見到慢心如狂風駭浪般顯現，上課時苦思十二因緣法而豁然見到親教師□□□時的諸般示現，以及明瞭邏輯推演在明心見性上的落處等。其中最重要的是，我知道菩提之路已慢慢在我面前展開，因爲我越來越能眞摯懇切地發願，並且願越發越大。是以今年初春之際聞逢法難，我除慨嘆正法難遇難得，並感念游老師一肩挑下教導定慧闕如的我們的沈重責任之外，無所動搖。

十月二十六日禪一起，即依游老師指示、開始參究。一邊參究，一邊重新細讀《禪—悟前與悟後》《心經密意》，以預先備妥「莫邪劍」斬卻邪路。隔日晚上在□□□時不經意觸證了祂的存在，但因理路不清，所以先擱下。再隔二日，晨起參話頭，並往陽台走去，在疑情中一邊觀照念頭，一邊□□□□□

□時，登時明白；再用 導師的開示檢驗，幾乎可以篤定就是祂！不過沒經過禪三的考驗，仍不敢大意；因此收到禪三錄取通知後，每日仍繼續精進拜佛、參話頭。

十一月十四日起三，除拜佛、拜懺外，就是參究；我心裡有些焦慮，萬一要是錯了，得趕緊斬個乾淨才好！第二天中午過堂時，導師施設機鋒，點到我回答後，導師說：「倒是有一些屎臭味！」我因謹遵 導師在《禪—悟前與悟後》之教誨，悟前不讀公案，所以聽不懂這句話的意思，只當作是 導師訓我「慢心太重」；後來才知道是讚許之意。下午終於輪到我小參，我詳細向 導師報告參究過程及心得，導師只是一直微笑，開示一些知見，並交代我整理：「□□□祂在作什麼？」出了小參室，覺得有些詫異：不就是了嗎？何以還要整理？難道另有蹊蹺？

不管了，參加禪三需有嬰兒行，導師說整理我就整理吧！但不確知如何才是「整理」，於是三言兩語向監香張老師報告，被張老師訓了一句：「怎麼那樣粗糙！」並提示方向。感謝張老師！至此我方知如何叫做「整理」。回到位子後便仔細用功，這才瞭解爲何需要整理。當天晚上十一時許，原想明早再排小參向張老師報告，孰料打開禪堂紗門外出喝水時，張老師冷不防一個箭步衝上來，問我整理情況，原來她一直記掛著每個學員的狀況！我隨即向她報告，並獲認可。

第三天仍是等到下午才輪到我小參，我如實報告，導師仍是一邊微笑，一邊開示知見，最後再交代向張老師報告，並整理喝水心得。咦！明明就是，怎麼仍舊沒說我對了呢？出了小參室，見了張老師，她向我恭喜，我還沒意會過來；她見我杵在那裡，才又加了句：「過關了啦！」不過因前一天的經驗，我深知整理的重要，因此也沒怎麼記掛過關的喜悅，趕緊專心一意的喝起水來。這杯水從傍晚開始喝，喝到隔天中午，才開始領受「知其微妙」的喜悅。

下午時，眼見尚未破參的學員，以意志力苦撐著疲憊不堪的身軀，為求生命實相，奮力拜佛參究到最後，他們每個人都在我眼前示現了生命淬鍊的火花，令我感動不已！只得心中暗暗祈禱：希望大家都能過關。

一路走來，要感謝的實在太多：感謝佛菩薩一路加持庇佑，感謝 導師以及監香老師的辛苦引領，感謝義工菩薩的貼心照顧，感謝鄭師姊以及游老師在共修期間的教導，更要感謝家裡同修的護持，讓我得以持續兩年半的共修，乃至參加禪三。過了禪三，修行之路才正要開始。荷擔如來家業的責任儘管沈重，但身爲佛子，豈有旁貸、豈能退縮？只有殷重踐履在 佛前所立的誓願，方能報答佛菩薩再造之深恩！

佛弟子 **葉經緯** 敬書

公元二〇〇三年十一月二十一日

《我的菩提路》第十七篇：

見道報告

——劉惠淵——

一心頂禮本師 釋迦牟尼佛
一心頂禮禪三期間諸佛菩薩及護法龍天
一心頂禮法身慧命父母 上平下實和尚
一心頂禮 監香老師及諸護三菩薩

弟子自從退伍踏入社會後，因親友介紹而加入一貫道，約二年多；最後與道親漸行漸遠，終至完全離開，從那時起便激發了弟子內心對修行的渴望，而在往後的十幾年內，一直不斷的接觸所謂靈修團體或氣功，時間較長或較認眞學習過的有阿南達瑪迦，動意功及超覺靜坐。亦不斷的閱讀一些坊間靈性、哲學的著作。

其間，更有二次糊裡糊塗當上講師，照本宣科的說了一陣子外道法；爲此，弟子在進入正覺共修後，亦曾對佛菩薩求懺悔，求佛菩薩原諒弟子未學正法前所造之業。所幸在這十幾年中，並未修得神通或特別感應，所以不曾因此而造惡業；學氣功時亦未「出功夫」，而弟子深深相信此乃佛菩薩憐念弟子終將成為正法佛弟子，為保護令勿執著於外道有為法而不能自拔故，而讓弟子於外道法中先污染一陣子，瞭解外道法的內容，再牽引入清淨正法，為令弟子於往後能有免疫力故。

到正覺共修之緣起，是一位氣功界朋友，與弟子結緣一套大陸氣功書，此外另附一本《無相念佛》讓弟子參考；一見「無相念佛」四字，便心生歡喜、欣然接受，就這樣，氣功書籍便被擱置在書櫃內，一直擱到今天。當弟子大致瀏覽書中內容後，一種「終於找到了」的感覺由內心升起；因十幾年來常怪自己意志不堅，以致於到處流浪，究其原因，實是心中一直**腳踏不到實地**的心虛感覺，長期下來是很苦的，所以很珍惜、亦很期待這次因緣。

得知同修會最新的班為每週三之晚間，親教師為游老師，那時已開班二個月；第一天，心情很興奮且特別早到，希望能被「收留」。記得當天下課後幫忙收墊子，跟義工何師姊半開玩笑說：「**師姊！這種不用頭腦的事，就交給我做好了。**」師姊竟愣了一下，笑著說：「**這麼說，你已經證到眞如了哦！**」雖不太懂，但知道她也是開玩笑，所以還是禮貌性的微微笑著，一直到三年後的今天才懂她這句話。後因孩子還小，共修後回家太晚了——老實說信力亦不夠——便在沒有請假的情況下自行中斷共修課程，後來轉到下一期之週六午班重新再入班。此事在一年多以後，才向游老師報告，請求諒解。

在陸老師座下二年半間，週六午與週二晚，是固定在講堂的時段；隨著對正法的日益深入，除了對法更有信心之外，更對 導師、親教師之智慧佩服得五體投地，故在共修半年之後，在每次上完課迴向頂禮時，於佛菩薩後面主動加上導師、親教師、父母親，各一頂禮。且每迎有緣人，便隨分宣講熏習來的正確佛法知見，後來發現這些知見很多都是外面所沒有聽聞過的。而佛菩薩不但沒有放棄弟子，把弟子帶到正法中，更選擇了透過弟子這條線，來將一些本來就與正覺有緣的禪子牽引進來。

曾問過家裡同修：「若以後因緣具足了，老師要我們出外弘法利生，而無法陪伴家人時如何？」同修答：「一定護持到底。」但弟子心想：還得更勤精進，讓自己是塊料，派得上用場才成。

共修期間曾有幾次特別的覺受，如今回想起來，雖然不算觸到了，但也不無關係。就在禪三前三個月，弟子之大媽往生，巧的是大媽於今年八月十日於導師座下皈依三寶，八月二十日即往生，全家人都由衷相信是佛菩薩靈感加被，讓她於正法下皈依後才走的。因事出突然，一時無所適從，所幸同修會從助念到彌陀法會，及其間大小瑣事，均不厭其煩大力支援；尤其彌陀法會當天，正巧為親教師會議，理事長 悟圓老法師還特別先趕來主持法會，才又趕回去開會。這一切，都讓弟子全家感動不已，也唯有在法上更加用功，才是眞報恩。

終於有資格報名禪三了，內心著實猶豫不決，老師曾說：「**若功夫不夠，禪三拜到腰酸背痛，也參究不出來。**」便有點後悔二年半來把俗務看得太重，而沒有在功夫上打好基礎。一日，福田組文翰師兄詢及弟子狀況，告之：「**想回到基礎班再與親教師修學二年半。**」師兄勸我先打消此念頭，並說時間還來得及；且報名是學員的事，錄取或破參與否，乃佛菩薩與 蕭導師的事。也對！佛菩薩與 導師必定更清楚弟子與正法之因緣。

當塡到求悟發願文時，才發現二年半來每天發願，此時竟不敢冒然下筆，只得將報名表放回佛案，待想好再塡。次日清晨半睡半醒時，腦中浮現出一些字句，不論其是否為佛菩薩加持或是共修熏習之種子現前，但已將弟子心願如實表達，而在塡表時並未全文抄錄，弟子已製成小書籤來提醒勉勵自己，原文如下：

末法眾生，實可憐憫；弘法利生，捨我其誰？
明心見性，悟後起修，乃大丈夫，所應當爲；
此生不爲，更待何生？
行菩薩道，摧邪顯正，乃理所當然，且勢在必行；
故荷擔如來、續佛慧命，盡未來際，爲佛弟子之天職。

收到禪三通知單時，回答家人：「錄取了！」連聲音都會發抖，興奮且有點意外。最後一堂課，親教師說：「沒過關亦不用太自責。」並說也有老師教不好的可能性，當時不只弟子，許多女眾都感動得哭了。導師與親教師用累世修來的證量，透過身教、言教來帶領我們；除了您們，不知何人能堪得上「好」呢？故弟子常對人說：「每上完一堂課便賺進了五萬元，因爲這課程，在外面花五萬元都聽不到的。」

禪三第一天，走出家門前，先向佛菩薩報告去處後，爲了感念父母親養育、愛護之恩德，特地向堂上二位老菩薩各一頂禮後才出門，相信二老內心一定跟弟子一樣感動，更希望雙親最後能皈命三寶，修學正法。

報到後開始灑淨，當唱誦《蓮池海會》讚時，竟悲從中來，不能控制的哽咽至泣不成聲，拜懺時，大眾更哭成一氣。

傍晚是 主三和尚開示，有二個重點：一是「五蘊皆空」的道理與觀行，這在以前便常整理，但這時聽來特別受用；二是對「一念相應」的詮釋。晚上又開示公案，學員都聚精會神的盯著投影在牆上的公案看，只見 主三和尚慢條斯理的走到講桌，首先整理桌上的物品，一會兒又拿起眼鏡布擦拭鏡片，重覆不斷的擦；記得老師曾提及□□□□□，不要當睜眼瞎子；嗯！一定有古怪，趕忙□□□，生怕□□□□□□，發現有些學員也如此。果然 主三和尚道：「**咱家在此□□□，怎麼都沒有人在聽？**」只見護三菩薩們哄堂大笑，弟子因聽不懂，所以笑得有點尷尬，只覺得這一幕很熟悉。現在才知道這一幕跟□□□□□很像：「**爾時世尊**□□□□□……□□□，□□□，□□□□□。」眞的好現成、好親切。和尚用心良苦，只爲吾等鈍根學子得以悟入。

第二天，早齋後開始經行，叫弟子們注意腳下，要注意什麼呢？不就□□□、□□□嗎？還是沒有消息。稍後在快步經行時，發現□□□□□□，在不用□□的情況下，□□□□□□□，到最後好像自在看著□□□□；此種感覺，在昨晚蒙山施食時，誦唸經咒時也有，直到 和尚敲兩下香板時才停。

近午齋時，繼續拜佛參究，拜得很輕鬆、很自然，若有所悟；想到前六識都是妄心，那這□□□？還是沒有消息，先到佛菩薩像前發願，求菩薩給弟子智慧；回座繼續拜佛，等到監香老師走近，鼓起勇氣報告，一時口拙，大意是□□□□□□與眞心共同運作，老師告之：「**此乃『知見』，是會裡大家都知道的。眞心與妄心要清楚分開。**」並囑弟子再參。後來在拜佛時，監香老師在耳邊輕喊：「**停！**」原來是弟子眉心鎖得很緊，過來幫弟子眉心撥開，又交代身心要放鬆，否則離禪甚遠。

下午拜佛時，先向佛菩薩發願，老師叫我們跪在前面、離聖像近一點，大聲說出口：**弟子發願生生世世盡未來際都是要回到娑婆世界度眾生，並遵 世尊及導師之指派，於任何時、地、任何任務，以正法利益有情**。且由弟子性障中最難對治的一環發願；久沒上台作法布施，發現現在還是很怯場的，知道自己內心深處此一性障還是很重；若不克服，縱有三昧、辯才，不敢上台布施，終是枉然。這是此次禪三之突破。弟子並向佛菩薩承諾：回去後必將更加精進，把不足的定力加強、補回來。

接下來的參究，方向較爲清楚，發現每次作意時，□□在同時便完成□□、並直接的□□□□，這是眞心的相用吧？主三和尚在午齋時□□□□，一直說：「□□□□□，□□□□□□□□□。」不就是在講這個嗎？但是因爲體會的還是很粗糙，就繼續再整理。

第一次進入小參室，頂禮後，先報告進入正覺共修之因緣，然後詢問體驗的內容，便把經行時之體驗及拜佛時體驗之心得報告和尚，和尚慈悲的將弟子內容接下去反問，弟子發現其實是就弟子的體驗爲基礎來做進一步的引導；在這小參過程中，本來模糊的概念變得很清楚，並囑弟子從□□及□□參眞心如何？並參意識爲何不□□？

回到大殿，先到佛菩薩聖像前頂禮感謝，因知道方向明確了，若未破參，爭取下次錄取的機會，再來一次也有把握得多了。又發願，內容一樣。

一直到第三天近午，主三和尚走到旁邊時，看到弟子便問：「**整理清楚了嗎？**」弟子答：「**可以報告了。**」但因心虛故，又補了一句：「**不清楚。**」在與監香老師小參時，孫老師說弟子只看見龍的尾巴，未看到整體眞心的運作，游老師則叫弟子要有信心，應該不錯了，亦有技巧的講解根、塵、識之間前後的次第性。至此，弟子在□□□□中，眞心的運作方才有較完整的體認；也因此，在弟子第二次進小參室時，才較順暢的面對 和尚，而讓 主三和尚更有引導的下手處。記得有一題問到印順法師的「意識細心」時，隱約看到監香游老師也緊張的看著弟子；當弟子答出「意識細心也是意識」時，看到游老師鬆了一口氣，眞的到現在想到時，都覺得很窩心。

最後 導師在小參室對一群破參者開示時，有一師姊答偏了， 導師說：「你們這樣，要如何成爲我的入室弟子呢？」聽到「入室弟子」四字時，內心雀躍不已，當下便起了一個願：「任重而道遠，願世世爲導師之入室弟子，以共同荷擔如來家業。」

結三時， 導師講到第三項「警慢心」，弟子一路上都是佛菩薩慈悲加佑，導師、親教師悉心教導保護，諸多因緣缺一不可成就，慚愧感恩都來不及了，何來慢心之有？

回家後，繼續體驗 導師給的三道題目，因有小參室中 導師對喝茶部份做更微細的解說，回到家中喝茶時，愈喝愈能剖析眞妄運作的配合無間。以喝茶爲基礎來體驗走路，才發現走路時八識的運作更細密，尤其在□□、□□時，雖然體驗尚粗糙，但已愈來愈知眞心的運作細節、法喜充滿。開車時、搭捷運，平常不注意之□□□，包括□□□的□□，都能現觀或回想一下，看公案時才知道古代禪師為何要打人，用門板夾求法者的腳時都很用力。

每天起床前，看著那從半夢半醒到全醒的幾秒鐘，想著□□□□之運作，便記起老師說每天跟祂一起睡覺，早上又跟祂一起起床，眞是「夜夜抱佛眠」。

原來醫生以手電筒照病人的瞳孔，若不收縮即判定無生命跡象，□□□□故。

最感歎的是，讀《金剛經、心經》時，讀了十幾年，現在終於不覺得陌生了。亦在較空曠的地方，試著經行一段路，試著體驗……（編案：此段體驗內容省略不載），修行之路亦如是，若無善知識明眼人來依止，就如同此題之結果一樣，終致掉入萬丈深淵而萬劫不復。

以前學氣功時有一句話：「道在屎尿間。」弟子想，此句可能是來自禪師公案，氣功老師解釋為：「不論在屙屎或尿尿時，均不可忘記作（氣功的）功夫。」

返觀佛門未悟之禪師，將「日用而不知」解釋成「要專心吃果子」，這跟氣功師的誤解禪法有何不同呢？

以前待過的靈修團體，其靈性哲學認爲：「萬事萬物皆有靈；人體每個細胞、草木、石頭都有獨立的心靈，稱爲個體意識，現在只是不彰顯而已，以後會慢慢清淨而終至解脫。」更有佛乘宗認爲：「世尊說的六道輪迴是不對的，必須要加上植物道、礦物道，成爲八道輪迴才對。」現在知道他們都是外道邪見。

弟子尚有朋友在以上的團體中，除了希望以後度得到他們之外，更願生生世世跟隨 導師，依止明眼善知識，度己度人。走筆至此，看到自己前行之路無限光明，更對 導師、親教師無限感恩。

如何是佛？答：**謝謝導師**！

南無本師 釋迦牟尼佛

南無大悲 觀世音菩薩

弟子 **劉正淵** 頂禮

禪三期間：2003 11/21~11/24

《我的菩提路》第十八篇：

見道報告

—劉善生—

一心頂禮 本師釋迦牟尼佛
一心頂禮 諸佛 菩薩 龍天護法
一心頂禮 上平下實和上
一心頂禮 親教師張正圜老師
一心頂禮 護法義工菩薩

沒有由來的，這個記憶總在腦海中不曾逝去：

小學三年級，稚嫩的赤子有著一顆柔軟的童心；那日，慣例要到操場升旗，家中沒有信仰的我，陡對大地生起了憐憫：「**土地爺爺好可憐，這麼多腳踩在祂身上跑來跑去，土地爺爺一定很痛……。**」遂踮起了腳尖、躡手躡腳的，唯恐多增一分土地爺爺的痛楚。

二十歲那年，偶遇一位僧寶到公司化緣（至今都不知道他老人家是否化到錢了？）要離去之時，那位素不曾謀面的師父，到我面前和緩而又慈愛的說：「可以學著每天吃一餐素齋，或者吃一餐水果齋。」並且叫我到土城承天禪寺去找一位廣欽老和尚。當時沒有任何宗教信仰的我，實在不知道找廣欽老和尚要幹嘛？更不知道廣欽老和尚是何許人也！於是，與初識的文凱師兄騎著機車，呼嚕呼嚕的到承天寺去了。

回想那年輕、一事不知的模樣，實在有些好笑！到了廣欽老和尚的跟前，傻呼呼的不知要幹什麼，也不知道要說什麼；只記得周圍簇擁了許多的信眾，爭相看著老和尚，跪在老和尚的面前，好奇的看著這位好老、好老而又沒有牙齒的老人，也好奇的看大眾都在看老和尚什麼？後來，老和尚叫我：「來出家。」當時眞是一臉的錯愕與驚訝，心想：「這怎麼可能？我剛剛才上了東吳大學讀書，而且才剛剛在談戀愛欸！」許是宿植的善根吧！雖然當時只是個工讀的窮學生，卻也懂得將自己的零用錢裝在紅紙袋裡，有模有樣的學起信眾供養起師父來了，那是自己生平第一次供養三寶；雖然當時並不知道什麼叫做供養，更不知道爲什麼要供養。總之，就是那麼自然的、那麼高興的做了！（現在想想：哇！我真是超級有福報的！）

嘟嘟出生的那天起，家中經濟的成長「扶搖直上」，一些令人無法解釋的現象，終使得自詡爲高級知識份子的我，開始思惟和漸漸的接觸到了宗教。一個二歲半的孩子，怎能表情姿態莊重而又肅穆的五體投地、虔誠禮佛？怎麼會有白色的大象站在窗前看她？聽到持咒的音聲，不識字的她又怎能音韻奇準無比的跟著唱誦？大悲咒和《心經》讀誦起來，也是輕而易舉；我開始思索：「人眞的有前世的記憶嗎？……」及長，孩子陸陸續續問了些「實在連聽都沒聽過的問題」，爲了滿足嘟嘟的問題，和好奇心的驅使下，我進了佛學院，也開始接觸到諸多叢林。師父說：「妳要多唸 阿彌陀佛。」「爲什麼要唸 阿彌陀佛？」「多唸 阿彌陀佛，可以往生西方。」「爲什麼唸 阿彌陀佛可以到西方？那唸別的名詞呢？西方在哪裡呢？」「師父！您怎麼知道有阿彌陀佛？」「師父！六波羅蜜已經講過好多遍了，可不可以換點別的？」於是，在想明瞭「知其然和其所以然」的情況下，最後的答案都是：「嗯！妳業障太重了！」此後，從北台灣到南台灣，諸大叢林差不多也「走透透」；師父說：「妳認爲如何？」「噢！師父！我覺得以上所說很符合事理，也順乎情理，但是好像沒有佛理！」唉！我又理所當然的被貼上「業障深重」的異類標籤。求教無門之下，不認同諸多出家師父的看法，又不以爲追求眞理是業障深重，學佛開始變得好孤單，日子竟也愈過愈荒唐！幸虧平日對於義工的行列，常常是當仁不讓，才有機緣識得了圓覺師父。但當小嘟嘟問了廖師姊：「我爲什麼會忘記前生？到了非想非非想天還會不會再回來？爲什麼？」沒有人能給她具體的回答。圓覺師父遂爲我們引薦了平實導師。

由於在外被錯誤知見的熏習影響，我居然心生此念：「天哪！那是在家居士，不是出家師父欸！」（唉！自己真的好蠢，一念之差，耽誤了這麼多年，險些錯過了大善知識。）一席話之後，嘟嘟決定到正覺講堂上課，並請求爸爸當她的「書記官」：幫她抄筆記。

某日從南台灣出差回家，打開家門之際，我錯愕的愣在門口，只見牆上、玻璃窗上、沙發椅上、電視機、電冰箱，甚而床頭櫃上都貼滿了一個小學五年級生寫的斗大字跡：「拖死屍的是誰？」吃驚之餘，我問孩子：「這是什麼意思？」嘟嘟對我說：「參！」一日，小傢伙踩痛了我，「哎呀！好痛！」她回答道：「誰在痛？」「我呀！」「你是誰？」「媽媽！如來說法四十九年，祂明明有說，爲什麼祂說『祂沒有說』？」「人爲什麼會忘記前生？如果我一直忘記前生，那麼我每次所修行的不就又忘光了？」這使我這個身爲佛學院的學生十分汗顏。嘟嘟的問題，我統統不會，也開始動了個念頭：「哇！這個講堂很『高深』哦！改天要去看看他們教些什麼？」甚至好奇的請「書記官」文凱師兄將上課時做的筆記借我看看，結果他說：「張老師講的跟外面師父講的不太一樣，我聽不懂，所以……沒寫！」也因此，這是我到講堂聽《楞嚴經》的開端；導師的法語，將第一義諦詮釋得如此精妙，每個星期都期盼著星期二的到來；這一留下來，我在 導師的座下終不曾離去，也發願在張老師的座下，在 導師安排次第循進的知見下，將知見的根紮穩，把佛學院學來的都丟掉，「從頭學起！」

嘟嘟小學六年級，發願要將 蕭導師的書籍翻譯成英文，將正法弘揚到美國去！她說：「媽咪！我知妳們只有我一個孩子，但是我發願要將導師的書翻成英文，所以我要到美國把英文學好；妳讓我去美國，去那兒有再多的苦，我都熬得起；媽媽！難捨要能捨……」，爲了成就她的大願，嘟嘟也爲了安撫母親一顆不捨的心，母女倆話別機場、相視擁抱，一句珍重而沒有掉下眼淚；彼此含笑揮手離去，轉身的剎那卻淚流成河！一個十一歲半的孩子，提著包包獨自到異國沒有父母照顧的地方孤軍奮鬥；一個僅會幾句英文會話的孩子，能爲了「願」

而隻身前往陌生的國度（那時嘟嘟會的英文只有：我的名字叫做陳韋儒，我今年十一歲；這是桌子，這是椅子，這是書…）。後來韋儒對我說：「媽咪！在機場轉頭的時候，我其實就開始哭了；我終於知道什麼是愛別離苦，也知道大勢至菩薩說的『子母相憶』是什麼了。」咬緊牙根，我成全了她；也矢志到講堂安忍在張老師的座下，從頭熏習第一義法的正知正見；期許自己有超強的魄力和毅力，在菩提路上，在自己的法身慧命上，勇往直前，向前衝去！

二年半，除了求法若渴的心態外，張老師不遺餘力，努力傳授正知見；以及那無厭無疲於北台灣、中台灣、南台灣奔波弘法的大無畏精神；張老師平日的身口意行也在在處處都影響了我，這對我慢心的修除，起了莫大的幫助和作用。例如：老師不論親疏貴賤的對待互動中，都以雙手至誠的接受或傳遞物件；看在眼裡，心中好生感動；深覺以老師之尊，身段竟能如此柔軟恪謙，收受者眞的有「大被尊重」之感，不禁心生傚法之想；當秘書拿公文給我的當時，我站了起來，雙手恭敬的去接受文件，她訝異的呆在那兒，表情訴說著：「哇！她是不是發瘋了？」我自己則大感慚愧起來：以前自己是不是很傲慢？

共修期間，公司和廠商幾次招待國外旅遊；以往早已期盼許久，但此時毫不猶豫的放棄掉了。感覺自己在 蕭導師和張老師的第一義法帶領下，快速的茁壯和成長，再也沒有任何誘惑能讓我暫離正法於一刻，因爲我是如此清楚明白：沒有任何一件事情會比親證法身慧命的精進更重要、更有意義了。

基礎課程之初，由於憶兒心切，憶佛之念很快就學會了；但卻又因傲慢的習性作祟，像極了龜兔賽跑中那隻驕傲的兔子，心想：「反正很多同修都還不會，這麼簡單的憶佛淨念，半年後我再來追好了！」於是除了導師、張老師的課，我又衝刺般的向前再修二個學位，當時自己所秉持的理由是：「眾生難度，自己要有很高的學歷，方能降伏眾生所誤以爲『宗教是迷信和低教育程度的陋習』的錯誤觀念。」有一次共修在等待小參之餘，驚見同修們禮佛的背影，不但定力十足，而且調和柔軟；以及漸知班上同修高手如雲、臥虎藏龍之際，方知自己有太多的不足與落後，在「我慢」的愚痴中荒廢時日，自以爲是的馳騁在導師的著作典籍中，妄自在書本裡希冀刪來減去的找尋「開悟答案」爲何！

一日捫心自問：「自己排除萬難來到講堂學習第一義法，爲的是親證生命實相？還是只爲了找尋一個答案而來？如果只是因爲解悟，而不是自己觸證而體悟的，我能夠承擔嗎？我能夠深信不疑嗎？我又能轉依、繼續修學嗎？若非自己親證生命、法界的實相，而是尋得、聽得的答案，只是再經歷一次學識上的滿足罷了。若眞如此，非但無益，並戕害了自己的法身慧命，豈不是白來一趟、又勞斯導師和親教師老婆心切的苦心教導？如此一來，豈止愧對師恩、愧對辛苦護持的義工菩薩？龍天護法怕也要起個『孺子不可教』之念。」於此起了精進勇猛心，向前急起直追，護持的行列不落人後；修集福德資糧更是積極所行；認眞的挽起袖子做「家事」，做的是如來的家業和正覺的家事；心安理得中漸除我慢習性，逐漸像稻穗那般的低了頭、彎下腰；一路學習正法，一路修除性障。老師時刻提醒定慧等持，更是不敢稍有或忘；因而定力漸長，拜佛也逐漸得力；即使有不得力、不順遂之際，也從不萌生退轉之意，在 導師和老師的座下精進不懈的追求生命的實相，了知萬法唯心造、此心又與世俗所謂之心大大不同。何其有幸在大善知識身邊圍繞：喜見自己的成長和改變，喜見自己菩提路上眞正跨越一大步，更提醒自己不忘：欲報師恩，莫忘眾生尚在邪見苦海未得出離！

禪三即到，心虛於自己前面做功夫時的懈怠；並深知定力的培養眞是一步一腳印，非是一蹴可成的，於是想好了一百多個足以說服自己不去報名禪三的理由。但佛菩薩可以慈悲不怪你，導師和張老師也不會苛責於你，但是騙自己的感覺是十分可恥和不好受的：求法是自己的事，導師和張老師如同菩薩般苦海作舟，世世無畏娑婆往返，已經夠辛苦的了，自己還要厚顏勞斯菩薩拖拉才肯走嗎？導師和張老師雖不會爲了我一介愚痴不肯求悟的凡夫心灰意冷，但他們也絕對不會捨下我不管，那我究竟還要勞煩菩薩、老師們來回跑幾趟來尋我才甘願？如此沒擔當，教誨之恩從何報起？苦海輪迴又焉有出期？暗夜思惟，心生慚愧！於是下定決心，決定力挑未知的挫折，篤定步步向前，將「猶豫」棄之於紙屑簍裡：「**戰死沙場雖敗猶榮，臨陣脫逃焉稱好漢？**」

恭敬的呈上禪三報名表，日子開始沒有一天好過：明白這次眞的是業障現前了。除了莫明其妙的事件之外，也有賺錢的機會來引誘我；病痛更是不停的相來擾亂，不敢置信的是居然能碰到「打一針、送兩針」的醫生，把兩隻手都打腫了起來；不但如此，連著三次，醫生待我都惠施有加，那就是打三針、送六針囉！但是不管好事的引誘、苦事的折磨，對於求悟的決心十分強烈的我，是不會有影響的！任何的磨難都不可能使心生退轉；爲了求法，再大的苦痛和困難都要衝過去！

參禪的投入，辛苦，但是有趣；廢寢忘食，數月之間體重下跌十幾公斤；

夜半驚醒，只聽得自己的聲音在黑暗中迴旋：「什麼是夜夜抱佛眠？」走在路上自言自語：「什麼是日用而不知？」在捷運車上研究眾生□□，自問自答：「他們□□□□？我如果□□的時候，那跟□□有什麼不一樣的地方？」稍一回神，隔壁的女士起身離開了，猜想她必定這樣認爲：「可憐哦！年紀輕輕的就瘋了！」

一夜，夢見自己在聽新班的學員自我介紹，而張老師不停的在□□。心想：「完了！完了！這次大概死當了，居然在聽新生報告？」同時也疑惑著：張老師幹嘛一直□□□？日後又夢見一位從不相識的往生者，遺像在堂中高高掛著，自己居然也能開示幾句給她聽；夢境中，堂下有二座左右互通的小階梯，只見自己不斷的由左而下、由右而上的來回奔爬著，好累好累喲！及醒，若有所悟：張老師□□一直□□□，我□□□□□的□□□，堂中往生者□□□，我□□□□□□□□、□□□□□是……。咦！是吧！？有種莫明的狂喜：這個□□的□□□□，這個□□□、無所分別揀擇，一切時、一切處眞正□□□的就是了（大種性自性）！哇！是祂！是祂！隔日興奮的把街上書局販售的□□□「請」回家，看看□□□□和看著自己的如來藏；忍不住高興的親吻那柔軟潔白的□□□，哈哈！我找到了我們□□□有的□□了：然後爲了感謝□

□，就開始在佛前手忙腳亂的爲□□□皈依拜懺囉！有恩必報嘛！又或自己有任何的長進，也當願眾生同霑法益、虔誠的也爲彼等求哀懺悔。

一個星期二的下午，在等待文凱同修一起到講堂上課的時候，忽爾一夢：夢見 導師穿著海青、搭衣，如同星期二的講經一般，笑著拿了一本書給我；導師並指向西方，與我一同看將過去……。到了當晚聽《優婆塞戒經》的時候，依慣例先禮佛三拜，在與 導師同時拜下的當兒，心海突然又喜悅和感動的奔騰了起來，肯定自己參究的方向是對了；希望這最後的臨門一腳，能夠得到 導師的提攜和印證！我祈求著佛菩薩加持定慧增長，也更懇切的拜懺、懺悔，一部部的水懺至誠懇禱懺悔：祈求著自己的罪障自己揹，莫要禪三時波及恩師有稍許的不適……。

禪三開始， 導師講的公案和齋堂裡的種種開示，句句都能用眼睛聽得明白，在在也都能了然於胸；經行的時候，看著前方師姊和自己□□□□，微笑掛在我的眼裡和唇邊，同時一種莫明的震撼也在心裡不停的蕩漾著……。第一回進了小參室，雖然不知爲何老把「老師」喊成「師父」，但師徒之間的感覺那麼親近、熟稔； 導師令眾生無畏的神態，稍稍平息了我忐忑不安的情緒；但不知怎地，把知見陳述得零零落落，幾致自己都覺得不知所云！我心裡想著：「阿彌陀佛！還好旁邊那位監香老師是陸老師；如果換成我們張老師的話，肯定自己會被張老師一掌劈死！」導師慈悲的爲弟子整理了許多知見，讓弟子得以貫通明白，並讓弟子明晨再來報告。

晚上齋堂用齋的時候，導師無有厭煩的在爲我們說法，我目不轉睛的聽受、領納導師所示現的點滴之法；當導師走至我們這一桌時，導師讓同修們吃水果，並看著她們吃水果；快要輪到我的時候，自己早已興緻勃勃的準備要去拿水果了，可是導師沒叫我吃，轉頭就走了；我的眼睛咕嚕嚕的轉了一下：可不是！「我」何嘗吃過水果啊！

那晚開示公案後，導師累了一整天，還來看我們用功的情況；導師慈愛的彎著腰說：「楚妍！明天再整理。去睡覺！」我賴皮的對導師說：「好！」並用手比了一下：「再一下下，我就去睡。」導師有如慈父一般回答道：「好！再一下下！」

我怎麼能睡？張老師教授的知見翻湧而出！我怎麼能睡？導師拖著疲累的身軀，還在往返關注巡視！

第二夜講公案之時，師生笑成了一團，導師笑著流下了眼淚，我亦復如是悸動的讓淚潸潸然落下；殊不知，除了那則公案互動有趣之外，導師笑的是：「你們看了半天還不懂？」法不在字裡行間，不在螢幕投影字句中，導師實則在在處處的在爲我們「說」著法啊！導師哭的是：說得這麼清楚了，你們還是不懂！

翌日一早小參完畢，導師說：「**楚妍！恭禧妳！可以喝茶去了。要先到佛前頂禮三拜，感謝 釋尊加持和感謝這個第一義法的弘傳。要到佛前禮拜，不是在座上拜哦！**」諄諄叮嚀，唯恐稚子迷航、不知歸卻如來家鄉一般！

跪在釋尊像前，至誠感謝佛、菩薩慈悲攝受，感謝佛、菩薩讓我得遇善知識，得與勝義菩薩僧上平下實和上修學正法，並能明心體證生命實相：「足下燦蓮花、步步無生忍。」若非 導師指引教導，一直以來這麼樣的「粗心」，究竟要再如何的流浪生死啊！

正覺茶，讓我明瞭一切法無非是祂！但光是一個喝茶的□□，牽涉的眞心運作是那麼的深廣，那樣細膩到不可勝數；現觀諸法的運作，意猶未盡的整理出細微深廣的運作，………（以上百餘字省略不載）。誰說禪是一成不變？它是那麼饒富生命、活潑有趣、而又處處生機呵！

尚未打板，無畏於清冷凜冽的空氣，忘卻了來時的病弱，一心只想到：向上一路就只差一步了，莫負了佛菩薩、蕭導師，莫負了張老師和諸多義工菩薩們的辛苦護持，努力的堅持到最後一分鐘，絕不因自己喝了正覺茶就有些許的懈怠，於是至誠的到禪堂禮佛、體驗。

鎮日裡，依然細細體究眞妄如何和合？並奇怪自己爲什麼陡然間變得如此愛落淚？禪三這幾天裡掉下的淚，恐怕比去年一整年還要多上許多！我是在可悲自己的認妄爲眞麼？把那個日日會斷滅的「離念靈知我」當做「眞我」！處處去攀緣、去追尋，和不斷的在做自我想像和自我認同；殊不知這個無我性、無常性的「我」，讓我流浪生死了多少劫；而那個眞正的常住的「我」，無始劫來卻又被我遺忘了；祂永遠都在，我卻一直都沒找著祂，以至□□□□□妄作非爲，造作了諸多不淨染污法種！亦或是該替自己欣喜而落淚？由於明師善知識的教導，始得之，便找到了生命眞正的主人；從今以去，認得本來面目，轉依如來藏的清淨性、修除不淨法種，不再讓七轉識我團團轉，而耽誤了本來自性清淨、菩提之路更上一層。此時心中不禁浮現一偈：「清茶一盅向上路，勞師動眾徒自誤；但識個中深滋味，趙州茶中喝趙州。」可不是！七轉識勞師動眾的四處攀緣，竟不知「我」此道場如帝珠啊！

導師又施設方便，讓我們閉上眼睛走路，證明妄心也是很重要的；沒有妄心的配合，眞心果也無法在世間正常運作；也深刻體認到：雖然末那處處作主，但眞的還是聽命於六識的時候多；也現觀六識中的一識若無法運作時，如來藏依然能配合其餘諸識的運作、互相協調，完全配合而不會停擺，所以□□與□□眞是修證如來藏者最好的詮釋工具，讚歎如來藏的神妙不可言喻啊！讚歎祂存在的自體性如如實實的在運作□□□□，收集著善、不善業法種啊！明白了「藉妄修眞」的眞妄心和合原理，努力修學、轉依如來藏而汰除染污的七識習性種子。此後更須以清淨現行來熏習種子，當然也以善的種子來熏現行了，如此將能橫超三大無量數劫：以長劫入短劫了！

禪三——這四天三夜，雖則總共只有不到六小時的睡眠，但法喜充滿無可言喻。在一個小小的蒲團座墊之間，努力禮佛、參究，在 導師的循循善誘、苦心教導下，徹入生命實相，終於在方寸之間「死去」又「活來」！

弟子 楚妍

至心頂禮 諸佛菩薩、龍天護法慈悲攝受 三拜
至心頂禮 上平下實菩薩摩訶薩 三拜
感謝 導師苦海作舟、無畏娑婆往返！
感謝 導師爲弘正法、無畏摧邪顯正！
感謝 導師成就弟子法身慧命。
至心頂禮 師母一拜：感謝 師母護持正法、護持 導師之恩。
至心頂禮 張正圜老師一拜：感謝師恩浩蕩、教誨之恩。
至心頂禮諸多護三之義工菩薩一拜。
至心頂禮歷生父母、師長、累劫及至今生所結之冤親債主一拜，感謝成全無有遮障之恩！
至心頂禮法界一切眾生普同護持之恩。

佛弟子 **劉善生** 敬呈
公元二〇〇四年四月二十日

《我的菩提路》第十九篇：

明心見道報告

——得法弟子**黃正惠**恭述

一心頂禮本師 釋迦牟尼佛
一心頂禮大悲 觀世音菩薩
一心頂禮敬愛的導師 平實菩薩摩訶薩
一心頂禮敬愛的親教師 正圓菩薩摩訶薩

做夢也沒想到自己有一天居然可以證悟生命的實相，真是不可思議啊！原來釋尊教導佛弟子的佛法是這麼真實、科學，不是遙不可及、高不可攀，只要用功照著去學、去做，每一步都是可修可證的，不禁讓弟子對佛菩提道充滿高度的興趣與愛好。若非佛菩薩慈悲的安排，讓弟子來同修會上課，怎麼可能有今天的體悟？！內心眞是無限的感恩啊！

禪三圓滿後，下了山馬上打電話給媽媽，告訴她：**「我過關了！」**老人家聽了哈哈大笑說：**「沒想到這麼笨笨的惠卿居然會悟，比明得（我同修）還快！」**

我說：「就是頭腦簡單才容易悟嘛！想得太多就難了。正覺所教的法，都是實修實證的，您可要好好安住在講堂學法（母親目前上週六下午章老師的班），要有信心好好加油！」媽媽高興的說：「好！好！」掛上電話，想到母親這一生的苦，爲人子女的我無以爲報，只有天天祈求佛菩薩讓她能安住在正法中而離苦得樂，早證菩提。若能因悟而使母親對正法具足信心，那總算可以回饋她老人家於萬分之一啊！

從小，我們五個子女便與父親的緣淺，家就像旅館，他偶而才回來一趟，不久即匆匆離去。一家大小的生計，全落在母親一個人身上，她終日踩著縫紉機，賺取一家人的溫飽；還好有外婆幫她照顧五個孩子，日子才過得去。但善良剛毅的個性，使她從來不把內心的苦告訴我們。直到長大進大學參加佛學社，我帶了一些佛書給她看，她才跟我說：「如果早一點接觸佛法，就不會白白受苦那麼多年了。」才知道原來她的心一直都是充滿愁苦的；所以便開始將自己在社團所學的淨土念佛法門介紹給母親，善根深厚的她，很喜歡聽法師講經的錄音帶，因此開啓我們母女一同學佛的歷程。

大一那年進輔大，因爲好奇，想知道佛學社到底在學什麼？便參加每週一次的「大專佛學十四講表（編案：李炳南老居士編製）」的研討，開始對佛法有了認識；也不知為什麼，我就是很喜歡聽，從來沒有懷疑；師長教什麼，即全盤接受；因此凡是寒暑假、社團辦的幹訓、台中蓮社辦的大專佛學講座、懺公師父辦的齋戒學會，統統去參加；大學四年，唸的雖是西班牙文，但其實全副的精神、體力，都是投注於對佛法的吸收、瞭解。媽媽笑我說：「**學了四年的西語，只學到一個『打舌』的技術。**」眞是一點兒也不錯。

四年的佛法熏習，使我對極樂世界很嚮往，也明白助念的重要，但若問我有沒有信心往生西方？我則會說：「**沒有信心！如果能生到邊地就偷笑了。**」因為念佛的功力太差，習氣又重，遇到境界起，心馬上隨境轉，上下起伏不定。為什麼學了這麼多的法，對自己愛生氣的毛病，一點也派不上用場？只能怪自己的聞、思、修、定力不夠。

畢業後忙於工作、結婚、育子，一晃十多年就過去了，雖然內心對佛法仍有一份渴求，但卻不願再回社團參加《阿彌陀經》的研討及共修；因為對極樂，我明白其殊勝之處，可是到底要怎麼念佛才能一心不亂、淨念相繼呢？這般逐句逐字的解釋、查註解，聽的當下也許是法喜充滿，念佛的當下也許是心情寂靜，但共修完了以後呢？對我而言仍是煩惱、仍是習氣，完全使不上力。爲什麼當年所學的佛法只是知識，塞滿心中，卻對生活沒有用處？難道這世間就沒有眞正有修有證的聖人可以教我嗎？

不想再去作字面上的說食數寶，我要的是「方法」，誰可以教我如何面對生命中的煩惱、習氣？誰可以教我眞正的佛道該如何走？難道這一輩子就是這樣唸佛、行善、看經書：中度過，一切等往生極樂再說？！但是我卻沒有把握能往生西方，一點把握也沒有。這種想學而無處可學的感受，眞是苦啊！

佛菩薩一定瞭解我內心的痛苦，讓我的生命有了轉變。三年多以前，過年照樣回台南探親，我最喜歡去拜訪四叔；家住高雄的四叔一直很用功念佛，六年多以來佛號不斷，這一點就讓我很佩服，這是多麼不容易做到的事！平常沈默寡言的他，說話很實在，絕不說假話，所以我相信他。他告訴我和明得：他找到一個眞正證悟的大善知識，智慧深廣不可思議。而他隨之修學，不久就開悟了：悟得本心。這實在太使我們震撼了，這世間眞的有證悟的聖人存在！最重的是：**「只要跟他學，也可以證悟！」**雖然我不懂「開悟」是什麼，但是我知道唯有實修、實證的聖者，才能教他人實證；沒有眞正證悟的人，無法教導實證；這也是我多年來在內心一直渴求的願望呀！四叔向我們提及他和 導師您之間的因緣，總教我們好生羨慕，眞希望有一天也能在座下受學。

回到鶯歌之後，翻閱四叔和我們結緣的法寶：《無相念佛》、《念佛三昧修學次第》，心想：這位善知識眞是不簡單，能把持名念佛到實相念佛，每個用功的步驟都解說得如此詳盡，若非自己實際體證，如何可以做到？於是循著書上的地址、電話，索取報名表，報名參加禪淨雙修班，並勸明得一定得去上課。後來接到電話通知，我們可以上週一班張正圜老師的課，只可惜孩子還太小，得留人照顧，只好先讓在台北上班的明得先去上課，自己再想辦法。後在其書後頁得知：當時桃園□老師也有開班（編案：常常不依本會教材授課故，隨意而說，今已終止友會關係），時間是星期六晚上，離家比較近，明得也有空載我去，孩子也可由他照顧，於是就受業一年。

但是由於剛進去，課程已經進行到「菩薩戒」的部分，我對前面的課程毫無所知，尤其是無相拜佛、憶佛的要領，老是抓不住，心裡很慌，再加上班上的同修大多已明心或見性，因此壓力很大。一年後，課程就要進入參禪的部分，總覺得自己連憶佛都還搞不清楚，更何況去參究？眞是進退兩難、不知所措。

還好，明得因在小參室中向張老師提及我的狀況，並向老師詢問我可不可以到台北的週五新班去上課？（因週五新班已開課二個月了），蒙張老師慈悲攝受，成爲該班新收的最後一個學生，而開始了我在講堂聽張老師說法的幸福。

同樣的法，由不同的人說，即展現完全不同的風貌，□老師說法重點在法義上的解說、貫串，而張老師說法則是把法義融入在生活中的點點滴滴，讓你眞實的去感受法的妙用。好感謝張老師這般用心，把自己的糗事也藉著法義的比喻，毫無掩飾地告訴我們，讓我們可以借鏡，那麼眞誠、自然而直接；每一次上課，總有無數次的感動，溫暖著一顆顆學員的心，使我們覺得跟老師的心是如此的貼近。好喜歡聽她說法，每一句話我都想把它抄下來，以重新調整自己的心境去面對生命中的順逆。不照顧自己的面子，只求能利益眾生，這是需要何等的智慧與慈悲才能辦得到啊！

由於張老師對正法的信心及對 導師您的敬仰與護持，她那份信任與瞭解，每次提及您，不是熱淚盈眶，就是滿臉的幸福；也在在處處地感染了座下的每個學員，所以那份護法的決心與勇氣，也在我們心中不斷地壯大滋長。二年多來，收穫好多，除了拿到老師九張書法還有正確的知見以外，最令人難以忘懷的是她的身教——眞誠、直心與慈悲。老師曾送我一幅書法，上面寫著：「如月清涼披眾物，以法滋味益群生。」那正是老師最好的寫照，而我亦將此作爲一生努力的座右銘。

本來自己看話頭的功夫，總是斷斷續續無法成片，根本不敢想要報禪三，但在老師的打氣、鼓勵下，接了報名表，從此不得不逼著自己加油、把話頭看好。過年前，老師說要開始參究了，就把其他的事情全部放下，專心拜佛、參究，並且把老師上課時自己抄的筆記拿出來複習，當我看到「只因□□，所以□□」、「你在□□□，祂□□□。」就疑著背後有個祂，並且在拜佛時發現□□□□□□□□□□，對□□□□的□□變得很□□敏銳，覺得很奇怪。記得以前練習無相拜佛的時候，也有這種情形，尤其是練完「□□氣功」後拜佛（因女兒才幼稚園中班，就近視三百多度，所以才帶她去學，陪她一起練）更爲明顯，那時便想可能是身體的氣太強所致，便不去管它。如今已經很久沒有練了，爲何還在呢？於是上課小參便向老師詢問，老師說是因我定力增強的緣故。

後來有一次上課中，老師要大家回去一定要拜佛，因爲「全神貫注中，如來藏的□□□□□□□□□。」於是回家拜佛時，便細心的觀察：這個能知、能覺、能領納六塵的意識心及處處作主的意根在頭部，便□□□□□，先不去管它；而如來藏□□□，那到底什麼□□□呢？□□嗎？不是，那是□□□，是□□。那除了這個□□□□□□□的感覺，就沒有別的啦！莫非是祂？

懷疑之際，便想起 導師在書中常提及「**如來藏的心行很微細，並且在根塵觸相觸之處有種子流注讓識生起。**」既然種子如瀑流，再怎麼微細也應該有點察覺吧！於是便開始做實驗：眼見色時，注意看看□□有沒有這種微小東西流動的感覺？結果：有！於是再試試耳聞聲時，耳朵中有沒有？有！手摸地時呢？有！鼻子呼吸時呢？有！舌頭碰觸口中的東西時呢？有！當我在思考時，頭部也有同樣的情形產生。那是不是隨我的注意力□□呢？於是便全身上下，隨便注意一番，一下子手臂、一下子腳、□□□、□□□、□□□、□□□□。天啊！真的隨意根□□，這實在太有可能是祂了，因爲若是屬於□□的□□之一，不應該會隨著我的意念□□啊！應該是心法才對。會不會只是□□□□□而已呢？可是眼球、耳內並無□□□啊！如果這就是如來藏、是真心，那祂是不是離見聞覺知呢？是啊！祂對外面的六塵並不起心動念；那祂是不是了七轉識的心行呢？是啊！祂很聽意根的話。而且整個來看，祂的確是清淨性、無我性。實驗到此，心中已確定個百分之八十，但我不敢完全肯定，得問問老師才行。

週五上課再排小參，跟老師說：「我找到了。」老師要我把原委說清楚，陳述之後，老師問我：「那如來藏在哪裡？」我指著自己的身體，支支唔唔的答：「在這裡啊！」老師說：「如來藏全身都是，大家都知道。你得要口說手呈，一一說明清楚，來說服老師相信你找到的是如來藏。」心裡覺得很挫敗，便問老師：「如果我的方向錯誤，請老師指正，我重新再找。」老師回答：「有眉目了，回去繼續參。」這樣半肯半不肯的回答，至少方向沒有錯，再弄清楚一點就是了，因爲我的信心並不夠。

回家之後，便把 導師寫的書，一本、一本拿來細看，從《眞實如來藏、心經密意、邪見與佛法、我與無我、楞伽經詳解（一、二輯）》、《正覺電子報》中「眞假開悟」的解說，以及公案拈提中的《入不二門、宗門正眼、宗門正義…》等，對公案，有的懂、有的不懂，卻也明白古時禪門問答如此直接，直接到根本不用思考，□□□□。

當翻開《宗門道眼》中的「自序」時，一邊讀，眼淚竟不聽使喚的奪眶而出；二千多年來佛法之所以凋零至此，被和尚您說得針針見血，讀後方能更深知您為我們安排課程的用心及護法的悲願；為匡正佛法被錯誤的流傳，您肩上的重擔又何其沈重！如此大業，又豈您一人所能單獨作為？而能成為座下弟子的我們，身上所揹負的責任又何其重大啊！是故常在 佛前迴向：「願講堂弘法事業順利，所有的師兄、師姊們都能在導師座下明心、見性，成為一股護持正法的重要力量，讓 世尊遺留下來的正法能正確的永久流傳下去。」因為唯有得法的弟子越多，實際體會正法的妙用，方能凝聚成一股強大的力量，以力挽狂瀾；讓正法的推展更順利，普利全天下的佛子回歸如來藏正法，以親證菩提為始，在佛菩提道上實修實證，地地增上，直至成佛。

當我看到您要將書寄往台灣各地及大陸各處時，就明白 導師的心繫著的不只正覺的佛子們，不只台灣、亦不只大陸，而是全世界的佛子。這樣廣大無私的心量撼動著我：要完成這項任務，一個人的力量何其微小，須團結眾人的心力，方可達成。是故，能來講堂學法的弟子們實在有因緣啊！所以每位學員都不可自輕，亦不可存一己之私，即使是一根小小的螺絲釘，被正法所用，都可發揮其無比的功效。

自從接下老師手上的禪三報名表，心裡壓力很大，想自己二年多來並不是很用功，定力不足，雖然懂得無相念佛與看話頭，但無法成片，哪有資格參加呢？值得慶幸的是上課時很專心，像海綿般把老師上課的內容全盤吸收，未曾有疑，非常信受。而聽 導師說法，亦復如是，學佛十多年了，我不曾看見有人說法如此深妙、自然、不造作，可以把甚深的法義如此輕鬆、清楚地表達出來，對自己的修證亦未隱諱不明，完全如實相告，知無不言，言無不盡。不管懂或不懂，我皆直呼過癮，意猶未盡。是不是以這樣的因緣，而能錄取參加呢？只有 導師知道了。

收到錄取通知單，很感謝 導師慈悲，願意讓我這個我執、我慢深重的學生一個破參的機會。由於心裡已有消息，及前一天去佈置場地，就比較不緊張，很開心的去參加禪三，臨行前，在 佛前祈求佛菩薩能讓我有一念相應的經驗（因為是自己依老師的開示，推敲出來的，感觸並不深，怕般若慧無法生起故），並且能在 導師的引導下，對眞心做更深的體驗與瞭解。

佛菩薩對這個笨弟子，實在太好了，你怎麼求，祂就怎麼滿你的願，絲毫不虛。說老實話，我之所以那麼快就找到，除了對老師的開示、眞心以對，還有一個原因，那就是在拜佛時，我曾祈求佛菩薩讓我在上山前有一點消息，才不會使 導師太辛苦。沒想到才參一個星期，就眞的找到了，連我自己都無法相信。導師及老師常說太容易參出來的，很容易退轉。於是自己又陷入煩惱中，萬一退轉了怎麼辦？應該要參久一點、辛苦一點好，這下子可進退兩難了！

上了禪三，位置剛好排在第二排靠中間走道，和尚禮佛用的拜墊就放在身旁，內心眞的好緊張，萬一 導師站在身邊，心裡不小心起了不敬的念頭，一定瞞不過您，是故恨不得將腦袋放空，不起任何的念頭；但越是如此，念頭便更不聽使喚的跑出來；末那的染污實在太嚴重了，便在 佛前禮拜懺悔，希望能身心清淨。尤其在拜願懺悔時，更是哭得淅瀝嘩啦，想到自己瞋心重、我慢強，無始劫來不知得罪過多少人，害別人受折磨的痛苦，造的惡業定是無量無邊，便不斷地向怨親債主們說「對不起」，請求他們的原諒；便承諾願將明心、護持正法以及種種修行的功德，不論今生乃至未來際生，所有的功德悉皆迴向給他們，願他們也能離苦得樂、早證菩提。又想 世尊在世時，我在哪裡混呢？看著今生的我，習氣如此深重，過去一定很懈怠，未曾在修除性障上精進，才會從小就被自己的臭脾氣所苦惱，不得自在。想著想著便哭得更厲害，對 佛說：「今生不混了，性障一定會修除。」

下午 導師開始殺我們的我見：不以覺知心爲我，不以意識的種種變相爲我。道理都聽得懂，以爲我見已經斷了，沒想到 導師您問我們：「我見斷了！高不高興？」便不加思索地回答：「高興！」此時已落入您設的陷阱中，因爲會高興的心乃是覺知心呀！這時您才指著弟子說：「連最後這一分也要斷除。」才警覺：斷我見可不是嘴巴說說就算數，得眞的做到才行。

晚上聽 導師講公案，似懂非懂，但您的一言一行皆從自性中自然流露，沒有絲毫的虛僞造作，使得公案亦變得如此精彩、親切，一個小時實在聽不過癮啊！公案講完後，弟子便在 佛前禮拜感謝：「感謝釋尊您派這麼好的老師來教我們，弟子從來沒有聽過這麼活潑生動的佛法，好好玩，又有趣；眞希望弟子有這個福報可以跟著導師修學一輩子，乃至生生世世也都要黏著導師學，也請導師慈悲，一定要收這個笨學生啊！」

接著開始拜佛參究，此時心中又突然起疑：到底我找到的這個究竟是不是眞心呢？可是除了這個，渾身上下，實在沒有其他的類似眞心的體性啊！爲什麼自己沒有勇氣去承擔、去肯定祂呢？內心陷入矛盾、掙扎當中，十分痛苦。拜到十二點鐘，便累得向 佛告假跑回寮房休息；但是躺在床上，怎麼睡也睡不著，滿腦子的矛盾，弄得一夜未眠。一到清晨四點，起來洗個頭，梳洗之後就又回禪堂拜佛。早上過堂用齋，菜色雖好，卻無心品嚐，心裡還是疑惑、掙扎：到底是不是？是的話，爲何不肯承擔？

等到 和尚起身巡視、開示，叫大家吃饅頭，雖然吃不下，仍很聽話地拿起一個小饅頭啃，當 和尚走到身旁，說一聲：「吃！」便再一口咬下，這時突然一念相應：「**啊！這種感觸如此分明，與先前找的是一樣的！**」此時滿眶熱淚，無比的感恩，疑惑、矛盾，一時煙消雲散，原來一直就是祂，祂就是如來藏。沒想到竟被 和尚以半個小饅頭換得天下太平。過堂結齋後，回到大殿禮佛，腦海中突浮現一句：「**頂禮 老和尚。**」看著前座二位法師，拜下去的同時，彷彿自己亦身披僧服、圓頂，向 老和尚禮拜。好奇怪！怎會突然稱 導師您爲「老和尚」呢？怎會突然有這種錯覺呢？連自己也搞不清楚。

中午用完午齋， 導師您指令惠卿及另一位同修去洗碗，並教我們要□□□□□□來洗。洗完後，回到位子上，便想□□與如來藏定有關係，於是□□□

□，左右來回互看，果然眞心亦□□□而□□□□□□□，眞是有趣！可見眞心眞的很□□□□。學員們一個一個進去小參，下午很快地就輪到惠卿，敲門禮拜後，和 導師您面對面，竟一點也不怕，反而覺得好親切、好熟悉。沒想到您劈頭的第一句話竟是：「你這個願未免發得太大了點吧！」口氣讓我覺得好笑。同學們夢見 導師，大多是 導師您示現機鋒給他們，而我唯一做過與您有關的夢，卻是一口擺滿鮮花的棺木；雖然沒有看見裡頭躺著的是誰，可是我知道是「您」，所有的人臉上都充滿哀戚與不捨。那個時候，進張老師的班上課還不到一年，連無相念佛都還不太會，於是夢中非常難過，想自己找了好久的大善知識，竟那麼快就走了，自己什麼都還不會，這下子該何去何從？恐怕世上再也找不到像您這麼難值難遇、有修有證的善知識可以跟隨了。那自己的道業怎麼辦？同修會的弟子們怎麼辦？乃至全世界所有佛子的法身慧命該依誰而出生呢？於是陷入深深的絕望與無奈中，不能自已。

後於夢中驚醒，心想：還好只是個夢。但是內心還是很害怕，怕您早走，於是跑到佛堂，非常不安的向 佛祈求，怎麼樣才可以讓 導師長命百歲呢？想 導師大我約二十歲，不如就把二十年的壽命供養您，只要您活得久，就可以跟在您身邊學久一點，大家才活得有希望，正法才能廣益全天下的佛子。其實這個願並不大，是有私心：爲自己、也爲他人，何樂而不爲呢？只是在小參室中卻被您回絕了，您說您心領了，認爲我還年輕，可爲正法多做一點事，於是您不忍接受。

其實早料到慈悲的您定不會接受的，可是怎麼樣才能讓您活得久？您說一切看 世尊的安排，那弟子就天天求世尊吧！求祂老人家讓您長久住世，除了完成祂交代的任務外，也讓您有時間完成您今生想修學的境地，廣益一切佛子。您說這樣好不好？！如果二十年的壽命能換得您無病無痛、身體強健康泰以度眾無礙，惠卿非常願意呀！求 和尚您接受了吧！拜託！拜託！

在小參室中，導師問我許多問題，會，我就直接回答；不會，就腦筋一片空白，不知如何回答；當問至剛才□□□□，就是眞心嗎？「當然不是！」「爲何不是？」卻又卡住了，說不上來。於是您要我整理「□□、□□、□□與如來藏」的問題，想清楚了再小參。回到大殿，坐在位置上左思右想，自己一直繞在□□的變化爲□□，一個一個去拆解，卻難能有個滿意的答案，越思惟越搞不清楚 導師要我整理的方向爲何？於是登記小參，想向監香老師問清楚；孫老師很慈悲地點出：要我在「□□□□□」上思惟清楚。第二天晚上參到頭都昏了，學佛這麼多年，從來沒有動動這個腦袋去做思惟的工作，這下子要用它來思考，還眞的很難運轉呢！十二點便去睡了，等明天腦筋清楚一點再說！

第三天早上四點半就醒來，於是進大殿繼續努力，精神好，腦筋也清楚了，便在佛前祈求佛、菩薩加持，使我對法義能夠通達，並發願：「**若能順利破參，願將此身心奉塵剎，是則名爲報佛恩、報師恩。也就是說願盡形壽以弘揚正法爲己任，雖然我不知道可以做什麼？只要爲了正法，佛菩薩要我做什麼，導師要我做什麼，我就去做，絕無二話。**」便不再枯坐思竭，一邊拜佛、一邊思惟法義，突然就想到了，難怪 導師說：「**腦筋急轉彎，換個方向想就對了。**」我應該從□□□□□中去思考其組合成分，無非包含三部分：□□、□□、□□，外人認爲「□□」只是「□□」加「□□」，並不如實了知有如來藏的運作，所以不能說□□□□就是如來藏。想清楚後便去登記小參，只是登記的人很多，到了下午才有機會向孫老師報告；通過之後，便安排再進小參室見 導師。

頂禮完，您對惠卿說：「**你的心量比較大，何妨來出家？**」心量眞的有比較大嗎？我實在心虛。至於出家，我真的很想，尤其是正法的道場，求之不得也！便對 導師說：「好！」從接觸佛法到現在，其實一直有出家的念頭，雖然結婚、生子，但內心還是渴望有一天可以身披僧服。不過慶幸以前沒有出家，否則今天要學正法可就難了！想在 導師座下學法更是難上加難。常聽張老師說她祈願自己有一天能現出家相、弘如來藏正法，因為正法需要僧團住持故。台下的我便在心中決定跟隨老師出家。接著 導師您說：「**我知道你想出家。**」心中一愣！您怎麼知道？……。

不過讓 導師知道，我很開心，而您願意讓我加入正法的僧團，表示福德因緣足夠，才有此一問吧！只是希望自己能更用功，將來才堪任啊！雖然之前沒有相處過，但是 導師師您給我的感覺卻是如此親切，一點也不陌生；對於您說的話，都很信受，再加上張老師說過：「**當一個人進小參室時，禪師即能明白過去彼此的因緣。**」才會問您惠卿過去生中可曾隨您出家？當場考 導師，請勿見怪。因為感覺太熟悉，就非常好奇。後來您只說了一聲：「有！」真是太好了，希望過去的我是屬於乖乖牌的，不常惹您傷心難過才好。

感謝 導師您不斷地提問題，讓我們去思惟法義，在一問一答當中，能以現觀自身的如來藏體性，去結合之前所學的知見作歸納整理，惠卿好喜歡；有的答不出來，您即以譬喻引導，眞恨不得能有如電腦般的記憶力，能將所有的問答都存檔下來、毫不漏失。雖然並不聰明的我老是被您問得腦筋一片空白，可是可以感受您無盡的悲心與深廣的智慧。您怕我們對法義不明瞭、不清楚，將來容易退失，甚至謗法，所以您不厭其煩地解說，就為了讓我們對親證如來藏有更深的瞭解及肯定。謝謝！謝謝 師父的慈悲。

從小參室出來禮佛三拜，感謝 世尊以如此深妙實證之法留傳給眾生，讓我們可以親證，並依之修學成佛、離苦得樂，感謝 世尊派這麼棒的 導師來教導我們，弟子何德何能？竟有此福報可親近修學，實在是太幸福了。從今以後，必將此身心奉獻給正法，是則名爲報佛恩、報師恩。

後來 導師讓我們喝水去體驗：一、□□□□□，二、□□□□□，三、□□□□□□□□□。才明白原來眞心幫我們□□□□；再加上一回小參室中導師的解說整理，才明白妄心的了別功能如此強烈，一瞥之間已同時了別明辨形狀、顏色、速度…。後又讓我們設想在□□□□□□……。謝謝護三菩薩的護持，在實際體驗中，才略懂得觀行是什麼？原來法義的眞實瞭解，須從日常生活中去細心的體察，佛法竟是這麼科學，而紙上談兵，大大地改變我對「學佛」的看法，是眞實的從「行」中學啊！而 導師您深妙的智慧，正是行無數次的觀行中累積而來的眞實體驗，有本而說、有根有據，難怪眼神如此堅定、炯炯有神，我一輩子都忘不了那雙帶有無比自信的眼睛。再者，若要法義通達，觀行非常重要，可是發現自己的觀行能力實在不行，很想多學、多練習，聽說……。

四天三夜的禪三，一下子就過去了；眞捨不得下山，能天天聽您演說公案、法義，實在是很幸福的事，下次同修的假期若可以配合的話，一定要報名參加護三，一面向諸位護三菩薩學習，一面又可以和 導師共事，再聽您講公案，再累也值得。

不過，在此向您懺悔，在解三前，弟子起了慢心，覺得這麼簡單，對法起了一念輕想，實在很不應該。還好 和尚的結三咐囑，馬上澆息了這樣不好的念頭。您說得很對：「**我見尚且都斷了，更何況是由我見而生之我所、我慢呢！**」馬上向佛菩薩、 和尚禮拜懺悔。才警覺一個人在修行的過程中，善知識是如此重要，由於往世染污的習氣種子隨時都會起現行，若不依止善知識修學，很可能一念之差、誤入岐途而萬劫不復。想到這裡，不禁令人毛骨悚然！於是更堅定：弟子不論今生乃至未來的生生世世，都要跟隨 導師修學的決心，請求您慈悲攝受這個剛強難調的弟子，也求佛菩薩能滿我所願：願能生生世世護持正法，生生世世依止 平實菩薩摩訶薩，恭敬承事、修學正法、摧邪顯正，直至成佛。

感恩張老師二年多以來的身教、言教，我會記得老師說的那句話：「**悟後要依止如來藏的清淨體性而住，才是眞正的開悟。**」面對自己滿滿的習氣，我知道現在學佛才正開始。有一次老師說：「**現在覺得日子好好過，終日也不會起一念瞋。**」心裡好羨慕，願自己好好修除性障，不論五年或十年，也能「於煩惱中得自在」，像張老師一樣每天都過得很開心。

對不起！寫了這麼多，好像有說不完的話想告訴您，感謝 導師在禪三中像父親般的關愛，給予惠卿從未享有的溫暖。不論內心有多麼不好的念頭（夢見導師死了）（編案：這其實只是種子現行而看見往世的事相），在您面前一點也無須隱藏，如海般能納淨穢的心量，讓這顆自責不已的心，得到安頓，謝謝您的一句話：「**把它丟掉！**」惠卿無盡的感恩！

最後，願把見道的功德迴向：

一、願　導師身心康泰、長命百歲，般若智慧、地地增上、無有障礙。師母身體健康、道業迅速增上、智慧如海，闔家平安。

二、願正法長存、佛法常興，所有在外流浪的佛子都能就路還家（因為惠卿以前也是在外流浪、尋尋覓覓，找不到明師），依止正覺道場修學正法而親證菩提。

三、願張老師、陸老師及所有講堂的親教師們，都能道業迅速增進、度眾無礙，身心康泰、闔家平安。

四、願講堂所有的義工菩薩及所有的學員，都能在　導師座下明心、見性，護持正法、不遺餘力。

五、願正覺寺早日順利興建完竣，禪三有固定的道場，不必四處流浪辦禪三，正法的推展更廣播。

六、願過去、現在的父母、師長、知識、法俗眷屬，及歷劫的怨親債主，都能往生善處，皈依三寶、修學正法、早證菩提。

弟子　**黃正惠**（惠卿）頂禮

《我的菩提路》第二十篇：

見道報告

—張正萍—

一心頂禮本師 釋迦牟尼佛
一心頂禮主三和尚 平實菩薩
一心頂禮親教師 陸老師
一心頂禮監香 孫老師
一心頂禮監香 游老師

回想十五年來學佛之路，深感因緣眞的不可思議。

從小因家庭經濟條件不佳，父母皆須爲生活奮鬥，所以將子女交由南部的外祖父母照顧，在物質匱乏的童年裡，得到第一本課外讀物，是學校獎勵的《釋迦牟尼佛傳》，讀時倍覺親切；青少年時期，強說愁的年齡，再加上父親往生，讓我開始找尋「生命的眞諦」爲何？有模有樣地看起基督教的聖經及哲學類的書籍；直至二十二歲初入文教業，辦公室同事大多是一貫道的道親，在大家熱心傳教下，還是無動於衷；倒是跟著上素食館一事，頗能接受；在如此的因緣下，從素食館的結緣書中，開始了學佛這條漫長的路。

囫圇吞棗地看了一年的書，升起了皈依三寶的念頭。一向「龜毛（編案：台灣俚語，意爲不容易隨順他人的想法，心中總是有自己的想法而喜歡挑毛病）」的我，做任何事之前都非先弄清楚不可，所以找到了聖嚴法師的書，知道皈依的意義，卻一直沒有因緣完成皈依的心願；直至二十五歲時在姑母的因緣下，才於浴佛節當天至東方寺求皈依，但因臨時起意，法師太忙了，另約時間再上山；與師父約定日期的前三日，夢見一位從未謀面的法師坐在路邊等我，要我到他那裡皈依（夢中清楚知道他是惟覺法師，現實生活中不知此人），醒來想了兩天：自己到底是不是另有因緣？要不要去找這位法師？後來想到：聽說很多人開始學佛時會有一些魔障，便放下罣礙，歡喜上山皈依了。

皈依後，想著接下來怎麼修行呢？就上山請教師父，師父給了一本紀錄本，只交代每日誦《阿彌陀經、往生咒》及彌陀聖號。功課做了一個多月，不老實的我，不知每天做功課的意義爲何？就自動停止功課了；只有平日持名唸佛，斷斷續續地倒也唸得歡喜。爲了繼續找尋生命的眞諦這條漫漫長路，我流浪到了慈濟。曾經視花蓮那樸實的精舍爲心靈的故鄉，但也沒人能告訴我「生命的眞諦」是什麼。於是我又開始流浪了。（行筆至此，潸然淚下。佛教界有多少這樣流浪的遊子找不到歸鄉的路啊！）

接下來我到了法鼓山，智慧的花「好像」在我眼前開展了，覺得到此總算有個安歇處了。直至二十八歲，我面對負債、離婚、獨立撫養孩子的困境，惡因緣常讓自己在這條路上有心無力；聽到友人將在農禪寺受菩薩戒時，心生讚歎，但自己是不敢受的（當時對戒的內容也不懂，現在導師開講《優婆塞戒經》，才對菩薩戒有較深刻的了知），離開友人家後，在回家途中，心念一轉，覺得自己該去報名，現實生活中惡因緣纏繞，什麼時候犯了不該做的事？下輩子能不能再得人身？還有因緣學佛嗎？聽說菩薩戒是盡未來際受的，能受戒，未來世學佛的緣可能不會斷。在這種想法下報了名。接下去一個半月的時間，業障現前，我天天出事，忙得昏頭轉向，在受戒報到時間前一個半小時，才確認自己能前往報到；現在想來，眞的很慚愧；我不是爲了學做菩薩而受戒，不是爲了自利利他而受戒，而是怕自己未來世學佛的因緣斷了而受戒，出發點實在是自私啊！

之後，因調職至桃園，與法鼓山的因緣便淡了；同事中有人學密，跟著去了二次，那感覺不止是怪怪的，簡直可用「弔詭」二字形容，所以跟密宗沒正式接觸就說拜拜了！（還好沒繼續下去，真是佛菩薩保佑）

接下來的幾年，在賺錢這件事用功，生活好轉了，心也浪蕩了；還好，慈悲的佛菩薩，爲我這個離鄉的浪子安排了回家的因緣。佛菩薩爲我安排了一位好同修，二〇〇一年四月，在同修好友曾師兄破參的因緣下，我們走進了正覺（早在一九九三年，我就曾看過《無相念佛》一書，當時迷於表相，因導師現在家相，與大菩薩就這樣擦身而過）。

我的同修先報名禪淨雙修班，力邀我一起報名；我則是：課你去上就可以了，我自己跑去看 MTV（也不知當時是什麼心態）。後來先跟著去聽 導師講《大乘起信論》，兩個小時下來，眞是不得了，套句兒子常說的話：「超震撼！」怎麼有人能夠理路如此清楚地開演經論？以前常常覺得師父們開示得很清楚，根器不好的我則是聽得很模糊；今日看來，可能師父們（自己也不懂所以）也是說得很模糊哦！可是美中不足的是當天 導師剛好也評論了聖嚴法師，情執重的我，當場覺得好像「有人說自己親爹不是」一樣，不能接受，心想：「法說得好，說自己的就好了，何必說別人？」還好理性的個性讓我當時做了一個決定：覺得導師說得實在太好了，還是多聽幾次再說吧！

到了星期六，便願意與同修一起去上課；到了講堂上課前，接了一通電話，讓我足足在門口講了二小時電話，沒進去上課（真不知是什麼遮障），接下來幾週，心裡著實歡喜，但評論聖嚴法師的心結還在，所以每次上課都坐在電腦室門口，後來我戲稱那是準備隨時可以離開的位置。有一次早到了，陸老師請我往前面的座位坐，我竟回答他：「我是來旁聽的」，就算會打死我，也不肯換位置（真是頑強）。接著半年，每週上課都法喜充滿，也出現一些感應，色身開始會氣動（我從未學過氣功）；睡夢中出現過去世片斷的記憶，拜佛拜到入定，看《悟前與悟後》看了三十八頁，開始起疑情（當時不知那種狀態是疑情）。看蕭老師的書時，攝受力很強，「很有感覺」，可是又說不上來，常看到天快亮時方肯放下書睡覺；種種狀況，還好有陸老師不厭其煩地的解說引導（因為我真的很煩，可能是班上小參次數最多的人之一）。

課上了半年，好像前面十幾年學的東西，在導師及親教師幫我們建立的知見裡，慢慢地串聯起來了，對佛法的整體開始有了初步的完整架構，眞正開始窺見佛法殿堂的樣貌。唉！這次眞的回到家了，不用再四處遊蕩沈淪。但是，在這時也出現「卡住了」的感覺，卡在哪裡也說不上來，老師一直強調眞修實證，自己要有自己的體驗、別論於做學問了！抓著「體驗」二字，怎麼體驗呢？我開始思惟：佛法就在我們身中，我們身體就是五蘊、十八界，導師書上說「界」是界限、功能差別；十八界是哪十八個？十八個不同的功能差別？……思惟到最後，完蛋了！！原來十幾年來認爲最基礎的東西，自己從沒眞的懂過！！這一驚，非同小可，從此開始食不知味、睡不成眠、暗無天日的日子，日常生活上瑣碎的事，一件件拿來體驗，老是分不開十八界不同的界限（親教師說：「體驗不是意識思惟哦！」）心情像這混在一起的十八界一樣，攪和在一起。現實生活裡，人生變成黑白的，有樂趣的事變無趣了，家人變不重要了，倒完垃圾回來，家裡怎麼還有一大包；一路下來，眞的苦了同修。我們當時剛剛創業，事業剛開始，我無心工作，經濟的壓力全落在他身上，我表相上什麼事都不想做，其實心裡忙得不得了，時時刻刻掛著這分不清楚的五蘊十八界。慢慢地，從粗至細，做事時認眞做，認眞感覺，眞的在行住坐臥中可以現觀出界限及法昇起的次第；雖然還很粗糙，總算有一點摸到路了；對 導師傳的法，越來越有信心；佛法跟自己的生活越來越近，課程也上到五陰、十八界了，陸老師特別重視觀行，常提醒我們要自我檢查：「佛法跟生活有沒有連結？學佛對我們的生活有什麼幫助、改善？世俗煩惱有沒有淡些？學佛可別學到落於做學問了。」句句叮嚀、聲聲教誨，老婆到不能再老婆了，如慈父擔心子女走錯了路，蹉跎了光陰。這時課堂上的知見與自己觀行的體驗慢慢能連結。唉！這個自認爲學佛最基礎的部分，可眞的一點都不簡單啊！沒有善知識攝受教導，這輩子大概永遠無法走到這一階段，更別談「明心」了。

觀行的經驗，對身心產生非常大的功德受用。一界一界越觀越細，頑強的末那識慢慢的相信這一切眞的是虛妄的，色身連很細微的部分也可以放鬆，看到末那不再那麼執著色身，雖然我只在每週上課時才拜佛（我這頑劣的學生，讓親教師擔很多心，破參後還勞老師特別叮嚀：見性這關不能不拜佛啊！）但拜佛的狀況也因此進步不少。接下來，便常可現觀末那的起心動念、貪著執取，意識常會覺得末那很好笑，卻也常覺無可奈何：自己眞的很愚痴，假的！也那麼愛，還愛得不得了。唉！

心性細微地開始轉變，朋友們常覺得我是一個很好的人，與人應對時，常常好像有另一個我在旁邊觀看，看見深層的自己有著很多以前都沒查覺的問題與習氣。有一段日子，常跟自己的內心打架，心理產生很大的落差，驚嚇於自己的起心動念怎麼老是有所求？「扮好人」的背後隱藏著自利的目的。很多習氣是如此頑強，卻老是隱藏著；將自己一層層剝開，實在是很「假仙（編案：閩南語。意謂裝模作樣）」的人；這段日子很討厭自己，後來慢慢轉換，不跟末那來硬的了，換個方式用商量的，跟末那慢慢打商量，很明顯有效，性障就一分一分慢慢除；開始嚐到解脫的功德受用，心行起伏變小了，淡了，生活清清淡淡地，眞好，自在二字有很深刻的體會。上課時聽到親教師說：「跟末那識要半推半就，慢慢來。」讓我會心大笑。來到了正覺，不會空手而回；就算沒破參，如此的解脫受用，這輩子也値回票價了。

除了觀行，心裡還常常帶著淡淡的「疑」，尋尋覓覓。心想：十八界可以分清楚了（雖然不是很深細），哪天讓我碰上那個不是這十八個之中的，大概就是了。有時連睡夢中也在觀行，白天以爲已經較淡的習氣，夢中又跑出來，邊作夢、邊在旁觀看，有時覺得好笑；有時在旁看著夢境，看到跟自己生氣：眞是沒長進。睡著、醒著，遍尋不著那個「他」，開始知道什麼是「死了活不了」。有時心裡有個答案（甚至同時有好多個）放在心裡想著、整理著，過一陣子又推翻掉。最慘的是有一個答案擱在心裡好幾月了，還沒推翻，想著會不會就是了；結果看了《楞伽經詳解》第二輯時也被 導師殺掉了，眞是愁雲慘霧，苦不堪言。

二〇〇二年十一月禪三後的星期日，起床刷牙時，牙膏跑進了眼睛，□□□□□，不就是「祂」嗎？眞是生緣處處。接著意識現起，馬上能夠承擔，那個「不觀是菩提、諸入不會故」，祂確實與六塵境不相應；那個「知是菩提，了眾生心行故」，安心在想什麼，祂都能知道、□□。接下來的日子如同洗三溫暖，將 導師的書開始重看，確實與書上說的對得起來，心中雀躍不已；可是書中也說破參了就會如何、如何，自己好像又不是這樣；尤其是公案，翻出來看，似懂非懂（大部分是不懂的），自己就又懷疑到底找到的「祂」是不是？接著四個月的時間，世間法、出世間法所有的事都不想做，不想用大腦；但卻身心輕安，直至二〇〇三年春天，有一天又重拿公案拈提來讀，眞是不可思議，怎麼突然就看懂了；導師的每一本書，這時讀來滋味完全不同，雖然還是有很多地方說破參就知道的，自己還是不會；反反覆覆檢查，心裡還是很確認就是「祂」！

在這時候，因楊先生離開講堂一事，讓我於上課時心情非常難過；下課後離開講堂前，跟 韋陀菩薩問訊時，感應到講堂的 韋陀菩薩會處罰破法者；隔天清晨，曾師兄的車便被偷了（因為曾師兄他們三人決定跟楊老師離開正覺）。破參前後，我與同修皆曾與他們談過此事，看到自認爲依法不依人的他們，其實言談中有太多的依人不依法的論點，也將鍍金當眞金，背離正法、師門。我們感謝他們引進的因緣，讓我們能有幸在 導師座下學法，同時也爲他們遇到的惡因緣深感憂心，這地獄果報如何承擔？

終於，二年半的課程快結束了，等待錄取通知書的心情還是有著淡淡的焦慮；收到錄取通知書時，馬上將通知書供在 佛前，以至誠心發願——尤其是出家的願——早年自己也是迷於表相而與正法無緣；另外，因請 導師的書與一位法師結緣，那位法師當面指著封面 導師的名字回答說：「他的書，我們不看。」雖然早知佛教界出家人對「法」的排斥，但當面碰上了，心裡還是難過。深切體會 導師肩上荷擔的如來家業有多沈重，我想：出家可能是對一般佛教徒較能有影響力的方式吧！再一次感謝家中同修，他知道我發了此願，只說了一句話：「以後沒人煮飯給我吃，我就到本山道場搭伙。」玩笑中見到他的不捨與支持，眞是一個了不起的人。

上了山，禪堂裡攝受力好強，大家好用功，我的心輕輕鬆鬆的（也是一種深沉的慢心）。第一天晚上，導師先將大家的我見殺光光，看坐在前面的導師，色身有些不舒服，但是爲了大家的生死大事，比我們還拼命，這是怎樣的悲心啊！眼淚又出來了。到了「正覺」二年多，整個人變成水做的，老是流淚。可是聽講公案時，那眞是快樂得不得了：能吃那「士林蕭家的白酒」，生死的路就往前跨了一大段。蕭家的白酒，眞不是蓋的。

第二天進了小參室，頂禮了導師，坐下後見到導師面無表情，眼光淡淡的，卻有「高深莫測」、時空彷彿回到古代叢林的情境。導師問了一句：「你要跟我說什麼？」輕輕一句話便讓人感受到導師的威德力；我開始慢慢敘述自己刷牙觸證的過程，心裡其實很緊張，中間忘了自己要說什麼，怕被導師趕出去；不知哪來的勇氣，竟然請導師等我一下，讓我定定神、慢慢想；導師就面無表情、耐心等我。敘述完畢，導師開始問問題：□□□□！□□□□□！一串問題考下來，因爲自己上山前已有很長一段時間反反覆覆地肯定、推翻、肯定的過程，知道其中的淆訛差別，所以很肯定地回答導師：自己找到的就是！以爲可以喝水去了，哪知後面還有一大串的考問（真的不可放鬆輕忽），導師最後的問題，我答不出來，老實回答：「沒有整理過。」導師說我漏了一個重要的環節，要我回座再體驗整理，說我明天應該可以整理出來。天啊！信心滿滿上山，這下子眞的緊張了，緊張到去「黏」監香孫老師；孫老師慈悲，幫我把見聞覺知的部分打掉，讓我往另一方向去整理。躺在床上想著「不能睡呀！好好體驗整理。」結果，迷迷糊糊就睡著了；突然驚醒，心想「完蛋了！都沒整理就睡著了！」沒想到奇妙的事開始發生了，一個又一個的境界出現，讓我開始體驗，眞的懂了公案裡說：「早上吃粥又餓了，所以高興。」不就是嗎？體驗整理完，睡不著，便穿了外套進禪堂，怎麼都沒人？看了鐘，才二點整。在走廊上來回慢步，妙啊！整個人清清澈澈、像個透明人似的，這一刻，眞心、妄心清楚地切開，清清楚楚地照見：眞妄配合得天衣無縫，眞是不可思議，怎麼一下子全部體驗出來了（下山後回想那夜的體驗，一定是導師暗中加持），想到孫老師說的一句話：「諸佛現全身」，這下子完全可以體會了！

第三天先跟監香游老師小參，一開始，游老師很兇，眞的有點怕他；我開始說昨夜的體驗，清楚明白地告訴游老師最後那一個環節是什麼。眞的！最後一環扣上了，一切就串聯貫通起來了，游老師邊聽邊露出笑容；那笑，讓我看見一位老師爲學生能過生死大河而欣喜。講堂每位親教師，爲了眾人的生死，無盡的付出，都不受供養；這恩德，如何回報？游老師安排我第二次小參，跟導師報告完畢，導師還要我提出證明；說得不完整處，導師邊引導、邊補充，導師眞是「智慧如海」，悟後跟著要學的東西根本學不完，離開正覺的師兄們怎麼會覺得「在講堂悟後就沒有東西學了」？最後導師交代喝水整理，這杯水眞是不好喝啊！上山前聽說喝水就輕鬆了，不然拜佛會拜到腰酸背痛、昏天暗地。結果，四分之一杯的水，一整個下午喝不完：喝水裡有太多的法，每喝一次就深細一次，每喝一次就智慧再開展一些，喝到我腰酸背痛，雙腳發麻、滿頭大汗；這杯正覺茶與中台山的「趙州茶（趙州禪師平白受累）」眞是天差地別，十萬八千里啊！

第四天早上過堂前，見到導師，導師問昨天幾點睡？還跟我說：「辛苦了。」慈父般的關愛，讓我眼淚又快出來了；最辛苦的是導師，他卻只關心弟子們這四天的勞累。我們何德何能，這天大的恩德，何以爲報啊！

喝水的小參，報告喝水的體驗，導師再幫我們做更深細的整理，這如果不是大菩薩再來，怎會有如此深妙的智慧？（離開正覺的師兄們竟然懷疑導師的智慧及證量）在此末法時期，眾生眞是猶如經上說的如此頑劣。直至解三前最後一刻，導師都還把握分分秒秒爲大家整理，讓大家悟後智慧能夠開展，導師如此心繫著大家的法身慧命，讓不夠用功的我實在深覺慚愧。

解三後，親教師陸老師也上山來看大家，每一位老師都比學生還認眞；頂禮親教師的恩德時，二年半的種種、歷歷在目，沒有老師如母親般將我們從佛法的嬰兒、慢慢拉拔長大，誰能有能力過這生死關呢？弟子願以一己綿薄之力，盡未來際護持　導師破邪顯正，讓未來世的眾生及自己，在生死的大海中，還有佛陀留下的一盞明燈，可以指引我們航向解脫的彼岸。

弟子以至誠心、願將明心所有功德迴向：願導師色身康泰！統理大眾、一切無礙。願正法能久住！眾生得依止！

弟子　**張正萍**　叩首敬呈

二〇〇三年十二月十五日

《我的菩提路》第二十一篇：

禪三見道報告

——周子全——

一心頂禮本師 釋迦牟尼佛
一心頂禮極樂世界 阿彌陀佛 觀世音菩薩摩訶薩 大勢至菩薩摩訶薩
一心頂禮護法 韋陀菩薩摩訶薩
一心頂禮恩師 蕭平實菩薩摩訶薩、親教師 張正圓菩薩摩訶薩

我大約在十年前開始想要修行，那時在一些外道的道場裡學，例如：青海「無上師」、太極門……等。在這些外道的道場中，他們都宣稱他們能教人明心見性，然而在學了一段時間之後，我發現在這些道場之中，都只有「明心見性」這四個字，而沒有明心見性的內涵，更沒有明心見性的方法。學了幾年之後，我覺得似乎不太對，於是我離開了。離開之後，我決定要自己讀佛經，於是我自己請佛經來讀。我讀了《阿彌陀經、無量壽經、觀無量壽經、心經、金剛經、地藏經、藥師經》等，及《楞嚴經》和《法華經》的一部分。但是我讀了卻不

能領受其中的意旨，覺得經中所說的聖妙境界只能用想像而無法親身體驗。當時也沒有好的老師可以指導我，雖然我也請了許多佛書回家讀，包含了許多顯密大師的著作。另外錄音帶、錄影帶及有線電視的佛教台，我也涉獵了一些，但是卻沒有一個相應的老師。雖然如此，在這段期間，我在中和市大華嚴寺海雲法師的座下皈依佛法僧三寶，正式成爲佛弟子。

但由於入不了門，我有點兒想放棄修行。這時我開始接觸了南傳佛法，也就是解脫道的修行（編案：不是大乘的佛菩提道）。於是我買了許多南洋法師著作的中譯本回家讀，也請了整部四阿含。那時，我覺得相對於大乘佛法而言，小乘解脫道的修行切實可行，因爲我對「五蘊、十八界的苦、空、無常、無我」多少能理解一些。我覺得若是我努力地修行，今生就算是修不到阿羅漢，至少也可以修到初果吧！只要再七次人、天往返即可成辦解脫果，如果是那樣，就太好了。不過由於南洋法師畢竟離我太遙遠了，若我有疑問，也不可能跑到越南、緬甸、泰國、寮國等地去問。就算我去了，語言也不通，而且《阿含經》翻譯成當地的文字，和中國字畢竟還是有很多的不同，恐怕也是問個雞同鴨講。當時我最想問的問題，是在《阿含經》中出現非常多次的「蘊處界非我、不異我、不相在」到底是什麼意思？「苦、空、無常、非我」我比較能體會，但「不異我、不相在」我就不懂了，不過始終沒有機會問。雖然一度想學習緬甸話再去拜緬甸籍印度大師——葛印卡老師爲師（其師為烏巴慶大師），但是畢竟可行性不高，最後還是放棄了。不過我仍買了他的內觀十日禪修的十卷錄音帶，反覆聽了大約五、六次，雖然沒有親身參加他的內觀十日禪修，可是在那時非常欽佩葛印卡老師的教法。

後來，我在有線電視台的節目中，看見台灣有一位在台南慈蓮寺的大願法師是專弘解脫道。那時非常的高興，因爲大願法師在台灣，所以如果我有修行上的問題，就可以就近到台南去請教他了。大願法師所教的法，大致上與南洋法師所教的相同，是以數息法、四念住爲最主要的修法，配合八正道、七覺支、四正勤、四神足、五根、五力共三十七道品爲全部的修行內容。大願法師認爲所有的修行人，都應以四雙八輩（編案：聲聞果之初果向、初果、二果向、二果……四果向、四果）爲努力修行的目標，在行住坐臥時包括打坐時，都心心念念放在四個念處上。那時，我對大願法師很信受，心中發願：有一天要去台南找他，並且在他的座下學習內觀禪修。

直到有一天，在有線電視台的佛教節目中，我聽到大願法師回答一位求法者的問題之後，我對大願法師失望了。那位求法者問了一個非常有智慧的問題，他問道：「請問法師，阿羅漢入了無餘依涅槃時的境界是怎麼樣？」我認為這的確是一個很重要的問題，因為解脫道修行的極果就是阿羅漢，而阿羅漢色身死後，即進入了無餘依涅槃而不受後有，所以無餘依涅槃就是整個解脫道修行的最後目標，也是整個解脫道修行的最後歸依處，或者說是整個解脫道修行的終點站。若學人不知自己修行的目標、不知最後歸依處、不知終點在哪裡，等於是：只知道在方法上用功，而沒有明確目標地盲目追求。

但是，大願法師的回答卻讓我大失所望，他說：「阿羅漢入了無餘依涅槃時的境界是一件無記的事，因為問這個問題，對解脫道的修行並沒有幫助，所以你們不應該問這個問題，我也不會回答這個問題。這就好像是在問：『一根點燃的蠟燭燒完了之後，你問蠟燭上的火在哪裡？點火的蠟燭到哪裡去了』一樣，是沒有意義的問題。火滅了就滅了，蠟燭燒完了就燒完了，你還想找什麼呢？」他又說：「佛也是像我這樣回答這個問題的。」（註：由於是多年前從電視上聽到的，所以我只按照記憶中大願法師的意思，用自己的話描述，不過與大願法師所講的大致上應該是相同的。）雖然大願法師這麼說，可是我卻沒有辦法接受**只有方法而沒有目標、沒有結果**的修行。那時，我開始對佛法的修行產生了懷疑，因為大乘佛法太玄、太妙，我入不了門；小乘佛法目標又不明確，我不知為何而學佛？（編案：關於這個問題，《阿含正義》書中有詳細開示。）

後來，我的父親生病，住院開刀，在醫院大約住了兩個月。這段期間中，我在醫院照顧我的父親，經常利用空閒及夜晚的時間唸大悲咒為父親祈福，請求 觀世音菩薩加持我的父親，讓父親的病早日康復。承蒙 觀世音菩薩加持，父親開刀順利，不久便出院了。在住院期間，有一天，我在父親的病房外，護理站旁的結緣書推車上，發現了 蕭老師的書，印象中好像是《邪見與佛法》、《我與無我》和《護法集》。我一拿到這些書，讀了幾頁，就感覺如獲至寶。細讀之後，發現 蕭老師在書中講述佛法有條有理，絕不含糊籠統。尤其是從頭到尾以如來藏正理一以貫之，前後呼應，亦無衝突、矛盾之處，比對大、小乘佛法皆能相符。以往我對大、小乘佛法的懷疑與不解，在 蕭老師的書中似乎（後來證實確實是）都能找到合情合理的解答。不僅如此，蕭老師亦在書中將解脫道與佛菩提道的內涵與修行的次第說明得很清楚，讓我不再感到無所適從、或是漫無目標。當天，我整晚讀 蕭老師的書，讀到深夜睡著爲止；隔天中午我就按照書中地址找到正覺講堂，可是講堂沒人在，一樓的警衛告訴我：「晚上才會有人。」我跟他說：「沒關係，我就等到晚上。」那天下午，我向父親告假，在講堂附近的公園看 蕭老師的書，直到晚上六點，當場報名參加禪淨雙修班。

非常幸運地，我進入 張正圜老師的週五班，在禪淨雙修班二年半的課程中，張老師從基礎佛法開始教，包括了解脫道、佛菩提道、定力的修持、參禪的知見、條件與方法等， 張老師幫我建立起正確而穩固的佛法、禪法基礎。 張老師用調柔的身段與語言，不斷地鼓勵我們發起救護眾生、荷擔如來家業的菩提心；不厭其煩地解答我們在生活上、修行上的困惑與困難。我總是很期待星期五晚上的課，上課時我總是感覺精神奕奕，但每次都是在不知不覺之中，兩個鐘頭的課程就很快地過去，每次我都感到意猶未盡，直到禪三前結業那天都是如此。

我非常感謝諸佛菩薩及 蕭老師、 張老師的幫助與厚愛，讓我能參加這次的禪三精進共修。在禪三期間 蕭老師非常慈悲，不斷地在言談舉止當中，示現禪宗妙意給所有參加禪三的師兄姊。一開始， 蕭老師就幫我們去除三縛結，讓所有的師兄姊少走一些冤枉路。後來就開始參究及小參。在第一輪的小參中， 蕭老師看了我的禪三報名表後，問我：「在講堂做這麼多的義工，有沒有什麼心得？」我一下愣住了，不知道怎麼回答。同樣的問題，蕭老師又問了我一次，我還是不知道該怎麼回答。但是又不能不回答，因爲沒有入處，我只能回答說：「我做這些義工，並不後悔。」蕭老師馬下說：「不對！不對！我不是問你後不後悔。我是問你：『在講堂做了這麼多義工，有沒有什麼心得？』」但我仍然無言以對。蕭老師看我實在沒有方向，就慈悲地指導我該怎麼參究。蕭老師教我回禪堂禮佛之後，胡跪合掌向佛菩薩懺悔、發願、祈求；要發大願，而且是切實可行的願；完畢之後，別急著參究；先將□□□□□□□□□，用語言文字思惟一下，也是「□□□□□□□□，□□□□□□□□□。」之後再開始用思惟觀的方式找眞心如來藏。

我離開小參室後，完全不懷疑地按照蕭老師所教的方式做，胡跪合掌，誠意地向佛菩薩懺悔、發願、祈求約十多分鐘；眞的發下了今生可行的護法大願，而且發願生生世世永不退轉。在這之後，我將□□□□□□□，用文字在腦中想了幾次，就開始拜佛參究；拜了大約十拜，心中突然起了一個疑問：「我爲什麼□□□？□□□□根本辨不到。妄心思惟做主□□□□□時，□□□□□□□

的□□□□的？」心中一震：不就是這個□□□□□□□的這一顆心嗎？但是！等等！那不就是□□嗎？不！□□是□□□□運作的□□，而不是□□□。眞心是□□，□□是□□，所以□□□□□。另一方面，祂只精確而不加揀擇地□□□□□□，本身卻不作意思惟，所以從來都是離見聞覺知的。我馬上舉手跟監香老師陸老師小參，但我當時還沒有把握，所以跟陸老師說：「我覺得好像是這個，不知道是不是？請老師幫我看看。」陸老師看我一點信心都沒有，就苦笑著跟我說：「**禪不是靠邏輯思考而得，若無觸證之體驗，就沒有功德受用，再去參！**」

回到禪堂，我的心裡有兩種想法在交戰，第一個是：其實我悟的是對的，只是我太沒信心，所以陸老師不肯定我；第二個是：我弄錯了，其實根本不是這一個心。於是我就將原本所觸證的先放在一邊，再繼續用思惟觀的方式參究；可是只要我一不想那個原來所觸證的答案，馬上就變得昏昏沈沈的；所以拜佛時，當頭一碰到拜墊時就馬上睡著了。而且一直跑廁所，這時糾察老師何老師看到我這個樣子，就非常慈悲地對我：「**不要緊張，放輕鬆，只要在方法上用功就好了。**」而我就這樣一下子昏昏沈沈的地拜佛，一下子跑廁所；直到晚上時，我開始覺得不對，我想應該就是那個，只是我太沒信心了，所以陸老師才要我自己整理思惟，自己肯定自己所悟的內容。

於是我又舉手小參，這時監香老師是孫老師，孫老師問我體悟到了什麼？這次我肯定地對孫老師說明我所觸證到的內容。孫老師馬上反問我：「那不是□□嗎？」我的心裡偷笑，因爲我已經問過自己這個問題了，我馬上回答：「□□是□□□運作的□□，有了眞心才會有□□，一個是□□的，一個是□□的□□，是不一樣的。」孫老師又問：「那個是不會六入的嗎？」我說：「是的。」孫老師問：「爲什麼？」我說：「因爲會六入的心是妄心，妄心決定了，眞心□□□□，所以眞心是不管六入的。」孫老師微笑，並要我再把眞心和妄心的差別整理得更清楚一些。今日第一天因爲昏昏沈沈的，所以晚上一早就跑去睡了，養足精神，明天再參。

第二天早上，我依照孫老師的指示，再把眞心和妄心的差別仔細地思惟，發現眞心與妄心眞的完全不同，但是恰到好處地和諧運作；而且找到眞心之前，眞心就是如此；找到之後，祂還是一樣沒變，祂是那樣的平凡、實在，可是一般人怎麼會想到是祂？祂眞的符合 蕭老師所說的：「非修行而得，非不修行而得。」也符合《心經》所說的「無智亦無得」，因爲祂不分別六塵境，哪有什麼分別、智慧可說？悟前、悟後祂都是一個樣，果然是無所得。於是我又找孫老師小參，這次我一走到孫老師面前，就肯定地對孫老師說：「我百分之百肯定就是祂。」心之堅定，只差沒拍桌子而已。孫老師對我說：「那你把這條龍請出來給我看看。」我又愣住了，倒不是我請不出來，而是我老早就請出來了，孫老師是要我到哪裡去請另外一條龍呢？孫老師笑著對我說：「這是腦筋急轉彎喲！」我想：「好吧！您要我請，我就請。」於是□□□□然後□□，心想：「這□可不是隨隨便便□□喲！孫老師您可要看仔細了。」孫老師開心地笑了，又對我說：「你回禪堂把根、塵、識出生的順序弄清楚，這很重要喲！另外，不必再找糾察老師排小參了，我會替你安排小參。」這時我心想：「天啊！這是不是說我所觸到的心是對的？古今中外多少禪客每天朝朝暮暮，窮盡一生而找不到的眞心如來藏，難道眞的被我找到了嗎？」

回到禪堂座位，繼續整理思惟，心中更加篤定。中午過堂時，蕭老師老婆至極地引導及開示，例如要大家□□□□□，又在黑板上寫：Δ※&#○□◎，說是無生咒；另外一行又寫：一二三四五六七，我都能體會。蕭老師又說：「參禪要乖，才參得出來。」有位師姊答道：「我很乖呀！」 蕭老師說：「等你破參了，就知道你現在不乖。如果乖，你早就破參了。」那位師姊無言以對。我現在知道了：「眞心最乖了，妄心若不乖，眞的很難跟眞心相應。想想過去還眞是不乖呢！」在用齋時，我思惟所觸證的內容和佛經、蕭老師的書上寫的，及 蕭老師、張老師上課講的內容，比對都符合，也開始懂得一些公案，所以是這個沒錯。但是心中又想：「如果等一下跟 蕭老師小參時， 蕭老師不肯我，怎麼辦？」這時 蕭老師剛好走到我們這一桌旁邊，在開示的短暫空檔時間，突然面對我微笑了一下，我心中暗喜，因爲我知道這是 蕭老告訴我：「就是這個，不要再懷疑了。」

回到禪堂，過了不久，糾察老師何老師通知我到小參室和 蕭老師小參。進小參室，禮拜 蕭老師之後， 蕭老師問我：「悟到什麼？」我馬上回答：「□□□就是。」 蕭老師又問：「祂是不會六入的嗎？」「祂是離見聞覺知的嗎？」「祂能了眾生心行嗎？」由於這些問題，我已在觸證之後問過自己了，所以能回答無誤。 蕭老師再問我更微細的問題，會的，我就依所觸證的內容回答；不會的，蕭老師也慈悲地引導我從理證及教證上去釐清。

蕭老師印證所悟的內容無誤之後，問我：「經上說：『□□□□，□□□□。』這個□□是指什麼？」我回答：「是如來藏。」蕭老師又問：「如果改成『□□□，□□□□□』，你覺得好不好？」我那時還不知蕭老師的用意，直接回答：「也很好啊！」但想一想又說：「那樣的話，就講得太白了。」蕭老師點點頭。後來我又說：「可是，有好多的經典都講得很白呀！」蕭老師說：「對呀！可是眾生卻因為無明遮障而看不懂。」這時我才明白蕭老師是要告訴我：「悟了之後，要像佛菩薩一樣，為了守護眾生的法身慧命，須要謹慎善護密意。」

後來我就按照蕭老師的指示，在喝茶中體驗眞心與妄心的差別及配合運作的情形。我才又發現，從眞心與妄心的有無見聞覺知之體性上來說，兩者天差地別、截然不同；但是從配合運作□□□□□□來說，又是眞妄和合。□□□□都是非眞非妄（不能只靠著真心或妄心可以完成），而且又是眞妄合一（真心與妄心相互完美地搭配□□）。若無眞心就無妄心現行（亦包括□□□□——□□——的現行）。若無妄心，眞心亦無法表現出祂本來自性清淨無分別的體性。

最後一天，蕭老師要我們已破參的人比較張眼與閉眼走路時，眞心與妄心及眞妄和合的不同。我發現眞心在……（此段省略），而妄心之分別、了別智慧，就是了知。所以若閉眼走路，其結果必定是跌進路旁水溝之中，這是因爲無知的緣故；所以若有人說他能「知而不分別」，那絕對是自相矛盾、自欺欺人的。眞正不分別而有作用的，只有眞心如來藏，而眞心如來藏卻從來都無知，也就是從來都不曾對六塵起見聞覺知；悟之前是如此，悟之後也是如此，眞的是如如不動、始終如一呀！

在禪三期間，蕭老師非常地慈悲，運用所有可能的機會示現禪的眞義給所有參加的師兄姊；例如：有一次在講公案之前，投影片已經準備好之後，蕭老師遲遲不講公案，……（此段省略）。這跟《金剛經》中□□□□□□□：【……（此段省略）】一樣，已經將佛法大意講清楚明白了。又如在經行時，蕭老師說：「楞伽經中說：□□□□□、□□□□，是名□□□□□□□□。」其實已經將禪的答案送給每個人了。我那時就深深地感嘆：若無悟的因緣，任憑蕭老師再怎麼暗示、明示，還是不得悟入。禪雖然平凡、實在，但是要悟、還是非常的困難。而我之所以得入如來的無門之門，絕非我個人的能力所及，全靠諸佛菩薩、蕭老師、張老師的加持與教導。也要感謝陸老師、感謝孫老師、感謝所有的護三菩薩師兄、師姊，感謝我的父親、感謝我的母親，沒有你們，我絕對不可能會悟。

另外，我也要再感謝佛菩薩加持，讓我在第一天觸證之後，又在心外求法的那一天裡遮止我，讓我一直打瞌睡，一直跑廁所，讓我沒有誤入歧途。還有，我要感謝 蕭老師和 張老師幫我去除我見、去除得那麼乾淨；讓我在禪三前、禪三後的參究中，都沒有認取意識或意識的變相爲眞心如來藏。蕭老師和 張老師都說：「參究的過程，同時也是不斷地去除我見的過程，而參究時可能會誤以爲意識或意識的變相爲眞心，這時若思惟祂不符合 佛所說的眞心體性，就要丟掉再繼續參。」而我卻沒有這樣的過程，我想是因爲由於 蕭老師和 張老師幫我去除我見，除得十分的乾淨，所以那樣的誤解，在我心中根本不可能會出現。感謝 蕭老師、感謝 張老師。

回家後，我開始重新閱讀 蕭老師的書。尤其是公案拈提，悟之前沒有一篇看得懂，悟了之後約有七、八成看得懂（剩下不懂的公案，我想還得增進我自己的差別智才看得懂，希望以後上增上班的時候，能夠逐漸增長自己的差別智）。每次看公案總是邊看邊笑，笑我以前怎麼那樣笨，都看不懂；笑我怎麼這麼好福氣，別人參了三十年、參了一輩子都不見得有個入處，而我只不過是學了二年半就明心了。同時亦感嘆眾生於生死輪迴中無有出期，亦再度發起了要生生世世追隨 蕭老師弘揚正法、摧邪顯正的大願。

參加禪三之前，我看 蕭老師的書——《入不二門》中的公案，印象最深刻的是「南泉斬貓」。當時雖然知道此公案說明了人人隨時隨地都在展現如來藏的體性，可是卻不知道是如何展現的。而現在每當我走在馬路上，我就會想起這個公案，然後看著路上每一個人爲我講解佛法大意，我常常在馬路上就自顧自的笑了起來。

有一次在家廚房洗完碗之後，回想起 張老師要我們每位男眾師兄回家跟自己家裡的同修說：「從今起，家裡洗碗的工作就由我包下來了。」我當時即遵照 張老師的指示，跟我的老婆同修這麼說，之後也都這麼做。只可惜，我沒有在上禪三之前、在洗碗中悟得實相，眞是辜負了 張老師的用心。想著、想著，我又法喜充滿的笑了起來。這時我的老婆同修走進廚房對我說：「你怎麼像個神經病一樣，一個人在這邊笑個不停？」我對她說：「如果有一天你悟了，你也會跟我一樣，像神經病一樣地笑，到時你就會知道我在笑什麼。」佛恩！師恩！護法菩薩恩！禮謝不完！我發願：生生世世護持佛教正覺宗門正法，決不退轉，護持來正覺同修會修學之菩薩們，盡全力報答師恩——令我再生之悲願大菩薩：

蕭平實菩薩摩訶薩

佛弟子 **周子全** 佛前頂禮

公元二〇〇四年四月十六日

《我的菩提路》第二十二篇：

見道報告

—林明佳—

一心頂禮歸命 十方常住三寶
一心頂禮歸命 本師釋迦牟尼佛
一心頂禮歸命 極樂世界阿彌陀佛
一心頂禮歸命 大慈大悲觀世音菩薩
一心頂禮歸命 大勢至菩薩
一心頂禮歸命 平實菩薩摩訶薩
一心頂禮歸命 監香菩薩摩訶薩
一心頂禮歸命 護三菩薩摩訶薩

一、**學佛因緣**—所求果遂生謙恭

弟子是一個缺乏自信卻十分功利的人，然而正因為這兩個缺點，使弟子能謙恭地信受佛法。記得小時候一遇到考試，就會神經緊繃，不停地拉肚子，當時總覺得自己既沒用又渺小。小學三年級時，間接聽到「持六字大明咒」的好處，就謹記在心，以後考前六神無主時，就拼命唸「嗡嘛呢叭咩吽」，容易緊張的毛病因而逐漸減輕。上了國中，弟子希望功課進步，以便考上好的高級中學，便開始每天課誦七遍《心經》，果然因此順利地上了理想的學校。

然而，高一下學期，弟子察覺自己程度太差，當時又聽到「誦金剛經可以開智慧」，就開始幾乎每天課誦一部《金剛經》，希望可使自己的求學過程一切順利，果然成效顯著，從此對《金剛經》信受奉行。上大學的前夕，弟子反觀自己在考前會吃素祈願，求諸佛菩薩加被弟子，一旦如願後，就恢復舊習大啖美食，想來十分慚愧，於是決定效法家中的三位大菩薩，開始吃素，悲憫眾生而慈心不殺故。

有一天母親對弟子說：「既然信受觀世音菩薩，就應課誦大悲咒，以發大悲心。」弟子轉而反省自己，在遇到困境時，唯恐自身力量不足而做得不好，就乞求 觀世音菩薩加被，因爲 觀世音菩薩向來十分靈感，因此弟子總能如其所願。然而反觀自己嚴重缺乏同情心，心地不調柔、淚腺不發達，即使遭到處罰或挫折，也鮮少掉淚。爲了避免愧對 觀世音菩薩，弟子下定決心調柔心性，發菩薩大願，也學習如何悲憫眾生，便開始課誦大悲咒；果然悲心漸起，連螞蟻也不敢輕易傷害；之後參加法會，甚至會痛哭流涕，懺悔自己過往的種種罪惡。

綜觀弟子信受佛經的過程，開始時只是功利取向，希望達到某種目的，卻又知道自己能力有限，經由善知識的告知，轉求諸佛菩薩加被；之後反觀自己只求不給，慚愧不已，於是轉而漸除自己的性障，以報 佛恩。再者，課誦經典的過程中，也慢慢具足弟子對經典及佛法的信力，及瞭解諸佛菩薩廣大無邊的威德力，進而發願行菩薩道。

二、共修因緣—家姊接引入佛門

家姊早年病苦纏身，全家人隨著她病情的起伏，活在未知的恐懼中，尤其媽媽最辛苦，陪她進出醫院無數次，情況數度危急；期間數次遇到基督教的義工，好言相勸、加以威脅利誘，家姊始終道心堅固，不願改變信仰。一九九七年，弟子的父母和姊姊，經由 張老師的引介，進入了正覺講堂學佛，每逢週一晚上，三人會排除萬難（共修前，家姊的色身總會莫名其妙的出狀況。然而一起去共修，只要進了講堂，那些症狀就會自然消失），因此媽媽總懷著歡喜心去共修，至今始終如一，令弟子印象格外深刻。之後遇到講堂辦的法會，家姊便想盡辦法哄騙弟子一同前往，遇到每週二上蕭導師的課時，家姊則會告訴弟子：「**妹妹！一起去上課啦！蕭老師很會説法，保證你不會後悔。**」現在回想起她運用的種種善方便，讓弟子更感念她的慈悲。

後來，當弟子面對大學聯考的壓力時，心情焦躁緊繃，深怕一個閃失就搞砸了；承蒙 張老師教導無相念佛的方法，讓弟子能定下心來，專心準備考試。至今弟子還記得開始學無相念佛時，心很粗糙，必須將很大團憶佛的念壓在眉心，才不會散失；經過長期的鍛鍊，才逐漸抓到訣竅，憶佛的念才能由大變小，進而轉為無相。上大學後，時間不能配合，因此無法持續共修；承蒙 張正圜老師的慈悲，讓弟子在寒暑假時，都能旁聽 張老師的課；感謝 正圜菩薩摩訶薩的慈悲攝受，讓弟子得以在其座下一點一滴的熏習佛法的正知見。二○○○年及二○○一年，弟子的雙親先後破參，看到他們明心的法喜充滿，及悟後的功德受用，弟子好生羨慕，當下就發願，將來也一定要明心、見性。

生死無常速精進：二○○一年十二月二十五日，家姊在住入榮民總醫院加護病房後的第五天，突然往生。全家人措手不及，雖然痛不欲生，卻只能強忍悲傷，在正覺講堂師兄姊的幫忙下，如法的辦理後事（也收得一些晶瑩的舍利子）。剩下的一家三口，爲了避免談論家姊時又觸動情緒，相聚時就一起大聲的唱誦阿彌陀佛佛號，專注攝心念佛，並將功德迴向家姊俐廷師姊，願她能往生極樂淨土、見佛聞法，悟無生忍。對弟子一家人而言，俐廷師姊始終不曾離去，媽媽總是說：「看到俐廷的照片，就是一個阿彌陀佛的淨念；須謹記生死的無常，隨時提醒自己勇猛精進。」想到她雖受病苦，卻勇敢承擔，深信因緣果報，未曾抱怨；弟子一家人都認爲她是大菩薩示現，藉此引度全家人學佛；直到現在，她依舊是督促弟子一家人精進共修的動力，以及道心堅固不退的最佳楷模。

隔年的十月，長年臥病在床的奶奶也往生，由於老人家生前的遺願，使弟子的父母親無法依正知見如法的替奶奶料理後事，父親哀慟不已，但也只能拼命念佛，將功德迴向老人家。這時弟子才驚覺，無常無所不在；既然正法難遇難聞，應當排除萬難，把握當下修學正法，以便早證菩提。與媽媽商量後，便懇請 張老師讓弟子加入週五班；感謝 張老師體諒弟子時間的不便，使弟子得以在週五班安住；感謝父母的全力護持，媽媽一年多來風雨無阻的陪弟子共修，爸爸則在精神上給與莫大的支柱。

菩薩善巧攝眾生：張老師的教誨，弟子不知怎麼總能輕易信受。共修時，總是坐在位子上對 張老師的話點頭如搗蒜。更在 張老師的座下堅定了弟子「不識本心、學法無益」的決心。再者，張老師善用班級經營的技巧，接納並攝受每位同修。張老師向來身教與言教並行，不但親自示範如何行菩薩道及恭敬師長，更善用慈悲的柔軟語，調伏剛強的眾生。又運用種種善方便，凝聚班上的向心力，激勵同修們的求道動機，以提高教學及學習效率。

張老師不辭辛勞地送班上每位同修一張墨寶，期勉同修們能在菩薩道上精進用功，永不退轉。為了讓同修們對 蕭導師更熟悉，張老師在上課中，總會不停地提到 蕭導師的種種事蹟，並對大家耳提面命：**須建立對 蕭導師的信任及信受，唯有直心才能與法相應，禪三時也才能獲益良多**。在 張老師班上，還可以聽到最新一期破參學長、學姊的心得分享；弟子在某位師兄姊的心得分享中，明白「**每天禮拜蕭導師及親教師，不但可以除性障，還可以開智慧；禪三時又因平時的虔誠禮拜，所以會對 主三和尚格外信受，因此就能迅速地與法相應。**」聽完後，弟子馬上信受，便每天禮拜 蕭導師及 張老師，果然因而獲益良多。此外，張老師更是毫不保留地傳授所有用功的方法，教導大家應當每天發願、懺悔、迴向，還發給大家一張功課表，以登記每天拜佛的時間和寫下學佛的心得，月底時繳交，藉此敦促大家在法上用功。隨著禪三的逼近，張老師更是卯足全力激勵同修們的士氣，以堅定大家求悟的決心；在 張老師全心全力的攝受教導下，讓弟子眾等能逐漸具足參加禪三的條件。

三、見道內容與過程

由於郵政上的延誤，直到禪三前一天的下午，承蒙 陸老師慈悲地以電話通知，弟子才知道自己被錄取，當下只覺得難以致信，心中充滿對諸佛菩薩及蕭導師和 張老師的無限感恩。

第一天 苦樂參半禪三行：隔天，懷著雀躍卻緊張的心情，開始了禪三的第一天；坐在禪堂內，明白這將是與佛菩薩距離最近的機會，無論如何要好好把握。拜願時，想到諸佛菩薩的攝受加持，及 蕭導師的慈悲，讓弟子可以參加此次的禪三，當場泣不成聲；等擦乾眼淚鼻涕時，竟然感到無比的輕鬆自在。接著起三，主三和尚要大眾宣誓：「永不稗販如來，且要善守密意，絕不為做人情而將密意隨意洩露。」又開示大眾：「禪三是選佛會，因為佛子明心後，生生世世都得行菩薩道，因此總有一天會成佛；不過菩薩道向來十分難行，所以要能吃苦；難行能行，才堪任菩薩。另外，參加禪三，必須全然地信任主三和尚，才能直接地相應法。」接著又開示大眾：「應當如實地把我見殺掉，徹底斷除三縛結，這樣才不算白來這一趟。」弟子仔細思量 主三和尚的話，檢視自己的性障，倍感慚愧；當下告訴自己要徹底的觀照性障，漸次地斷除我見、我執，才能不負 主三和尚的教誨。

第二天　佛子禮佛伏心性：早上四點半，起床梳洗後，便到禪堂發願、懺悔、禮佛，乞求佛菩薩加被攝受弟子，讓弟子能順利過關。吃過早齋，主三和尚及陸老師帶著大家經行，主三和尚要大家注意腳下，仔細體會；爲勉勵大眾，以當時的情景，即興作了一首偈子開示：鳥語清風霧正濃，步步經行豈無機？條條大路通眞如，行人莫與路爲仇。

早上八點，同修們開始依序進入小參室。其間弟子一直注意著小參的進度，心中忐忑不安，希望能儘快輪到自己；但記起 主三和尚吩咐要確實斷我見，決定歷緣對境磨掉自己神經質、急躁沒耐心、自私等習氣，於是便專注地禮佛、參禪。然而習氣所致，（注意小參時間的）妄念依舊生滅不斷，心情七上八下；

此時反問自己：一點苦都不能忍，怎麼參加選佛會？立即反覆告誡自己須專注一心禮佛，心才逐漸地安定下來。

藥石結束前，主三和尚慈悲的要還沒輪到小參的師姊們吃水果，親切地詢問大家有無入處？接著開示大眾：「正覺講堂的禪是生動活潑的，不是嚴肅或一成不變的；吃喝拉撒中無處不在，唯有親自體會，才能了知其平凡、實在。雖然沒有炫麗神奇的境界，卻唯有安住於無生忍中，才能體會其微妙深細之處。」藥石後的公案開講，主三和尚留下一個「究竟六六三十六如何等於七七四十九？」的迷團後，便宣告結束。

第三天 和尚導航破迷悶：早上九點半，輪到第一次小參；進入小參室後，恭敬地禮拜 主三和尚後，便在蒲團上坐定。主三和尚叮嚀弟子必須好好感恩父母，務必要孝順。接著弟子便向 主三和尚稟報，拜佛時□□□□□，□□□□的體證，因此可知如來藏□□□□。接著 主三和尚問了幾個問題，以考驗弟子是否眞懂般若。再者，詳細爲弟子說明如來藏□□的關係，幫助弟子釐清概念，確實了知「非一非異」的實相。三者，提出辨識的方法，以防外道的籠罩與刺探。最後 主三和尚出了兩道題目，要弟子好好的整理，以便清楚地釐清見地：1．阿賴耶識爲何是不生不滅？2．阿賴耶識爲何是萬法的根源？

下午三點多，輪到弟子與 陸老師小參， 陸老師聽完弟子的報告後，開示弟子應加入意根、意識來整理，才能切題，否則只是籠統的說明。第二次與 主三和尚小參時，弟子如實的稟報由 陸老師指導後整理的結果；主三和尚聽完，開示弟子一個提綱挈領的方法：「**如來藏（阿賴耶識）生出六根，後觸六塵，即有六入，遂起意識，六識具足如實運作，因而能有一切世出世間法。**」此外，主三和尚又舉出許多經典證據，並教導弟子如何隱覆密意。 主三和尚循序漸進的引導弟子，逐漸建立對如來藏體性初步但卻有系統的認知與現觀。在小參室內，弟子更深刻體會 主三和尚智慧的深細，及攝受眾生的善巧方便。最後 主三和尚囑咐弟子：**出了小參室，須先至 佛前禮 佛三拜，飲水思源故，感恩 本師釋迦牟尼佛的無上大法，讓弟子得以親證生命的實相，然後稟告糾察菩薩，感謝他們的護持，才可開始體驗喝水**。

藥石過後， 主三和尚照例開講公案，其中某個「屙一聲」的公案，不但引起護三菩薩和破參眾人的哄堂大笑，連 主三和尚本人也忍俊不禁，不同於前兩天的肅殺、噤若寒蟬，整個氣氛輕鬆有趣，卻禪意十足。

公案開講結束後，禪堂內外發心的護三菩薩們，盡全力持續護持；禪堂中，師兄姊們持續不斷的用功參究。弟子想到今天已是禪三的最後一晚，又想到諸佛菩薩及 主三和尚的慈悲，竟捨不得去睡覺，決定賴在禪堂好好的在法上用功，以報 佛恩及 師恩。於是坐在自己的位子上，依 主三和尚的指示仔細體驗喝水。一開始，情緒仍舊亢奮，直到心定下來後，才隱約體會到少分的微妙。稍晚 主三和尚巡視禪堂時，見弟子似懂非懂，便持竹如意刷刷兩下，清楚地為弟子點出關鍵所在，弟子這才豁然開朗，得以抓到竅門，首次明白無生水的個中奧妙。感恩諸佛菩薩的攝受加持，感恩 主三和尚無私且慈悲教導，感恩 護三菩薩們的全力護持。

第四天　藏識中觀初親證：

早上十一點，主三和尚召集喝水整理的師兄姊們進小參室，聽完大家的心得分享，主三和尚接著更深細地說明眞妄如何配合運作；並教導大家用意識對末那作如理作意的說服，才能漸斷習氣；聽完 主三和尚的開示，令弟子更加佩服得五體投地。然後 主三和尚出了另一道題目，要大家仔細體會後，稍後再驗收。下午三點多，主三和尚對已破參者再次開示：**「見聞覺知，見的當下即完**

成了別，因此不可說『無語言文字就是不起分別』。」

下午五點多，解三儀軌開始，唱到爐香讚時，想到諸佛菩薩的慈悲攝受，主三和尚的傾囊相授，及護三菩薩的全心護持，突然痛哭流涕，當下告誡自己要謹記這份恩情，才能保持謙恭的態度，並效法主三和尚以慈悲且無私的態度對待眾生。主三和尚最後叮囑大眾：「須深信禪三的一切安排皆為因緣果報，不可埋怨。須善於隱覆密意，決不稗販如來正法，否則後果自受。須尊師重道，不可起慢心……」感恩 導師開示的方便施設，才能次第的增長定力，逐漸具足破參的條件；「還要感恩 親教師的攝受教導，為守護眾生而隱覆密意，使眾生在因緣成熟之際得以開悟。」主三和尚的這一席話，讓弟子明瞭荷擔如來家業的任重道遠，然而就在鍛鍊砥勵的過程中，才能成就菩薩道，進而邁進成佛之道。

四、結語

飲水思源永歸命，得法常念恩澤重

承蒙 俐廷師姊慈悲接引弟子入佛門，承蒙 雙親的教導護持，讓弟子得以進入講堂持續共修。承蒙 張老師的諄諄教誨，使弟子得以漸次熏習佛法，備齊參禪的條件，使弟子法身慧命得以出生。承蒙 監香菩薩、護三菩薩鼎力護持，讓弟子可以一心禮佛參禪，得以破初參，獲益良多。

承蒙 主三和尚的慈悲，以身作則示範如何行菩薩道，並施設種種方便善巧攝受眾生，攝受眾生如實了知法界的實相，其恩德弟子將永遠銘記在心。又 主三和尚的禪風，平易近人卻妙不可言；正如「竹如意」平凡無奇卻妙用無窮，弟子親身經歷後，才瞭解其生動活潑又不失親切之處。感恩 主三和尚的攝受教導，讓弟子得以破初參，得入修學大乘佛法之門。經過禪三，讓弟子更明瞭 主三和尚智慧深細不可知，傾囊相授地教導眾生。乞求 主三和尚的加被攝受，弟子願永遠虛心受教，以求得到更多殊勝的法義。承蒙諸佛菩薩攝受加被，讓弟子得遇大善知識，而能親證生命的實相。弟子將謹記 師訓，如實的斷除我見、我慢、性障，次第的增長定力、慧力，以報 佛恩及 師恩。懇求 觀世音菩薩加被攝受，令弟子得三昧無礙辯才，弟子發願生生世世竭盡所能護持 平實菩薩摩訶薩弘揚正法，摧邪顯正、荷擔如來家業，盡未來際永不退轉，懇求諸佛菩薩慈悲加被攝受，讓弟子所求果遂。言語有限，感激無窮；弟子只能滿懷感恩：

一心歸命頂禮 本師釋迦牟尼佛
一心歸命頂禮 消災延壽藥師佛
一心歸命頂禮 極樂世界阿彌陀佛
一心歸命頂禮 大慈大悲觀世音菩薩
一心歸命頂禮 大勢至菩薩
一心歸命頂禮 平實菩薩摩訶薩
一心歸命頂禮 正圜菩薩摩訶薩

弟子 **林明佳** 敬稟

二〇〇四．〇四．一一

（編案：林明佳師姊見道時尚在大學就讀，是當今最年輕的明心證悟者。）

禪三見道報告

—施瑞雯—

我的外婆茹素，篤信佛教，母親也很早就入佛門。小時候問母親：「為何要信佛？」母親總是回答：「反正很好就是了。」所以我總以為佛教與道教類似，都是在求平安、求財富等。當時的我一點也不想深入佛法，不過因為我向來樂於聽受長輩的話，所以母親要我陪她朝山，要我皈依，要我背持大悲咒，我都做了、也背了。大學畢業後，忙於工作、結婚、育子，終日在世俗事上煩心，開始覺得：「難道就這樣過一生嗎？」孩子陸續上小學後，家中經濟狀況卻逐漸惡化，心裡煩惱不已。但每次瞻仰 觀世音菩薩聖像時，心中卻很平靜，總覺得祂瞭解我的苦，就這樣開始想入佛門；這時是二〇〇〇年，約四年前的事。

當時我的姊姊在上《菩提道次第廣論》班的課，一聽到我想學佛，十分熱心的幫我報名，所以我上了八個月的「廣論」課，越上越疑惑；再加上聽說三年上完後，得再回鍋讀三年；心想：「怎麼這樣抱著一本論讀六年，只讀論而不讀佛經呢？怎麼不是從經入門呢？」我覺得不相應，所以就離開了。（編案：《廣論》的內容，是密宗黃教宗喀巴依月稱法師的應成派中觀邪見而造的斷滅見；但因同時主張緣起法的意識心常住不滅，故又落入常見中。《廣論》後半部所說的止觀，全都是喇嘛教承襲自天竺坦特羅「佛教」的無上瑜伽男女雙身修法、輪座雜交。不久之前台灣社會側目的譚崔瑜伽眾多男女同時、同處行淫，即是西藏喇嘛教承襲自古天竺坦特羅「佛教」的無上瑜伽雙身修法。「坦特羅」今譯為「譚崔」。）

這時家中同修也開始學佛，他的方式是廣閱佛經及各家書籍，我們並不迷信各大道場的法師，總覺得應依法不依人。有一次，同修於圖書館借到了《眞實如來藏》，看完後說：「**這位作者是位善知識，眞想再看看他的其他著作。**」有願就會成，沒多久，在偶然的機會，又得到《無相念佛》及《念佛三昧修學次第》兩本書；同修看完後，依著《無相念佛》的次第練習，直說這個法棒極了，因此決定到同修會上課。我於二○○一年十月二十六日開始上週五班 張正圜老師的課，而同修晚我一期，上週四班的課。

第一次到講堂上課，心裡有股莫名的歡喜，覺得應該要護持講堂；可是我的經濟拮据，每個月的生活費只是夠用而已，沒有積蓄。因此我誠心祈求 觀世音菩薩，幫助我能於每個月的生活費中省下五百元，用來護持講堂，竟然實現了。後來我再發願，願能每個月省下一千元護持講堂，又實現了。不過，這已經是我經濟上的極限了。

未入講堂前，我的佛法知見幾乎是一張白紙，沒想到會學禪法。總以為求生西方極樂世界，是最殊勝的法門；覺得禪是很玄的，是哲學思想，很不實在的。當初進入正覺學法，只想學會無相念佛，沒想過要明心或見性。可是學到約一年後，知見越來越具足，也瞭解若要修行佛菩提道，明心是唯一的一條路，否則無法入門修。而正覺講堂，除了蕭老師，還有許多親教師等善知識，這麼好的機會與環境，當然我在這一世一定得明心，而且更要精進。此生定要比往昔無量世以來，所修學的更爲進步，因爲值遇善知識的機會難得啊！

張老師待人誠懇，和藹可親，可是又有威嚴，所以我有些畏懼她，面對她時，常說不出話來。不過我很喜歡上張老師的課，因爲她能將深妙的法義，用淺顯易懂的文詞或比喻，讓我們瞭解。內容由淺入深，有條理。我很羨慕，眞希望自己也能早日學得善巧方便，學得善觀眾生根器，而能對眾生宣說正法。

有一次上課，張老師說：「懺悔、發願、迴向，很重要。」自從那天開始，我每天必做這三件事，直到現在約兩年，幾乎沒有間斷過。可能因爲這樣，這兩年半的修學，幾乎沒有什麼大障礙；由拜佛、憶佛、拜多佛、看話頭、起疑情至參話頭，每個轉折上，老師隨講我都能隨入；有時有疑惑，卻總能在下次上課時聽到老師的講解。也感覺佛菩薩時時都在觀照著我，我也都遵照 張老師的進度用功。

二〇〇三年剛過完農曆年，同修會發生了法難，許多人（編案：二百來人）因此退轉，我卻一點也不受影響；雖然 蕭老師（針對此次法難所寫）的法義辨正（書籍），我看得似懂非懂，可是對正覺所傳的了義正法有信心，堅信正法在此。再加上 張老師教導我們不要攀緣，所以那些離開正覺的同修，我一個也不認識，從沒有人來轉我們二人，心情很平靜，也更堅定自己要早日見道的決心，精進潛修，以具足能力為正法弘傳盡一份心力。此時，看到 張老師義無反顧的扛起台中班及台南班的課程，心裡十分讚歎 張老師的勇氣；相信當 張老師答應接下班級時，心裡沒有一絲一毫顧慮自己會多忙、多累，只是一心為正法、為眾生。若非菩薩，哪能有這樣的心行呢？ 張老師又給了我一個好榜樣。

二〇〇三年底，聽到會裡已覓得適當地點將建設正覺寺的好消息；心中很慚愧，自己經濟能力實在不足，無法護持。回家後，想到還有一些首飾，或許可以變賣，籌得一些款項；與同修商量後，拿到附近銀樓，順利的變賣，籌得一筆小金額，護持正覺寺。由於自己往世布施做得不好，以至於現在在經濟上，只能微盡綿薄之力護持，眞是慚愧。後來在課堂上，張老師說班上另一位師姊也類似於我的狀況，我很能體會那位師姊的心情。

遞交禪三報名表後，雖然希望能被錄取，但是得失心不重；心想：若此緣未熟，再繼續努力。我既已發願此生一定要明心，以長遠心來看，相信明心是遲早的事；就以這樣的心情繼續用功，此時疑情已經很濃了。一日在晾衣服時，突然明白：當我只專注看某件東西時，耳朵雖然沒注意聽，但是確實是有聲音入到耳朵裡面，鼻、舌、身、觸也相同。也就是說，只要根塵不壞，第八識恆時顯現著內相分，而妄心只執取祂想執取的那部份。也明白《眞實如來藏》書中，蕭老師針對外相分、內相分、見分所做的警衛室中攝影畫面的比喻，心中肯定「的確有個第八識在運作著」，這一點，以前從來沒有察覺到。

二月中旬，一日於拜佛正要起身時，突然起了一念：難道□□□□□□□就是第八識？再深入思惟，第六意識需「意、法爲緣而生」，第七末那識（意根）更需依附於第八識才有作用，第六、第七識都是心法，沒有□□□□□

□的功能。而第八識有種子流注，能生萬法，應該是第八識□□□。再深入想：□□的各種粗細運作，□□□□如：□□、□□的運作，應該也是第八識□□□。雖然心中認為□□□□□、□□都是第八識的功能所現，但是又生一疑惑，覺得這裡面好像也有妄心；而何者為眞？何者為妄？無法分辨清楚。

因此又繼續參究，數日後又於拜佛時，突然靈機一動，啊！我知道了！□□□，□□□□□是第八識。沒有語言文字而能分別方向、方位等，如：伸手時要舉多高、伸多遠、要繼續或停止、速度要快或慢等，這些都是妄心的作用（妄心能離語言文字而作這些分別）。也就是說，第八識在六塵上完全不分別，但祂能□□□□□，恆時□□運作，所以說祂「恆而不審」。而妄心卻是剎那剎那分別、剎那剎那作主。再將第八識的體性一一審查，覺得沒錯。此時心中大致確定找到眞心了，但不知是否完整？是否這樣的見解能達到被印證明心的標準？所以還是不敢怠慢，每天照樣用功；可是奇怪？疑情不見了，拜佛時無法起疑情參究了。

與張老師小參，張老師平靜的回答：「**你現在將你所領悟的，融入拜佛中，然後等緣熟能上禪三再說吧！**」因此我還是依照原來的方式，天天用功。另外，這期間又看一遍《入不二門》，每則公案都能懂，心中更加肯定方向不會錯。接到禪三錄取通知時，心裡雖然高興，卻很平靜，馬上於佛前至誠禮拜，感恩佛菩薩冥冥中的眷顧。

禪三時，第一次排到小參，已經是第二天晚上；面對蕭老師時，就像是面對佛一般，心中緊張不已。本以爲信心具足，能將所領悟的說得明白，卻因爲緊張，說得語無倫次。最後 蕭老師提出兩個問題：一、將□□、□□與如來藏分辨清楚。二、如來藏如何□□□□□？希望我思惟清楚後，再排小參。被打回票後，仔細想，□□□□，□□□□七轉識的心行，如來藏是□□□□□□□七轉識運作，所以如來藏因爲□□□，所以□□□□□□，應該沒錯了。奇怪！昨天小參時，怎麼就答不出來呢？趕快再排小參，結果從上午到下午三點，都還輪不到。這時心裡有些慌，心想如果 蕭老師又提出問題，我又答不出來，再排小參又得大半天，如此一來一往，四天不就結束了？還無法被印證，怎麼辦？不過沒多久，心念一轉：即使如此，此次禪三若能藉由 蕭老師的問題，而思惟整理得更清楚、更深入，那也是有收穫，不必擔心此次能否被印證。這樣想過後，心就能安住等待小參。

第三日下午，第二次小參，見到 蕭老師時已不像第一次那麼緊張了，反而覺得很親切。 蕭老師一連串的問題，問得我啞口無言；但是 蕭老師慈悲，總是給我提示，就這樣，我結結巴巴的回答。這時的我，就像 張老師所說的：「初悟的人被人一問，常張口結舌的說不出話來。」最後 蕭老師交代我去體驗喝水，但是得先到 佛前禮拜，感謝 佛恩。此時淚水已忍不住在眼眶中打轉，我並非喜極而泣，而是慚愧與感恩。此生活到四十多歲，才找到眞正的「我」，在此之前一直爲無明所障，一直貪著於五陰，淪轉生死不已。 佛說了那麼多的法，直到現在，我才體驗到當中的眞實義理。若非佛菩薩暗中助我，及老師的教導，我怎能由三年前在佛法上是一張白紙，而三年後卻能順利破參呢？

回到坐位喝水前，先將 蕭老師的問題整理一遍（因為不能做筆記，深怕以後會忘記），這才發覺這些問題環環相扣，能讓我理路通達。先是確定如來藏□□□□□；入胎後，如來藏（阿賴耶識）攝取四大，先生五根而與意根具足六根，再出生內相分的六塵，再輾轉出生六識，如此十八界具足，再衍生萬法，所以萬法皆由如來藏（阿賴耶識）所生。又開示非有另一眞如出生如來藏（非有另一眞如出生阿賴耶識），因爲（假使眞的有另一眞如可以出生阿賴耶識的話）如此一來，

（真如也應該是能生萬法的心，則入胎後的真如也將會和阿賴耶識一樣的製造另一個色身，將來就會有兩個人出生了，真如心及阿賴耶識就都會成為各有兩個了），即成爲有增減，有生滅，這是矛盾的，由此更確定如來藏阿賴耶識爲萬法的根源。而如來藏阿賴耶識因爲是眞心，非妄心，所以對外六塵離見聞覺知，但卻又能了知□□□□，而□□□□。最後 蕭老師還不忘叮嚀我，要懂得善守密意，不可爲人明說而虧損如來。蕭老師眞是面面俱到，至誠感謝 蕭老師鉅細靡遺的開示與指導。

簡單的喝水□□，卻隱含著深妙的法。先是體驗□□，由□□□、□、□、……等，皆有作用，原來一個簡單□□□，幾乎□□□□□，而妄心卻不斷在了知、分別、作決定。眞妄配合時，就好像妄心是個□□□□□□□□，而眞心是□□□□、從不分辨、從不抱怨□□□，眞是「無所住」。但是這個□□的□□，才是眞正的主人，才是眞心，妄心執持眞心□□□□。蕭老針對喝水的法，所做的開示，又讓我領悟得更深細。也可由□□□□中，觀察哪些是□□，哪些是□□□而來，以後有機會，眞得好好觀察□□□□□。

第四日下午，蕭老師要我們體驗：□□與□□□□時，眞、妄心運作的情形。□□□□□，輕鬆自在，也是□□□□□大都有運作，而眼識、意識分別方向、方位。但是一□□，馬上□□□□□，聽覺、觸覺變得很敏銳，□□□□□就覺得累。蕭老師在開示時，重點在於讓我們體驗：見的當下就已了別完成。聞亦相同，故不能說「一念不生時的覺知心爲眞心」，因爲雖然一念不生，但仍然有見聞覺知，仍然有了別、分別，此仍是妄心。四天三夜的禪三就此結束，帶著感恩與豐收的心情回家。見道後的功德受用，可以三個事實來說明：

一、感覺自己的般若智慧，突然往上跳了一階。禪宗公案看得懂了（明心的公案），再讀《心經》及《心經密意》時，懂得更深一層的義理，原來《心經》、《金剛經》中都已開示得如此貼切，若非破參，是不會懂的。但是也發覺往後的差別智、道種智，要學的還太多、太多，不由得發起精進心，今後定要比破參前更用功才行。

二、能對眾生自然生起平等心。破參後，有一日看見一隻螞蟻被水滴困住，當看到牠掙扎的樣子，我突然想到：牠與我皆有個一樣體性的如來藏，不由得對牠生起平等心，而將水吸乾，助牠脫困。對畜生尚且能如此看待，何況對人更是容易生起平等心。

三、不畏懼死亡。破參前，每天於 佛前發願「願窮未來際，盡自己的能力護持正法，即使犧牲身命，在所不惜」時，心裡總覺得虛虛的，眞的捨得犧牲身命嗎？破參後，仔細思惟色身、五蘊、十八界乃因緣和合而成，皆由如來藏所生，皆是虛妄的。沒有了這一期身命，仍有如來藏能生下一期身命，而此生所修所學的善法，也不會滅失，有何好畏懼的呢？至於眷屬、子女，他們也各有如來藏，依其業種過這一期生命，有何好擔憂？好捨不得？因此，即使現在就要捨報，也無所畏懼。只是若非壽命已盡，或爲護正法必須捨命，我可不願意現在就死，因爲才剛破參，才剛要入門修學，怎能輕言放棄生命呢？（還是得要依照菩薩戒來愛惜有用之身，除非是為護法，不可故入難處而輕言捨命。）

反觀自己能於三年就順利的悟得本心，內心至誠的感恩佛菩薩冥冥中的護佑，使我得以依止眞正的大善知識。至誠的感恩 蕭老師施設無相念佛的法門，使我們能進而看話頭、參話頭，而證得生命實相根本——如來藏阿賴耶識，法身慧命得以豁然全現，能眞正進入菩薩道的修行。更至誠的感恩 張老師的傾囊相授，苦口婆心、諄諄教誨， 張老師的一言一行都將成爲我修行上的好榜樣。也至誠的感恩義工菩薩們，不辭辛勞的護持著我們，使我能在安穩、舒適的環境中，專心的求道。這兩年半來，在正覺講堂的點點滴滴，內心的感激非語言能表達於萬一。蕭老師曾開示：「悟後要能轉依如來藏（的無私無我性），如此才是眞悟。如果不能轉依，知道答案了，也仍然不是證悟。」我定會時時記得這句話，身體力行，也要比破參前更努力精進，跟著 老師一步步的學習，願能早日具足能力，協助弘傳了義正法，幫助有緣眾生同證菩提，以報答 佛恩 師恩。

南無本師 釋迦牟尼佛
南無本師 釋迦牟尼佛
南無本師 釋迦牟尼佛

學生 施瑞雯 頂禮
公元二〇〇四年四月十三日

《我的菩提路》第二十四篇：

見道報告

——蔡華容——

至誠頂禮法身慧命父母蕭導師。導師知遇教授之恩無以回報，唯有推心置腹，將一生行履忠實稟報，粗言野語，葛藤甚多，要浪費導師較多眼神……。卑微的弟子，出生於民風淳樸的台南縣烏山頭，祖父務農兼教漢學。最遙遠的記憶是三歲時過年，來到赤山巖拜拜，指著出家比丘尼，跟母親說：「我長大要當『香菇』。」大概直覺到有修有證的人磁場與常人不同。不久朝夕相伴的妹妹出痲疹，併發肺炎死去，連續三晚夢其遊走枕畔，直呼「我好寂寞，姊姊來陪我玩。」彼時尚不知死亡爲何物，但已然對生命有無力感。後因祖父續絃，繼祖母趕我們出家門，無一磚一筷給身爲長子的父親，父親憤而隻身遠離家鄉，到都市奮鬥；母親在鄉下打工過度，罹患肝炎，我遂像個小乞丐，每天跟著一、二個窮無立椎之地的同村大孩子，上山下田撿拾村民收成時掉落或遺棄的地瓜、稻穗等；有一次，一個大戶人家的年輕媳婦，竟給我滿滿的一杓子稻穀，那雙充滿同情的眼睛，以及我驚喜感恩的心情，至今不曾忘。母親常說我小時候，見到眞正的乞丐，會把身上所有財物掏給他；大概是想起了那雙眼睛吧！

我常去林尾一對老乞丐夫婦住的茅棚，他們的謙卑慈愛，使我寧願他倆是我的祖父母；乞丐祖父死時，我第一次深覺死的可怕而大哭。此後孤獨的我，常想及生前死後的問題。記得有幾次午歇時間，靜極了，我獨自一人在空盪盪的大廳長椅上貼涼，竟然進入光明一片、物我兩忘的虛靈不昧之境。

當年唯一的消遣，是聽叔、伯的收音機唱歌講古、演歌仔戲；記得最深刻的是：每聽到一個悲劇故事，一定要把它改成喜劇結尾，才能安心睡下。那時有個八十多歲、瞎眼的曾祖母，堂、表弟姊妹都會捉弄她，只有我常替她搥背照料，她常說死後要保佑我會讀書；果然還眞靈感，從小讀書都是名列前矛，小一就開始當班長；但因爲是害羞內歛、缺乏自信的乖寶寶，永遠都有懼師症與上台恐懼症。

小二時，父親奮鬥有成，把我們母女接到都市，我就開始好命；父親是個時髦人物，我得以穿訂做的衣服、皮鞋，坐著父親的轎車出遊、學琴、聽〈電塔〉牌唱片；依稀記得小四時聽貝多芬的命運交響曲，感動得涕泗縱橫；但最感興趣的是閱讀課外書，將書上所學，應用在日常生活中；記得小三時，有次自習課，教室外不知發生何事，所有同學都跑去探看，只有我爲了訓練定力，留在座位中用功。小五時就假裝大人，投稿國語日報家庭版，大談子女教育的問題（因那時對母親的嘮叨管教方式頗反感），每被登出，五十元稿費又可到台中中央書局買個五、六本書。那時有幾家出版禪籍都數得出來，所以最後無適齡的書可讀時，就連哲學書也買來看，於是讀了很多當代兩大哲學主流，存在主義及邏輯經驗論等大家的著作；最受尼采的超越論影響，尼采秉承日耳曼民族優生思想，欲求成就超人，我卻骨子裡想超越人天生死呢！所謂「隔離的智慧」、「強者的寂寞」，奉行不渝。尤其心儀羅素，收集志文出版社他的全集，最嚮往他在劍橋大學之一學院，那種天縱之資，邃古今之學的超逸豪情（此爲何以今日有幸親聆蕭導師法音，言言顯示不二之門，每每感激涕零，深感比之羅素，尤有幸之！）雖無凌鑠千古之志，頗有「立言」之思。

初級中學二年級，曾以「性靈」爲名的短篇小說，獲全國文藝創作比賽第二名，一直好奇於「心、靈、我」之本質；記得初三已確定能保送直升台中女中的高中部以後，猛讀心理學有關人格分析的著作；有次下課騎車回家，竟一直覺得有另一個我存在。到了高中，漸漸覺得很多哲學是「但有言說，都無實義」，俱是文字遊戲，並無法解答生命的實相；復深感文字慧業若立言有差，是要斷人慧命的，故而從此不再舞文弄墨，志願也不再是當文、哲學家，而是發願以一生歲月學習到多生的智慧及靈性的進步，矢志追求眞善美。但近代兩大哲學思潮的共通主張：「WHAT IS WHAT」——是什麼就是什麼，也就是經驗的、實證的態度，卻成了日後追求宗教信仰的信條。

大學時開始了尋訪宗教的「流浪者之歌」，先是天主教及基督教——因爲醉心其宗教形式之美，雖然聽經時也都聖靈充滿，故而禁不起遊說，受洗了！但每每追究到第一因，就無功而返，更別提發眞歸元，證得心上本來。某晚夢見一菩薩諄諄相告，醒來即走訪各廟宇尋神去；後在中和噴噶精舍見紅觀音本尊，頗似夢中菩薩，喜極而泣，即歸依噴噶老人修紅觀音法。一開始修，骨頭劈劈啪啪響，常夢到牙齒俱斷，一直吐出、卻吐不完。但修習不深，復因年輕，又缺乏膽識發問，始終未審密宗有無雙修法。後承中央大學佛學社指導教授林崇安，又帶我歸依藏密紅教劉銳之上師；雖與林教授頗相知相惜，然因紅教無觀音法，大威德金剛與本人根基較不相契，爲了法之契合而捨人之歸屬。而今他已成為紅教阿闍黎，卻是不如法之西藏密教，寧非命也？業也？還好，當初作了忠於自己的抉擇。

後因色身不佳，不耐久坐修法，又覺密宗觀想儀軌太繁複，未免著相；便又訪求道家標榜打通任督二脈，著有築基參證之許進忠老師，修習北宗清淨派仙學；也曾修至斬赤龍，小有預知能力。未幾許師閉關，父母以我人事未盡，阻止我續修仙道，赤龍斬而復來。後巧遇一美國瑜珈行者，乃印度大瑜珈師巴巴的嫡傳弟子，隨其修學瑜珈八步功法，才剛認眞作基本體位法二、三週，即不再感冒，體力大增；又感應到巴巴來打通我的梵穴輪，指示修他的法，故遠赴印度親隨其修學；此後有十餘年，在台北幫忙成立瑜珈屋，照顧各國出家行者，也作些諸如救濟伊索比亞饑荒等社會服務，直至上師入滅。雖說內功、外功並進，卻因皆由禪定入手，故雖標榜解脫道，實則只是隨緣消舊業而已。

大學畢業，原本準備留學德國，某一次寫家書時將紅觀音心咒，書於信紙後，心想能保家宅人畜平安；沒想到家裡下一封信卻是大妹的求救函，謂父親遭合夥小人陷害，宣告破產。業障深重或有如此，或許也因小時曾發那樣的怪願，故此生註定大起大落，橫逆不斷。我大學時勤教鋼琴，當時即以一介學生而號稱月入萬元，比之當時名爲金飯碗的銀行經理，毫不遜色；但到處布施的結果，家變發生時，也無積蓄可償父債。父親一夕之間鬚髮全白，日日借酒消愁，……。弟妹都還在唸國中、高中，親友看你倒了，連五千元都不肯相借，深切見識到世態炎涼、人情如紙。我跪求父母……，發願五年內一定重新買房子給親友看。從此由只會彈琴作夢的溫室花朵，積極學習運籌帷幄、招生買馬，每天授琴十三小時，與債權人、銀行經理協談，處理公、私善後，還開樂器行、書店，馬不停蹄爲稻粱謀。

五年後，眞的打折還完父債，還以自備款買了第一棟房子給父母住。之後爲了增進歷練，也爲做給親友看，還先後買了八戶房子；母親說我買房子比買衣服還快，她不瞭解這只是我體驗戲夢人生的方式之一。之後賣了房子，又學做期貨、股票及各種投資，是學了不少世間智，錢也賠掉了；只爲訓練八風吹不動的定力，曾一邊靜坐、一邊聽到四百萬元一夕之間煙飛消失，那才眞叫作「雲流水散去，寂然天地空」，深深覺得錢財眞的是身外物！什麼是我最恐懼的，我更要去分析、面對、戰勝；什麼是我最不能抗拒的，也要動員所學所思去克服它。就這樣，我一頭栽進擾攘紅塵，身心全滾進去體驗名利財食色，行人所不能行，忍人所不能忍；既無清修之福報，只能無奈告訴自己：入世修行是最困難，亦是最迅捷的，不是說「煩惱暗宅中，常須生慧日」、「高高山頂立，深深海底行」嗎？若能緣來則應、緣去則無，修行隨順世緣、無牽無掛的境界般若，訓練自己背塵合覺，不也是事修極重要的一環？

然世法於我，終如水月空花，我並未「貪看眼前景，失卻掌中珠」，每一磨難，都更堅定我回歸修行的主軸；此外也兼研氣功、超心理學及靈學，早晚不忘靜坐，以此調理色身（……）。但不見本性，修法無益，每一進步功用，皆有境界，每一境界也都知道，能「不作聖解」，但於那個知道的，卻作不了主。既不想終生在教下行門闖盪，盡做些摘枝尋葉末事，故而開始自參自學起所謂「一超直入如來地」的禪；見山是山，或是見山不是山，或偏空、或著有，自把各種心路歷程換作淺吟低唱！某日正自參究，突聞房子散發能量一巨響；當時若有所悟，如靈光片羽，孤光偶露（現在看來，連公共汽車的樣貌都沒見著，究是以那刹那的靈明無念，或是另一返觀之心，或是向上一路爲所悟，都搞不清呢！但古德不也很多類似這樣自稱是開悟了！）但已夠我雀躍踴躍；以前四處訪求各道場，如今已能直覺各家名師可能連此經歷都尚未曾有。至於如何續走下去，只有至誠懇求觀世音菩薩：「此生不論如何沈淪，請護佑我一定能找到眞正明師，修學正法，究竟解脫道與菩提道。」

二千年農曆過年，到佛教淨業林閉關，發心照顧了數位寓居該寺修行的老弱菩薩，方有機緣得閱《無相念佛》；原來此書一直在我書架上，不知何時、由何處得來，只因太薄了，書也太多了，始終未被我翻閱到。何以一口氣讀完即如實知道此爲我夢寐以求的法？這要回溯到生大女兒時，因胎位不正，要剖腹生產，由點滴注入麻醉劑，醫生要我握拳數到十；說我因長期靜坐吃素，身心較爲敏感，只數到三，拳頭即放開、不醒人事，醫生也不敢續打更多麻醉劑即開始動手術；那時用的是K他命，很多產婦都與我一樣產生可怕的幻覺，好似一直被撕裂，朝無底深淵不斷下墮，陷此可怕幻境中；我拼命想憶起一個「佛」字（因爲曾有多次惡夢中憶念觀音名號而使惡夢迅即消失），但卻始終想不起來，最後卻是巨痛痛醒，終結這可怕夢魘的。因麻醉藥下得太少，手術未完成即痛醒，當時頭上罩著氧氣罩，意識仍未完全恢復，只在心裡直吶喊：「有誰來幫幫我再打些麻醉藥！」但無人知道；最後只好一心求助觀世音菩薩，不久眼前出現極璀璨光圈照著我，遂又沈沈地睡去，醒來已手術完成。此事讓我深深讚同導師說的：定力、神通皆敵不過一劑麻醉藥。身處悶絕等五位時，誰能作主？何況無相憶佛在二六時中，六根門頭動靜皆能修，多麼方便迅捷！（曾病重衰弱至連默唸佛號、經咒都覺吃力；也深感出了定即無佛的悲哀，更知此法之深妙！）

來講堂共修時，正是我人生最黯淡之際，健康、婚姻、事業、投資、女兒身體（次女患有紅斑性狼瘡，偶會發病），皆盪到谷底，卻正好修行；屢蒙張老師鼓勵勸勉，更獲得導師多所加持；二○○一年新春團拜法會時當義工，被供佛花瓶的甘霖淋個滿身，導師笑盈盈看著我；雖因駑鈍，未因此破參，卻從此諸事漸順，平日看著唸誦都覺拗口的大悲咒，竟在一、二天內背起來，每天都得背幾十遍才過癮，並以此迴向以代財施；嚴重的更年期障礙，只要來講堂即症狀全消；所教的鋼琴班學生也快速增加，得以分期償還投資失利的債務。某次聽導師講《大乘起信論》以後，正爲無多餘財力爲講堂多所盡心而垂淚，忽聞導師言及公案拈提第五集諸多偈頌，會作曲的人不妨譜成樂曲，亦是美事一樁。一下課，張老師即找到我說：「這下子，終於有一件事是你可以做的了！」眞好個神而明之的導師！

也曾三番兩次夢見與導師親切長談，有一次導師還示現爲棕眼隆鼻、面色微黑的印度人，但我就是知道「他是蕭導師」。後來禪三時，導師自述當年朝禮聖地時，在車上入定，曾看見在印度出家修行的二世，方知原委。還有一次，適逢《狂密與眞密》第一輯出版，藏密薩迦派法王恰來台開灌頂大會；本來諸多「法王」來去台灣，我不一定知道，知道了也不覺怎樣，但這次卻有極強的意願，使我發起捐贈《狂密與眞密》千冊至灌頂會場發書。後閱導師某部書，方知師曾爲藏密覺囊派法王，許多弟子被薩迦、達瑪所殺害，我們此次算是報了個小小的「田螺冤」。二〇〇一年中元超度法會舉辦三時繫念，導師親自主持，曾深切感應到幼年夭折的大妹，情依不捨、難以自禁的在導師勸喚亡靈時痛哭流涕，之後卻覺平和欣慰無比，確知亡妹已被導師超渡往生西方極樂世界。

個人原是喜靜不喜動，但學了無相念佛拜佛，漸漸發現它具有瑜珈運動體位法對色身的功效，亦能將靜坐定力融入，愈拜愈輕虛靈妙，氣機漾然，內不守空，外不住有，即空即有。但我更著重訓練自己二六時中憶佛之念能穿聲透色，每天檢視自己，是否睡前最後一念、醒來第一或第二念均能憶佛。看話頭階段，我自己施設每教學生換彈一首曲子，即提一次話頭，以求淨念相續。日用中力求克服自己的弱點，掌握自己的心念，所謂山不轉、人轉，能轉心念即能轉業力爲願力（……後聽導師講《楞嚴經》的「融通妄想」，再與所悟眞如比對，方知一、二。此事須大大參究！）開始參話頭時，常坐錯車，過站忘了下車，丟三忘四的，有次過馬路還被機車撞倒；那次薩迦派的法會去發書，是跛著腳忍著痛，從八點站至晚上九點。參究時走在路上常覺景物像電影突然停格一樣，動相不存、超越時空，一切呈現生氣勃發、物我兩忘的靜相。有一次看著門板，突然看見上面全是話頭，接著耳朵也「看見」話頭。常隱約覺得有另一個我…。

平常因無太多時間看書，禪三前就拼命把導師的書劃重點、死記一大堆，卻忽略了五蘊十八界的現行，對八識的功能界限也未領納清楚，加上往昔錯誤的認知包袱未能丟掉，首次禪三直像個腦袋塞住的白痴。導師第一晚即以眼鏡框拂我臉，已明示於我，也若有所悟、淚流滿面，但次日小參卻發現方向都不對；第二晚拜佛有所觸到，也不敢承擔，還向菩薩埋怨：電光石火，無法觀照。要直到第三天清晨四時，佛前懺悔發願，再拜佛時終於眞如排山倒海湧現，全身上下眼耳鼻都是，我心裡直吶喊：「通身都是，全體都是。」湧現出「應無所住而生其心」之句，深切感知其眞實義理，淚如泉湧，好像找到曠劫以來相知相交的摯友至親般欣慰親切，忍不住淚眼向導師跪拜（每次有所觸證，都是導師出現在大殿時），但饒是如此，到了小參室，仍因得失心太重、太緊張，以及不會整理、將所觸證與所學正確知見融會貫通，以至回答了葛藤一堆，「雖有見道，不能稱之爲開悟」。

眞正親眼見到眞如□□□，是在張老師鼓勵報上的第二次禪三，首次小參，尙被導師指正：莫死在「眞如是□□□□」句下。痛哭懺悔、求觀世音菩薩後，方才心識路絕，根塵迥脫，眞正見得眞確、悟得明白，能將色蘊、行蘊、身識、意識、意根、阿賴耶識理清。而此其時也，正當洶湧澎湃、「記取腳下、何期自性本自俱足」諸句湧現其眞實義理時，也動念耽心了一下：已然夜深，要到哪裡找監香老師報告及小參（那時還不知道導師尙在小參室裡趕工增產七住菩薩呢！）耳畔忽聞彈指聲，不能置信與抬起淚眼，竟是孫老師來叫我去主三和尙的小參室！導師呀！導師！您眞是神目如電，追尋終生倖能得遇，此生雖倍受磨難、多乖孤獨，亦了無遺憾！

喝無生茶時，導師要我們體會眞妄心各作了何事，合作了何事；我自覺體驗夠了，開始想：「茶進了肚子後，……」之後團體小參時挨師訶斥：「我看你都沒在體驗，都在用想的。」導師都知道哦！（還好，導師稍後剖析的，與我所想的相同，稍心安慰。）

禪三回來至今，幾乎每天都只睡四小時左右即自然醒來，再睡不著；但有幾日連續教琴十二小時，教完竟覺身心充盈、毫不疲累；一天事，彷彿夢幻一場，像什麼事也沒做一樣。吃飯走路均能知其然，亦知其所以然，篤定安心；起心動念較有把握，心波平靜，待人詳和；日用之間，不離聲色、不即聲色；靜坐亦較能不執定境而住定；再讀《金剛經、維摩詰經、六祖壇經》，這些文字般若彷佛在在活生生印證所悟的實相般若；眞正知道何謂「不異舊時人，只異舊時行履處。」

導師在結三時叮嚀：悟後可將憶佛之念放在覺知心中，遵師囑，照做之後，從此「住他境界萬千，只覺胸懷一片」，那眞是起心動念都是佛，即身即佛、即心即佛。只是世事繁忙，較不易每日抽空兩小時到戶外將話頭看出去，只能隨時隨緣訓練內攝外緣的均等，但求「治生產業，不礙圓宗之旨。」目前講堂正值多事之秋，誠如張老師所說的，除了她之外，幾乎每位會裡的親教師、明心的同修，皆會接到那些人企圖轉走他們的電話；我在張老師班上作見道報告時，曾說：「我只認定一點：是佛菩薩帶我來到正覺講堂的，一切就錯不了；凡人見不到的，觀世音菩薩有五眼六通，還不知道誰是誰非嗎？如果那些離開的『大德』證量眞高過蕭導師，俗謂『一日爲師、終身爲父』，於人倫事理上，也該來回度導師，而非不告而別、挖人牆腳；人未做好，焉能成佛？由小知大，不言可喻！」

常提醒自己看著螞蟻：汲汲營營，不知天地之大；二度空間就是牠的全部宇宙。自己在佛菩薩看來，亦如螞蟻，如此卑微渺小，只因了菩薩之大悲大願，助我證悟如來藏，深祈能生生世世追隨導師，熏習正法、摧邪顯正，廣學差別智，斷兩障、過三關，效法蕭導師成佛時願號爲「釋迦牟尼佛」，弟子發願成道時亦要名號爲「觀世音菩薩」，效法菩薩尋聲救苦，聞聲示現，倒駕慈航，逆度有情。

阿彌陀佛！

弟子 **蔡華容** 謹述

二〇〇三年五月十三日

第三三一則　石霜犬吠

潭州石霜大善和尚　僧問：「如何是佛法大意？」師云：「春日雞鳴。」僧云：「學人不會。」師云：「中秋犬吠。」

師上堂云：「大眾！出來！出來！老漢有個法要，百年後不累爾。」眾云：「便請和尚說。」師云：「不消一堆火。」

印順法師云：《如來的世俗解說，釋尊時代已經是神我別名，所以在佛法流行中，如來而被作為神我型態去解說，是非常可能的。如來界、如來藏與如來有關，而**如來與神我有關**，所以討論**有神我色彩的如來藏說**，應注意佛教界對於「我」的意見！釋尊的一代教法，以緣起、無我為宗要，雖然在某些大乘經中，「無我」已被巧妙的譬喻而判為方便說了！如尊重史實，那麼釋尊的無我說，正是針對當時印度教的「我」，否定神我而樹立源本於正覺的正法。》（摘自印順法師著《如來藏之研究》頁41）

平實云：印順法師被尊稱為台灣佛教界之導師，身為大乘比丘、自命為大乘法之修證者，而崇尚聲聞小法，以聲聞法之緣起性空解釋般若，緣因早年受彼密宗應成派中觀邪見，故入歧途。彼云：「抗戰開始，我遊西川，接觸到西藏傳的空宗。那時我對於佛法的理解，發生重大的變革，不再以玄談為滿足，而從初期聖典中領略到佛法的精神。由於這一番思想的改變，對於空宗也得到一番新的體認，加深了我**對於空宗的讚仰**。」（詳見印順法師著《中觀今論》自序）

然而印順法師不解真正之空宗，亦不解真正之「有」宗，更不解大乘諸經所說空性之異於二乘空；觀其眾多著作，余今故作是言。於其誤導佛子之處，余以拙著《真實如來藏》中所說正理加以辨正反駁，然未指名道姓，是故佛子多有不知者。拙著《真實如來藏》出版後，於一九九八年三月二十四日，以掛號郵件六二五七一號寄交法光月刊共計四本，其中一本指名轉交印順法師，冀彼閱已，修正邪見；於今二年有奇（編案：此一拈提摘自《宗門血脈》書中，已於二千年七月出版），未見其有修正之語文，反而放任徒眾繼續否定如來藏。

印順法師依密宗所認同之天竺佛教末期智光論師邪見，不依中國玄奘法師正見；認為**大乘第三轉法輪諸經乃外道神我思想**，故否定如來藏思想。然而密宗錯解佛法極為嚴重（編案：詳見《狂密與眞密》四輯書中一一舉例辨正）；智光論師誤判諸謬，余亦已於《楞伽經詳解》第二輯中重判剖析（編案：亦已於《宗通與說通》書中細判），讀者逕行購閱，即知古來諸方對於空宗、有宗判教之邪謬，茲不重述。

而如來藏非是思想，實有可證故。拙著《真實如來藏》已反覆證明其實有，非但印順法師所不能推翻，一切人天亦不能推翻。印順法師自謂已「從初期聖典中領略到佛法的精神，由於這一番思想的改變，對於空宗也得到一番新的體認，**加深了我對於空宗的信仰**（編案：由此一語證明印順不承認自己是空宗信仰者的話，是不如實之語）」；然究其實，印老並未真正領略到初期聖典阿含諸經之真正精義，何以故？一味主張離於本際之涅槃寂滅故，一味主張無有涅槃本際之緣起性空及無常空故，佛說涅槃有不生不滅之本際故，佛說羅漢涅槃非是死已斷滅故；而今印順法師主張不生滅之如來即是外道神我故，然佛所開示之如來或如來藏迥異外道神我故。而今印老主張「如來的世俗解說，釋尊時代已經是神我別名」，卻不知自身對於如來之理解，正同「世俗的解說」，謂印老所知之如來藏（對六塵）有知、有覺故，然佛說如來藏第八識（對六塵）離見聞覺知故。

復次，緣起性空之理若離涅槃本際——第八識如來藏——則行支緣無明支為因而起，無明支復應別有所緣之支，所緣支復應更有所緣支；是，則應十二因緣推之無盡，無人能究盡其理，無人能成辟支佛果；非，則應無明支乃由種子識（如來藏）

所藏無明隨眠種子之現行而有；不應無明由虛空中無因自現而生有情，否則即成虛空外道。乃竟台灣佛教導師之印順法師，竟受密宗應成派中觀邪見蠱惑，隨彼邪見而否定如來藏，誣佛所說如來藏「思想」同於外道神我之說，豈真無明由虛空無因忽生耶？

果如是，則印老不必持戒出家，汝修行成佛已，復將再由虛空無因忽生無明，再度淪為凡夫，持戒出家修之何用？必因人人各有種子識，修行淨除自己種子識中二障隨眠已，種子已經純淨，不復再現無明種子，故成佛已，永不再墮凡夫生死，斯名正說。若依印老否定持種識（第八識如來藏）之邪見，則一切人學佛、供養法師、孝順父母，乃至殺人越貨、燒損擄掠，悉無正報，無因無果，一切無明種子非可經由修行熏習淨化故，一切無明種子悉將再由虛空無因忽然現行故，虛空不受熏習淨化故，虛空無法，非是心故。若無第八識如來藏持種，尚有極多大過，余於《真實如來藏》書中已有略述，而印老不能置辯，故知其謬也大。是故印老不應於否定第八識持種識如來藏之後，單說諸法緣起性空，否則必同應成派中觀之具足斷、常二邊邪見，焉得名為佛法？

印老所言「在某些大乘經中，『無我』已被巧妙的譬喻而判為方便說了！」如是之言可證印老完全不解大乘法義，未見大乘見道功德；此謂二轉法輪、三轉法輪大乘諸經，在在處處說人無我、說法無我（不曾將無我法判作方便說，並以如來藏來支持二乘無我法不墮斷滅境界中），不唯深妙正真，非二乘無學所知，更建立二乘無我法於不敗之地，令一切人天所不能壞，唯能信受而修學之。大乘諸經固說第八識如來藏是法界實相，然如來藏自性清淨，離見聞覺知，永不作主、不作主宰，不自知我，云何印老誣同外道神我？外道神我有覺有知、常作主故。

印老之有此過者，咎在不解佛說如來藏體性之意旨，復未能證實而體驗之，便誣：**如來藏同於外道神我**。殊不知如來藏一法亙古已在，其清淨無我性永不改易，一切外道欲修證之而不可得，俱認意識覺知性為常不壞心，故名常見外道，佛於二乘諸經已廣破之，云何印老說如來藏同於外道神我？而此如來藏法，古今禪宗祖師證悟之者極多，余諸同修共我修學，今亦已有百餘人親證而能隨時體驗之（編案：此是公元二千年事，非謂此書出版之時），悉符一、二、三轉法輪諸經，無有絲毫差異，云何印老否定三乘諸經根本之如來藏法？

復次，大乘諸經從來不曾否定二乘無我法，故非如印老所說「無我已被巧妙的譬喻而判為方便說了」，反以涅槃本際之無我如來藏，建立二乘無我教立於不敗之地，何嘗否定之？然而二乘無我與大乘無我有異有同，印老不知，故作誣蔑大乘之說。所以者何？同者俱謂蘊處界無我、無我所，因緣所生、無常變異，終歸於壞，故名無我；如是無我，三乘所共，宗旨無二。異者謂大乘菩薩所證前述無我，乃由親證法界實相涅槃本際之如來藏心，並體驗其無我性後，名為證得無我，是名菩薩所證人無我；由此法界實相如來藏心之無我性，復觀蘊處界無我、觀蘊處界衍生之百法無我、無我所，觀衍生之千法、萬億法無我、我所，名為菩薩證得法無我；其中唯有小部份同於二乘無學所證無我，其餘悉皆不共二乘，辟支、羅漢知有第八識而不能證故，故說二乘涅槃名為方便。然因眾生未悟之前，猶如印老聞之不解，故須廣設譬喻而演示之；然諸大乘經教僅說二乘無我教是方便教，不證中道實相故，實情如是故，未嘗將無我判為方便說也，「二乘無我」非即「真實無我」故；是故印老此語實有大過，誤導佛子錯將大乘究竟無我法認作外道神我法，而不能知三乘無我法俱依無我如來藏而顯故。

由是故說印老至今仍然墮於玄談中，三乘見道俱無，不入義學；何以故？聲聞初果見道之後，聞佛說有涅槃本際，即知不墮斷滅見故；印老否定無我性之如來藏已，必墮無因有緣之緣起性空斷滅論故，佛說此名兔無角法戲論之外道無因論也（詳見拙著《楞伽經詳解》第二、三輯論述），以此緣故導致印老誤解大乘般若，將二乘法所說陰界入空之緣起性空法來解釋般若，渾然不知般若所述乃是真如佛性之中道性智，猶自著書否定真如——如來藏，其過大矣！

佛子欲離印順老法師之過咎者，當信人人皆具無我性之如來藏第八識，信已方能死心蹋地參禪；若不信自己亦具此心，則必不能持之以恆、戮力參究，焉有悟緣？然而真悟菩薩乘願再生此世界者極為稀有，大多畏懼隔陰之迷所障，故多求生諸佛淨土，少有再來者；是故此時邪師說法如恆河沙，難得一位、二位真實證悟之人；善知識難遇，其故在此。於此奉勸佛子：當依大乘經律論宗旨、檢校一切善知識著作及其言說，莫迷於出家、在家表相，莫迷於道場弘偉、生徒眾多等表相；凡有所說，必須完全契合 佛說諸經意旨，若墮邊見，悉不應受；今觀印順法師諸多著作，悉是情解思惟研究所得，非有證量，未證實相本際故，否定涅槃本際故，不離外道斷常邊見故，斫喪三乘佛法之根本故，一切佛子不應信受。

然而禪宗祖師證悟之涅槃實相妙心——無我性如來藏——究應如何契證？不可無所著墨，便舉石霜犬吠公案以示佛子：有僧參禮潭州石霜大善和尚，問云：「如何是佛法大意？」普天下阿師悉有此疑，只是不敢來問平實，攸關顏面故；今幸此僧代問了，且拉長了耳朵，聽那石霜和尚怎地答他：「春日雞鳴。」禪師家、渾如此；學人為法出家，首要之事即是見道明心，今問佛法大意——有情皆有之自性如來，云何禪師答語盡是鄙俗世間事？豈不疑怪？

這僧亦如印老一般不會，卻是老實答個不會，未敢故作聰明道無如來藏，亦未敢誣稱「如來與神我有關」，石霜和尚看他老實，便再指示云：「中秋犬吠。」無奈這僧因緣不具，沒了下文。

只如石霜和尚道春日雞鳴，卻與佛法大意有何相干？僧云不會，石霜卻道中秋犬吠；春日雞鳴與中秋犬吠又有什麼相干？值得相提並舉？道是佛法大意？天下阿師欲求大乘見道、親證大乘人無我，急須於此著眼。若得契會，便見涅槃實相妙心，便能漸漸貫通三乘法道——親證如來藏之無我空性、親證二乘蘊處界之緣起性空；從此三乘無礙，不受諸方大師所瞞。若會不得，盡是依草附木精靈、無主遊魂。

若有阿師不會，下問平實，平實卻效公雞振翅高鳴，問：「汝會麼？」若猶不會，平實復學犬吠：嗥！嗥！　聽明阿師急著眼聽！

平實如是，已然郎當不少，破費不貲，可中若有伶俐阿師一眼覷著，卻須還我一曲「明珠吟」來！

大眾如果盡皆不會，且撿個法會團聚日子來，平實便上座向大家道：「大眾盡皆過來！過來！在下爲汝等說佛法大意。」大眾附近已，平實便令一人上座，自己卻下座告眾：「不消一堆火！」

（錄自公案拈提第四輯《宗門血脈》）

註一：印順認爲 佛示現在人間之前，外道即已主張有常住不壞的如來，所以大乘經典所說的如來常住是外道思想，是外道法，不是眞的佛法，是與外道思想合流。若印順此一推論之邏輯是正確的，則 佛降生人間之前、之後的許多外道也宣稱已證涅槃、已得阿羅漢果，這在四大部阿含諸經中曾有多處明文記載，依印順的見解，則佛門中的所有阿羅漢與涅槃的法義，也應該是與外道合流而同樣是外道法了。事實是否如此？他的道理可以說得通嗎？印順派的法師與居士們，對他的錯誤邏輯與推論，應該對佛教界有所說明，以釋群疑。

註二：自二〇〇七年起，凡購閱公案拈提系列書籍者，每一冊皆附贈一片CD。此CD名爲〈超意境〉，是以各輯公案拈提中的偈頌爲詞，並以優美的旋律錄製而成，可供參禪者聆聽欣賞及參究之用，內附彩色精印之說明小冊，聆聽時若能同時參閱小冊之說明，極易引生疑情，有助於破參證悟。本CD及附贈小冊，售價新台幣280元。

佛菩提二主要道次第概要表——二道並修，以外無別佛法

佛菩提道——大菩提道

遠波羅蜜多

資糧位

十信位修集信心——一劫乃至一萬劫

初住位修集布施功德（以財施爲主）。

二住位修集持戒功德。

三住位修集忍辱功德。

四住位修集精進功德。

五住位修集禪定功德。

六住位修集般若功德（熏習般若中觀及斷我見，加行位也）。

外門廣修六度萬行

見道位

七住位明心般若正觀現前，親證本來自性清淨涅槃。

八住位起於一切法現觀般若中道。漸除性障。

十住位眼見佛性，世界如幻觀成就。

一至十行位，於廣行六度萬行中，依般若中道慧，現觀陰處界猶如陽焰，至第十行滿心位，陽焰觀成就。

一至十迴向位熏習一切種智；修除性障，唯留最後一分思惑不斷。第十迴向滿心位成就菩薩道如夢觀。

內門廣修六度萬行

初地：第十迴向位滿心時，成就道種智一分（八識心王一一親證後，領受五法、三自性、七種第一義、七種性自性、二種無我法）復由勇發十無盡願，成通達位菩薩。復又永伏性障而不具斷，能證慧解脫而不取證，由大願故留惑潤生。此地主修法施波羅蜜多及百法明門。證「猶如鏡像」現觀，故滿初地心。

二地：初地功德滿足以後，再成就道種智一分而入二地；主修戒波羅蜜多及一切種智。滿心位成就「猶如光影」現觀，戒行自然清淨。

解脫道：二乘菩提

→ 斷三縛結，成初果解脫

→ 薄貪瞋癡，成二果解脫

→ 斷五下分結，成三果解脫

入地前的四加行令煩惱障現行悉斷，成四果解脫，留惑潤生。分段生死已斷，煩惱障習氣種子開始斷除，兼斷無始無明上煩惱。

近波羅蜜多

修道位

三地：二地滿心再證道種智一分，故入三地。此地主修忍波羅蜜多及四禪八定、四無量心、五神通。能成就俱解脫果而不取證，留惑潤生。滿心位成就「猶如谷響」現觀及無漏妙定意生身。

四地：由三地再證道種智一分故入四地。主修精進波羅蜜多，於此土及他方世界廣度有緣，無有疲倦。進修一切種智，滿心位成就「如水中月」現觀。

五地：由四地再證道種智一分故入五地。主修禪定波羅蜜多及一切種智，斷除下乘涅槃貪。滿心位成就「變化所成」現觀。

六地：由五地再證道種智一分故入六地。此地主修般若波羅蜜多——依道種智現觀十二因緣一一有支及意生身化身，皆自心眞如變化所現，「非有似有」，成就細相觀，不由加行而自然證得滅盡定，成俱解脫大乘無學。

七地：由六地「非有似有」現觀，再證道種智一分故入七地。此地主修一切種智及方便波羅蜜多，由重觀十二有支一一支中之流轉門及還滅門一切細相，成就方便善巧，念念隨入滅盡定。滿心位證得「如犍闥婆城」現觀。

七地滿心斷除故意保留之最後一分思惑時，煩惱障所攝色、受、想三陰有漏習氣種子全部斷盡。

大波羅蜜多

八地：由七地極細相觀成就故再證道種智一分而入八地。此地主修一切種智及願波羅蜜多。至滿心位純無相觀任運恆起，故於相土自在，滿心位復證「如實覺知諸法相意生身」故。

九地：由八地再證道種智一分故入九地。主修力波羅蜜多及一切種智，成就四無礙，滿心位證得「種類俱生無行作意生身」。

十地：由九地再證道種智一分故入此地。此地主修一切種智——智波羅蜜多。滿心位起大法智雲，及現起大法智雲所含藏種種功德，成受職菩薩。

等覺：由十地道種智成就故入此地。此地應修一切種智，圓滿等覺地無生法忍；於百劫中修集極廣大福德，以之圓滿三十二大人相及無量隨形好。

煩惱障所攝行、識二陰無漏習氣種子任運漸斷，所知障所攝上煩惱任運漸斷。

圓滿波羅蜜多

究竟位

妙覺：示現受生人間已斷盡煩惱障一切習氣種子，並斷盡所知障一切隨眠，永斷變易生死無明，成就大般涅槃，四智圓明。人間捨壽後，報身常住色究竟天利樂十方地上菩薩；以諸化身利樂有情，永無盡期，成就究竟佛道。

斷盡變易生死
成就大般涅槃

圓滿成就究竟佛果

佛子蕭平實 謹製
（二〇〇九、〇二 修訂）
（二〇一二、〇二 增補）

佛教正覺同修會〈修學佛道次第表〉

第一階段

* 以憶佛及拜佛方式修習動中定力。
* 學第一義佛法及禪法知見。
* 無相拜佛功夫成就。
* 具備一念相續功夫—動靜中皆能看話頭。
* 努力培植福德資糧，勤修三福淨業。

第二階段

* 參話頭，參公案。
* 開悟明心，一片悟境。
* 鍛鍊功夫求見佛性。
* 眼見佛性〈餘五根亦如是〉親見世界如幻，成就如幻觀。
* 學習禪門差別智。
* 深入第一義經典。
* 修除性障及隨分修學禪定。
* 修證十行位陽焰觀。

第三階段

* 學一切種智真實正理—楞伽經、解深密經、成唯識論…。
* 參究末後句。
* 解悟末後句。
* 透牢關—親自體驗所悟末後句境界，親見實相，無得無失。
* 救護一切眾生迴向正道。護持了義正法，修證十迴向位如夢觀。
* 發十無盡願，修習百法明門，親證猶如鏡像現觀。
* 修除五蓋，發起禪定。持一切善法戒。親證猶如光影現觀。
* 進修四禪八定、四無量心、五神通。進修大乘種智，求證猶如谷響現觀。

佛教正覺同修會 共修現況 及 招生公告　2016/1/16

一、共修現況：（請在共修時間來電，以免無人接聽。）

台北正覺講堂 103 台北市承德路三段 277 號九樓 捷運淡水線圓山站旁

Tel..**總機** 02-25957295（晚上）（**分機**：**九樓**辦公室 10、11；知客櫃檯 12、13。 **十樓**知客櫃檯 15、16；書局櫃檯 14。 **五樓**辦公室 18；知客櫃檯 19。**二樓**辦公室 20；知客櫃檯 21。）

Fax..25954493

第一講堂　台北市承德路三段 277 號九樓

禪淨班：週一晚上班、週三晚上班、週四晚上班、週五晚上班、週六下午班、週六上午班（皆須報名建立學籍後始可參加共修，欲報名者詳見本公告末頁）

增上班：**瑜伽師地論詳解**：每月第一、三、五週之週末 17.50～20.50 平實導師講解（僅限已明心之會員參加）

禪門差別智：每月第一週日全天　平實導師主講（事冗暫停）。

佛藏經詳解　平實導師主講。已於 2013/12/17 開講，歡迎已發成佛大願的菩薩種性學人，攜眷共同參與此殊勝法會聽講。詳解 釋迦世尊於《佛藏經》中所開示的眞實義理，更為今時後世佛子四眾，闡述佛陀演說此經的本懷。眞實尋求佛菩提道的有緣佛子，親承聽聞如是勝妙開示，當能如實理解經中義理，亦能了知於大乘法中：如何是諸法實相？善知識、惡知識要如何簡擇？如何才是清淨持戒？如何才能清淨說法？於此末法之世，眾生五濁益重，不知佛、不解法、不識僧，唯見表相，不信眞實，貪著五欲，諸方大師不淨說法，各各將導大量徒眾趣入三塗，如是師徒俱堪憐憫。是故，平實導師以大慈悲心，用淺白易懂之語句，佐以實例、譬喻而為演說，普令聞者易解佛意，皆得契入佛法正道，如實了知佛法大藏。

此經中，對於實相念佛多所著墨，亦指出念佛要點：以實相為依，念佛者應依止淨戒、依止清淨僧寶，捨離違犯重戒之師僧，應受學清淨之法，遠離邪見。本經是現代佛門大法師所厭惡之經典：一者由於大法師們已全都落入意識境界而無法親證實相，故於此經中所說實相全無所知，都不樂有人聞此經名，以免讀後提出問疑時無法回答；二者現代大乘佛法地區，已經普被藏密喇嘛教滲透，許多有名之大法師們大多已曾或繼續在修練雙身法，都已失去聲聞戒體及菩薩戒體，成為地獄種姓人，已非眞正出家之人，本質只是身著僧衣而住在寺院中的世俗人。這些人對於此經都是讀不懂的，也是極為厭惡的；他們尚不樂見此經之印行，何況流通與講解？今為救護廣大學佛人，兼欲護持佛教血脈永續常傳，特選此經宣講之。每逢週二 18.50~20.50 開示，不限制聽講資格。會外人士需憑身分證件換證入內聽講（此是大樓管理處之安全規定，敬請見諒）。桃園、台中、台南、高雄等地講堂，亦於每週二晚上播放平實導師所講本經之 DVD，不必出示身分證件即可入內聽講，歡迎各地善信同霑法益。

第二講堂　台北市承德路三段 267 號十樓。

禪淨班：週一晚上班、週六下午班。

進階班：週三晚上班、週四晚上班、週五晚上班（禪淨班結業後轉入共修）。

佛藏經詳解：平實導師講解。每週二 18.50~20.50（影像音聲即時傳輸）。本會學員憑上課證進入聽講，會外學人請以身分證件換證進入聽講（此爲大樓管理處安全管理規定之要求，敬請諒解）。

第三講堂　台北市承德路三段 277 號五樓。

進階班：週一晚上班、週三晚上班、週四晚上班、週五晚上班。

佛藏經詳解：平實導師講解。每週二 18.50~20.50（影像音聲即時傳輸）。本會學員憑上課證進入聽講，會外學人請以身分證件換證進入聽講（此爲大樓管理處安全管理規定之要求，敬請諒解）。

第四講堂　台北市承德路三段 267 號二樓。

進階班：週一晚上班、週三晚上班、週四晚上班、週五晚上班（禪淨班結業後轉入共修）。

佛藏經詳解：平實導師講解。每週二 18.50~20.50（影像音聲即時傳輸）。本會學員憑上課證進入聽講，會外學人請以身分證件換證進入聽講（此爲大樓管理處安全管理規定之要求，敬請諒解）。

第五、第六講堂　爲**開放式講堂**，不需以身分證件換證即可進入聽講，台北市承德路三段 267 號地下一樓、地下二樓。已規劃整修完成，每逢週二晚上講經時段開放給會外人士自由聽經，請由大樓側面梯階逕行進入聽講。**聽講者請尊重講者的著作權及肖像權，請勿錄音錄影，以免違法；若有錄音錄影被查獲者，將依法處理。**

正覺祖師堂　大溪鎮美華里信義路 650 巷坑底 5 之 6 號（台 3 號省道 34 公里處 妙法寺對面斜坡道進入）電話 03-3886110　傳眞 03-3881692 本堂供奉 克勤圓悟大師，專供會員每年四月、十月各二次精進禪三共修，兼作本會出家菩薩掛單常住之用。除禪三時間以外，每逢單月第一週之週日 9:00~17:00 開放會內、外人士參訪，當天並提供午齋結緣。教內共修團體或道場，得另申請其餘時間作團體參訪，務請事先與常住確定日期，以便安排常住菩薩接引導覽，亦免妨礙常住菩薩之日常作息及修行。

桃園正覺講堂（第一、第二講堂）：桃園市介壽路 286、288 號 10 樓（陽明運動公園對面）電話：03-3749363（請於共修時聯繫，或與台北聯繫）

禪淨班：週一晚上班、週三晚上班、週四晚上班、週五晚上班。

進階班：週六上午班、週五晚上班。

佛藏經詳解：平實導師講解。每週二晚上，以台北正覺講堂所錄 DVD 放映；歡迎會外學人共同聽講，不需出示身分證件。

新竹正覺講堂 新竹市東光路 55 號二樓之一　電話 03-5724297（晚上）

第一講堂：

禪淨班：週一晚上班、週五晚上班、週六上午班。

進階班：週三晚上班、週四晚上班（由禪淨班結業後轉入共修）。

佛藏經詳解：平實導師講解。每週二晚上，以台北正覺講堂所錄 DVD 放映。歡迎會外學人共同聽講，不需出示身分證件。

第二講堂：

禪淨班：週三晚上班、週四晚上班。

佛藏經詳解：每週二晚上與第一講堂同時播放佛藏經詳解 DVD。

台中正覺講堂 04-23816090（晚上）

第一講堂 台中市南屯區五權西路二段 666 號 13 樓之四（國泰世華銀行樓上。鄰近縣市經第一高速公路前來者，由五權西路交流道可以快速到達，大樓旁有停車場，對面有素食館）。

禪淨班：週三晚上班、週四晚上班。

進階班：週一晚上班、週六上午班（由禪淨班結業後轉入共修）。

增上班：單週週末以台北增上班課程錄成 DVD 放映之，限已明心之會員參加。

佛藏經詳解：平實導師講解。每週二晚上，以台北正覺講堂所錄 DVD 放映。歡迎會外學人共同聽講，不需出示身分證件。

第二講堂 台中市南屯區五權西路二段 666 號 4 樓

禪淨班：週一晚上班、週三晚上班、週六上午班。

進階班：週五晚上班（由禪淨班結業後轉入共修）。

佛藏經詳解：每週二晚上與第一講堂同時播放佛藏經詳解 DVD。

第三講堂、第四講堂：台中市南屯區五權西路二段 666 號 4 樓。

嘉義正覺講堂 嘉義市友愛路 288 號八樓之一　電話：05-2318228

第一講堂：

禪淨班：週一晚上班、週四晚上班、週五晚上班。

進階班：週三晚上班（由禪淨班結業後轉入共修）。

佛藏經詳解：平實導師講解。每週二晚上，以台北正覺講堂所錄 DVD 放映。歡迎會外學人共同聽講，不需出示身分證件。

第二講堂 嘉義市友愛路 288 號八樓之二。

台南正覺講堂

第一講堂 台南市西門路四段 15 號 4 樓。06-2820541（晚上）

禪淨班：週一晚上班、週三晚上班、週四晚上班、週五晚上班、週六下午班。

增上班：單週週末下午，以台北增上班課程錄成 DVD 放映之，限已明心之會員參加。

佛藏經詳解：平實導師講解。每週二晚上，以台北正覺講堂所錄 DVD 放映。歡迎會外學人共同聽講，不需出示身分證件。

第二講堂　台南市西門路四段 15 號 3 樓。

佛藏經詳解：每週二晚上與第一講堂同時播放佛藏經詳解 DVD。

第三講堂　台南市西門路四段 15 號 3 樓。

進階班：週三晚上班、週四晚上班、週六上午班（由禪淨班結業後轉入共修）。

佛藏經詳解：每週二晚上與第一講堂同時播放佛藏經詳解 DVD。

高雄正覺講堂　高雄市新興區中正三路 45 號五樓 07-2234248（晚上）

第一講堂（五樓）：

禪淨班：週一晚上班、週三晚上班、週四晚上班、週五晚上班、週六上午班。

增上班：單週週末下午，以台北增上班課程錄成 DVD 放映之，限已明心之會員參加。

佛藏經詳解：平實導師講解。每週二晚上，以台北正覺講堂所錄 DVD 放映。歡迎會外學人共同聽講，不需出示身分證件。

第二講堂（四樓）：

進階班：週三晚上班、週四晚上班、週六上午班（由禪淨班結業後轉入共修）。

佛藏經詳解：每週二晚上與第一講堂同時播放佛藏經詳解 DVD。

第三講堂（三樓）：

進階班：週四晚上班（由禪淨班結業後轉入共修）。

香港正覺講堂　☆已遷移新址☆

九龍觀塘，成業街 10 號，電訊一代廣場 27 樓 E 室。

（觀塘地鐵站 B1 出口，步行約 4 分鐘）。電話：(852) 23262231

英文地址：Unit E, 27th Floor, TG Place, 10 Shing Yip Street, Kwun Tong, Kowloon

禪淨班：雙週六下午班 14:30-17:30，已經額滿。
雙週日下午班 14:30-17:30，2016 年 4 月底前尚可報名。

進階班：雙週五晚上班（由禪淨班結業後轉入共修）。

增上班：單週週末上午，以台北增上班課程錄成 DVD 放映之，限已明心之會員參加。

妙法蓮華經詳解：平實導師講解。雙週六 19:00-21:00，以台北正覺講堂所錄 DVD 放映；歡迎會外學人共同聽講，不需出示身分證件。

美國洛杉磯正覺講堂　☆已遷移新址☆

825 S. Lemon Ave Diamond Bar, CA 91798 U.S.A.

Tel. (909) 595-5222（請於週六 9:00~18:00 之間聯繫）

Cell. (626) 454-0607

禪淨班：每逢週末 15：30~17：30 上課。

進階班：每逢週末上午 10：00~12：00 上課。

佛藏經詳解：平實導師講解。每週六下午 13：00~15：00，以台北正覺講堂所錄 DVD 放映。歡迎各界人士共享第一義諦無上法益，不需報名。

二、招生公告　**本會台北講堂及全省各講堂，每逢四月、十月下旬開新班，每週共修一次**（每次二小時。開課日起三個月內仍可插班）；**但美國洛杉磯共修處之禪淨班得隨時插班共修。各班共修期間皆爲二年半，欲參加者請向本會函索報名表**（各共修處皆於共修時間方有人執事，非共修時間請勿電詢或前來洽詢、請書），**或直接從本會官方網站**(http://www.enlighten.org.tw/newsflash/class)**或成佛之道網站下載報名表**。共修期滿時，若經報名禪三審核通過者，可參加四天三夜之禪三精進共修，有機會明心、取證如來藏，發起般若實相智慧，成爲實義菩薩，脫離凡夫菩薩位。

三、新春禮佛祈福 農曆**年假**期間停止共修：自農曆新年前七天起停止共修與弘法，正月 8 日起回復共修、弘法事務。新春期間正月初一～初七 9.00～17.00 開放台北講堂、正月初一～初三開放新竹講堂、台中講堂、台南講堂、高雄講堂，以及大溪禪三道場（正覺祖師堂），方便會員供佛、祈福及會外人士請書。美國洛杉磯共修處之休假時間，請逕詢該共修處。

密宗四大派修雙身法，是外道性力派的邪法；又以生滅的識陰作為常住法，是常見外道，是假的藏傳佛教。

西藏覺囊巴以他空見弘揚第八識如來藏勝法，才是真藏傳佛教

佛教正覺同修會　弘法行事表　2014/08/19

1、**禪淨班**　以無相念佛及拜佛方式修習動中定力，實證一心不亂功夫。傳授解脫道正理及第一義諦佛法，以及參禪知見。共修期間：二年六個月。每逢四月、十月開新班，詳見招生公告表。

2、**《佛藏經》詳解**　平實導師主講。已於 2013/12/17 開講，歡迎已發成佛大願的菩薩種性學人，攜眷共同參與此殊勝法會聽講。詳解釋迦世尊於《佛藏經》中所開示的眞實義理，更爲今時後世佛子四眾，闡述 佛陀演說此經的本懷。眞實尋求佛菩提道的有緣佛子，親承聽聞如是勝妙開示，當能如實理解經中義理，亦能了知於大乘法中：如何是諸法實相？善知識、惡知識要如何簡擇？如何才是清淨持戒？如何才能清淨說法？於此末法之世，眾生五濁益重，不知佛、不解法、不識僧，唯見表相，不信眞實，貪著五欲，諸方大師不淨說法，各各將導大量徒眾趣入三塗，如是師徒俱堪憐憫。是故，平實導師以大慈悲心，用淺白易懂之語句，佐以實例、譬喻而爲演說，普令聞者易解佛意，皆得契入佛法正道，如實了知佛法大藏。每逢週二 18.50~20.50 開示，不限制聽講資格。會外人士需憑身分證件換證入內聽講（此是大樓管理處之安全規定，敬請見諒）。桃園、新竹、台中、台南、高雄等地講堂，亦於每週二晚上播放平實導師講經之 DVD，不必出示身分證件即可入內聽講，歡迎各地善信同霑法益。

有某道場專弘淨土法門數十年，於教導信徒研讀《佛藏經》時，往往告誡信徒曰：「**後半部不許閱讀。**」由此緣故坐令信徒失去提升念佛層次之機緣，師徒只能低品位往生淨土，令人深覺愚癡無智。由有多人建議故，平實導師開始宣講《佛藏經》，藉以轉易如是邪見，並提升念佛人之知見與往生品位。此經中，對於實相念佛多所著墨，亦指出念佛要點：**以實相爲依，念佛者應依止淨戒、依止清淨僧寶，捨離違犯重戒之師僧，應受學清淨之法，遠離邪見。**本經是現代佛門大法師所厭惡之經典：**一者由於大法師們已全都落入意識境界而無法親證實相，故於此經中所說實相全無所知，都不樂有人聞此經名，以免讀後提出問疑時無法回答；二者現代大乘佛法地區，已經普被藏密喇嘛教滲透，許多有名之大法師們大多已曾或繼續在修練雙身法，都已失去聲聞戒體及菩薩戒體，成爲地獄種姓人，已非眞正出家之人，本質上只是身著僧衣而住在寺院中的世俗人。**這些人對於此經都是讀不懂的，也是極爲厭惡的；他們尙不樂見此經之印行，何況流通與講解？今爲救護廣大學佛人，兼欲護持佛教血脈永續常傳，特選此經宣講之，主講者平實導師。

3、**瑜伽師地論**詳解　詳解論中所言凡夫地至佛地等 17 師之修證境界與理論，從凡夫地、聲聞地……宣演到諸地所證一切種智之眞實正理。由平實導師開講，每逢一、三、五週之週末晚上開示，僅限已明心之會員參加。

4、**精進禪三**　主三和尚：平實導師。於四天三夜中，以克勤圓悟大師及大慧宗杲之禪風，施設機鋒與小參、公案密意之開示，幫助會員剋期取證，親證不生不滅之眞實心——人人本有之如來藏。每年四月、十月各舉辦二個梯次；平實導師主持。僅限本會會員參加禪淨班共修期滿，報名審核通過者，方可參加。並選擇會中定力、慧力、福德三條件皆已具足之已明心會員，給以指引，令得眼見自己無形無相之佛性遍佈山河大地，眞實而無障礙，得以肉眼現觀世界身心悉皆如幻，具足成就如幻觀，圓滿十住菩薩之證境。

5、**阿含經**詳解　選擇重要之阿含部經典，依無餘涅槃之實際而加以詳解，令大眾得以現觀諸法緣起性空，亦復不墮斷滅見中，顯示經中所隱說之涅槃實際—如來藏—確實已於四阿含中隱說；令大眾得以聞後觀行，確實斷除我見乃至我執，證得**見到**眞現觀，乃至**身證**……等眞現觀；已得大乘或二乘見道者，亦可由此聞熏及聞後之觀行，除斷我所之貪著，成就慧解脫果。由平實導師詳解。不限制聽講資格。

6、**大法鼓經**詳解　詳解末法時代大乘佛法修行之道。佛教正法消毒妙藥塗於大鼓而以擊之，凡有眾生聞之者，一切邪見鉅毒悉皆消殞；此經即是大法鼓之正義，凡聞之者，所有邪見之毒悉皆滅除，見道不難；亦能發起菩薩無量功德，是故諸大菩薩遠從諸方佛土來此娑婆聞修此經。由平實導師詳解。不限制聽講資格。

7、**解深密經**詳解　重講本經之目的，在於令諸已悟之人明解大乘法道之成佛次第，以及悟後進修一切種智之內涵，確實證知三種自性性，並得據此證解七眞如、十眞如等正理。每逢週二 18.50~20.50 開示，由平實導師詳解。將於《大法鼓經》講畢後開講。不限制聽講資格。

8、**成唯識論**詳解　詳解一切種智眞實正理，詳細剖析一切種智之微細深妙廣大正理；並加以舉例說明，使已悟之會員深入體驗所證如來藏之微密行相；及證驗見分相分與所生一切法，皆由如來藏—阿賴耶識—直接或展轉而生，因此證知一切法無我，證知無餘涅槃之本際。將於增上班《瑜伽師地論》講畢後，由平實導師重講。僅限已明心之會員參加。

9、**精選如來藏系經典**詳解　精選如來藏系經典一部，詳細解說，以此完全印證會員所悟如來藏之眞實，得入不退轉住。另行擇期詳細解說之，由平實導師講解。僅限已明心之會員參加。

10、**禪門差別智**　藉禪宗公案之微細淆訛難知難解之處，加以宣說及剖析，以增進明心、見性之功德，啓發差別智，建立擇法眼。每月第一週日全天，由平實導師開示，僅限破參明心後，復又眼見佛性者參加（事冗暫停）。

11、**枯木禪**　先講智者大師的《小止觀》，後說《釋禪波羅蜜》，詳解四禪八定之修證理論與實修方法，細述一般學人修定之邪見與岔路，及對禪定證境之誤會，消除枉用功夫、浪費生命之現象。已悟般若者，可以藉此而實修初禪，進入大乘通教及聲聞教的三果心解脫境界，配合應有的大福德及後得無分別智、十無盡願，即可進入初地心中。親教師：平實導師。未來緣熟時將於大溪正覺寺開講。不限制聽講資格。

註：本會例行年假，自 2004 年起，改爲每年農曆新年前七天開始停息弘法事務及共修課程，農曆正月 8 日回復所有共修及弘法事務。新春期間（每日 9.00~17.00）開放台北講堂，方便會員禮佛祈福及會外人士請書。大溪鎭的正覺祖師堂，開放參訪時間，詳見〈正覺電子報〉或成佛之道網站。本表得因時節因緣需要而隨時修改之，不另作通知。

佛教正覺同修會　贈閱書籍 目錄　　2015/09/29

1.**無相念佛**　平實導師著　回郵 10 元
2.**念佛三昧修學次第**　平實導師述著　回郵 25 元
3.**正法眼藏—護法集**　平實導師述著　回郵 35 元
4.**真假開悟簡易辨正法＆佛子之省思**　平實導師著　回郵 3.5 元
5.**生命實相之辨正**　平實導師著　回郵 10 元
6.**如何契入念佛法門**（附：印順法師否定極樂世界）平實導師著 回郵 3.5 元
7.**平實書箋**—答元覽居士書　平實導師著　回郵 35 元
8.**三乘唯識**—如來藏系經律彙編　平實導師編　回郵 80 元
（精裝本　長 27 cm　寬 21 cm　高 7.5 cm　重 2.8 公斤）
9.**三時繫念全集**—修正本　回郵掛號 40 元（長 26.5 cm×寬 19 cm）
10.**明心與初地**　平實導師述　回郵 3.5 元
11.**邪見與佛法**　平實導師述著　回郵 20 元
12.**菩薩正道**—回應義雲高、釋性圓…等外道之邪見　正燦居士著 回郵 20 元
13.**甘露法雨**　平實導師述　回郵 20 元
14.**我與無我**　平實導師述　回郵 20 元
15.**學佛之心態**—修正錯誤之學佛心態始能與正法相應 孫正德老師著 回郵35元
附錄：平實導師著**《略說八、九識並存…等之過失》**
16.**大乘無我觀**—《悟前與悟後》別說　平實導師述著　回郵 20 元
17.**佛教之危機**—中國台灣地區現代佛教之真相（附錄：公案拈提六則）
平實導師著　回郵 25 元
18.**燈 影**—燈下黑（覆「求教後學」來函等）平實導師著　回郵 35 元
19.**護法與毀法**—覆上平居士與徐恒志居士網站毀法二文
張正圜老師著　回郵 35 元
20.**淨土聖道**—兼評**選擇本願念佛**　正德老師著　**由正覺同修會購贈** 回郵 25 元
21.**辨唯識性相**—對「紫蓮心海《辯唯識性相》書中否定阿賴耶識」之回應
正覺同修會 台南共修處法義組 著　回郵 25 元
22.**假如來藏**—對法蓮法師《如來藏與阿賴耶識》書中否定阿賴耶識之回應
正覺同修會 台南共修處法義組 著　回郵 35 元
23.**入不二門**—公案拈提集錦 第一輯（於平實導師公案拈提諸書中選錄約二十則，
合輯爲一冊流通之）平實導師著　回郵 20 元
24.**真假邪說**—西藏密宗索達吉喇嘛《破除邪說論》真是邪說
釋正安法師著　回郵 35 元
25.**真假開悟**—真如、如來藏、阿賴耶識間之關係　平實導師述著　回郵 35 元
26.**真假禪和**—辨正釋傳聖之謗法謬說　孫正德老師著　回郵 30 元

27.**眼見佛性**—駁慧廣法師眼見佛性的含義文中謬說

游正光老師著　回郵 25 元

28.**普門自在**—公案拈提集錦 第二輯（於平實導師公案拈提諸書中選錄約二十則，合輯爲一冊流通之）平實導師著　回郵 25 元

29.**印順法師的悲哀**—以現代禪的質疑為線索　恒毓博士著　回郵 25 元

30.**識蘊真義**—現觀識蘊內涵、取證初果、親斷三縛結之具體行門。

—依《成唯識論》及《惟識述記》正義，略顯安慧《大乘廣五蘊論》之邪謬

平實導師著　　回郵 35 元

31.**正覺電子報** 各期紙版本　免附回郵　每次最多函索三期或三本。

（已無存書之較早各期，不另增印贈閱）

32.**現代人應有的宗教觀**　蔡正禮老師 著　回郵3.5元

33.**遠惑趣道**—正覺電子報般若信箱問答錄　第一輯　回郵20元

34.**遠惑趣道**—正覺電子報般若信箱問答錄　第二輯　回郵20元

35.**確保您的權益**—器官捐贈應注意自我保護　游正光老師 著　回郵10元

36.**正覺教團電視弘法三乘菩提 DVD 光碟（一）**

由正覺教團多位親教師共同講述錄製 DVD 8 片，MP3 一片，共 9 片。有二大講題：一爲「三乘菩提之意涵」，二爲「學佛的正知見」。內容精闢，深入淺出，精彩絕倫，幫助大眾快速建立三乘法道的正知見，免被外道邪見所誤導。有志修學三乘佛法之學人不可不看。（製作工本費 100 元，回郵 25 元）

37.**正覺教團電視弘法 DVD 專輯（二）**

總有二大講題：一爲「三乘菩提之念佛法門」，一爲「學佛正知見（第二篇）」，由正覺教團多位親教師輪番講述，內容詳細闡述如何修學念佛法門、實證念佛三昧，以及學佛應具有的正確知見，可以幫助發願往生西方極樂淨土之學人，得以把握往生，更可令學人快速建立三乘法道的正知見，免於被外道邪見所誤導。有志修學三乘佛法之學人不可不看。（一套 17 片，工本費 160 元。回郵 35 元）

38.**佛藏經** 燙金精裝本 每冊回郵 20 元。正修佛法之道場欲大量索取者，請正式發函並蓋用大印寄來索取（2008.04.30 起開始敬贈）

39.**喇嘛性世界**—揭開假藏傳佛教譚崔瑜伽的面紗　張善思 等人合著

由正覺同修會購贈　回郵 20 元

40.**假藏傳佛教的神話**—性、謊言、喇嘛教　張正玄教授編著　回郵 20 元

由正覺同修會購贈　回郵 20 元

41.**隨 緣**—理隨緣與事隨緣　平實導師述　回郵 20 元。

42.**學佛的覺醒**　正枝居士 著　回郵 25 元

43.**導師之真實義**　蔡正禮老師 著　回郵 10 元

44.**淺談達賴喇嘛之雙身法**—兼論解讀「密續」之達文西密碼

吳明芷居士 著　回郵 10 元

45.**魔界轉世**　張正玄居士 著　回郵 10 元

46.**一貫道與開悟**　蔡正禮老師 著　回郵 10 元

47.**博愛**—愛盡天下女人　正覺教育基金會 編印　回郵 10 元
48.**意識虛妄經教彙編**—實證解脱道的關鍵經文　正覺同修會編印　回郵 25 元
49.**邪箭囈語**—破斥藏密外道多識仁波切《破魔金剛箭雨論》之邪説
陸正元老師著　上、下冊回郵各 30 元
50.**真假沙門**—依 佛聖教闡釋佛教僧寶之定義
蔡正禮老師著　俟正覺電子報連載後結集出版
51.**真假禪宗**—藉評論釋性廣《印順導師對變質禪法之批判
及對禪宗之肯定》以顯示真假禪宗
附論一：凡夫知見 無助於佛法之信解行證
附論二：世間與出世間一切法皆從如來藏實際而生而顯
余正偉老師著　俟正覺電子報連載後結集出版　回郵未定
52.**假鋒虛焰金剛乘**—揭示顯密正理，兼破索達吉師徒《般若鋒兮金剛焰》。
釋正安 法師著　俟正覺電子報連載後結集出版

★ 上列贈書之郵資，係台灣本島地區郵資，大陸、港、澳地區及外國地區，請另計酌增（大陸、港、澳、國外地區之郵票不許通用）。尚未出版之書，請勿先寄來郵資，以免增加作業煩擾。

★ 本目錄若有變動，唯於後印之書籍及「成佛之道」網站上修正公佈之，不另行個別通知。

函索書籍請寄：佛教正覺同修會　103 台北市承德路 3 段 277 號 9 樓
台灣地區函索書籍者請附寄郵票，無時間購買郵票者可以等值現金抵用，但不接受郵政劃撥、支票、匯票。大陸地區得以人民幣計算，國外地區請以美元計算（請勿寄來當地郵票，在台灣地區不能使用）。欲以掛號寄遞者，請另附掛號郵資。

親自索閱：正覺同修會各共修處。　★請於共修時間前往取書，餘時無人在道場，請勿前往索取；共修時間與地點，詳見書末正覺同修會共修現況表（以近期之共修現況表為準）。

註：正智出版社發售之局版書，請向各大書局購閱。若書局之書架上已經售出而無陳列者，請向書局櫃台指定洽購；若書局不便代購者，請於正覺同修會共修時間前往各共修處請購，正智出版社已派人於共修時間送書前往各共修處流通。 郵政劃撥購書及 大陸地區 購書，請詳別頁正智出版社發售書籍目錄最後頁之説明。

成佛之道 網站：http://www.a202.idv.tw　　正覺同修會已出版之結緣書籍，多已登載於 成佛之道 網站，若住外國、或住處遙遠，不便取得正覺同修會贈閱書籍者，可以從本網站閱讀及下載。　　書局版之《宗通與說通》亦已上網，台灣讀者可向書局洽購，售價 300 元。《狂密與眞密》第一輯~第四輯，亦於 2003.5.1.全部於本網站登載完畢；台灣地區讀者請向書局洽購，每輯約 400 頁，售價 300 元（網站下載紙張費用較貴，容易散失，難以保存，亦較不精美）。

＊＊假藏傳佛教修雙身法，非佛教＊＊

正智出版社 籌募弘法基金發售書籍目錄　2016/8/8

1.**宗門正眼**—公案拈提 第一輯 重拈　平實導師著　500 元
因重寫內容大幅度增加故，字體必須改小，並增爲 576 頁 主文 546 頁。比初版更精彩、更有內容。初版《禪門摩尼寶聚》之讀者，可寄回本公司免費調換新版書。免附回郵，亦無截止期限。(2007 年起，每冊附贈本公司精製公案拈提〈超意境〉CD 一片。市售價格 280 元，多購多贈。)
2.**禪淨圓融**　平實導師著　200 元（第一版舊書可換新版書。）
3.**真實如來藏**　平實導師著　400 元
4.**禪—悟前與悟後**　平實導師著　上、下冊，每冊 250 元
5.**宗門法眼**—公案拈提 第二輯　平實導師著　500 元
（2007 年起，每冊附贈本公司精製公案拈提〈超意境〉CD 一片）
6.**楞伽經詳解**　平實導師著　全套共 10 輯　每輯 250 元
7.**宗門道眼**—公案拈提 第三輯　平實導師著　500 元
（2007 年起，每冊附贈本公司精製公案拈提〈超意境〉CD 一片）
8.**宗門血脈**—公案拈提 第四輯　平實導師著　500 元
（2007 年起，每冊附贈本公司精製公案拈提〈超意境〉CD 一片）
9.**宗通與說通**—成佛之道 平實導師著 主文 381 頁 全書 400 頁售價 300 元
10.**宗門正道**—公案拈提 第五輯　平實導師著　500 元
（2007 年起，每冊附贈本公司精製公案拈提〈超意境〉CD 一片）
11.**狂密與真密 一～四輯**　平實導師著　西藏密宗是人間最邪淫的宗教，本質不是佛教，只是披著佛教外衣的印度教性力派流毒的喇嘛教。此書中將西藏密宗密傳之男女雙身合修樂空雙運所有祕密與修法，毫無保留完全公開，並將全部喇嘛們所不知道的部分也一併公開。內容比大辣出版社喧騰一時的《西藏慾經》更詳細。並且函蓋藏密的所有祕密及其錯誤的中觀見、如來藏見……等，藏密的所有法義都在書中詳述、分析、辨正。每輯主文三百餘頁　每輯全書約 400 頁　售價每輯 300 元
12.**宗門正義**—公案拈提 第六輯　平實導師著　500 元
（2007 年起，每冊附贈本公司精製公案拈提〈超意境〉CD 一片）
13.**心經密意**—心經與解脫道、佛菩提道、祖師公案之關係與密意　平實導師述　300 元
14.**宗門密意**—公案拈提 第七輯　平實導師著　500 元
（2007 年起，每冊附贈本公司精製公案拈提〈超意境〉CD 一片）
15.**淨土聖道**—兼評「選擇本願念佛」　正德老師著　200 元
16.**起信論講記**　平實導師述著　共六輯　每輯三百餘頁　售價各 250 元
17.**優婆塞戒經講記**　平實導師述著 共八輯 每輯三百餘頁 售價各 250 元
18.**真假活佛**—略論附佛外道盧勝彥之邪說（對前岳靈犀網站主張「盧勝彥是證悟者」之修正）　正犀居士（岳靈犀）著　流通價 140 元
19.**阿含正義**—唯識學探源　平實導師著　共七輯　每輯 300 元

20.**超意境** CD 以平實導師公案拈提書中超越意境之頌詞，加上曲風優美的旋律，錄成令人嚮往的超意境歌曲，其中包括正覺發願文及平實導師親自譜成的黃梅調歌曲一首。詞曲雋永，殊堪翫味，可供學禪者吟詠，有助於見道。內附設計精美的彩色小冊，解說每一首詞的背景本事。每片 280 元。【每購買公案拈提書籍一冊，即贈送一片。】

21.**菩薩底憂鬱** CD 將菩薩情懷及禪宗公案寫成新詞，並製作成超越意境的優美歌曲。 1.主題曲〈菩薩底憂鬱〉，描述地後菩薩能離三界生死而迴向繼續生在人間，但因尚未斷盡習氣種子而有極深沈之憂鬱，非三賢位菩薩及二乘聖者所知，此憂鬱在七地滿心位方才斷盡；本曲之詞中所說義理極深，昔來所未曾見；此曲係以優美的情歌風格寫詞及作曲，聞者得以激發嚮往諸地菩薩境界之大心，詞、曲都非常優美，難得一見；其中勝妙義理之解說，已印在附贈之彩色小冊中。 2.以各輯公案拈提中直示禪門入處之頌文，作成各種不同曲風之超意境歌曲，値得玩味、參究；聆聽公案拈提之優美歌曲時，請同時閱讀內附之印刷精美說明小冊，可以領會超越三界的證悟境界；未悟者可以因此引發求悟之意向及疑情，眞發菩提心而邁向求悟之途，乃至因此眞實悟入般若，成眞菩薩。 3.正覺總持咒新曲，總持佛法大意；總持咒之義理，已加以解說並印在隨附之小冊中。本 CD 共有十首歌曲，長達 63 分鐘。每盒各附贈二張購書優惠券。每片 280 元。

22.**禪意無限** CD 平實導師以公案拈提書中偈頌寫成不同風格曲子，與他人所寫不同風格曲子共同錄製出版，幫助參禪人進入禪門超越意識之境界。盒中附贈彩色印製的精美解說小冊，以供聆聽時閱讀，令參禪人得以發起參禪之疑情，即有機會證悟本來面目而發起實相智慧，實證大乘菩提般若，能如實證知般若經中的眞實意。本 CD 共有十首歌曲，長達 69 分鐘，每盒各附贈二張購書優惠券。每片 280 元。

23.**我的菩提路**第一輯　釋悟圓、釋善藏等人合著　售價 300 元

24.**我的菩提路**第二輯　郭正益、張志成等人合著　售價 300 元

25.**鈍鳥與靈龜**—考證後代凡夫對大慧宗杲禪師的無根誹謗。

平實導師著 共 458 頁 售價 350 元

26.**維摩詰經講記** 平實導師述 共六輯 每輯三百餘頁 售價各 250 元

27.**真假外道**—破劉東亮、杜大威、釋證嚴常見外道見 正光老師著 200 元

28.**勝鬘經講記**—兼論印順《勝鬘經講記》對於《勝鬘經》之誤解。

平實導師述　共六輯　每輯三百餘頁　售價 250 元

29.**楞嚴經講記** 平實導師述 共 **15** 輯，每輯三百餘頁 售價 300 元

30.**明心與眼見佛性**—駁慧廣〈蕭氏「眼見佛性」與「明心」之非〉文中謬説

正光老師著　共 448 頁　售價 300 元

31.**見性與看話頭** 黃正倖老師 著，本書是禪宗參禪的方法論。

內文 375 頁，全書 416 頁，售價 300 元。

32.**達賴真面目**—玩盡天下女人 白正偉老師 等著 中英對照彩色精裝大本 800 元

33.**喇嘛性世界**—揭開假藏傳佛教譚崔瑜伽的面紗　張善思 等人著　200 元
34.**假藏傳佛教的神話**—性、謊言、喇嘛教　正玄教授編著　200 元
35.**金剛經宗通**　平實導師述　共九輯　每輯售價 250 元。
36.**空行母**—性別、身分定位，以及藏傳佛教。
珍妮·坎貝爾著 呂艾倫 中譯 售價 250 元
37.**末代達賴**—性交教主的悲歌　張善思、呂艾倫、辛燕編著 售價 250 元
38.**霧峰無霧**—給哥哥的信　辨正釋印順對佛法的無量誤解
游宗明 老師著　售價 250 元
39.**第七意識與第八意識？**—穿越時空「超意識」
平實導師述　每冊 300 元
40.**黯淡的達賴**—失去光彩的諾貝爾和平獎
正覺教育基金會編著　每冊 250 元
41.**童女迦葉考**—論呂凱文〈佛教輪迴思想的論述分析〉之謬。
平實導師 著 定價 180 元
42.**人間佛教**—實證者必定不悖三乘菩提
平實導師 述，定價 400 元
43.**實相經宗通**　平實導師述　共八輯　每輯 250 元
44.**真心告訴您(一)**—達賴喇嘛在幹什麼？
正覺教育基金會編著　售價 250 元
45.**中觀金鑑**—詳述應成派中觀的起源與其破法本質
孫正德老師著　分爲上、中、下三冊，每冊 250 元
46.**佛法入門**—迅速進入三乘佛法大門，消除久學佛法漫無方向之窘境。
○○居士著　將於正覺電子報連載後出版。售價 250 元
47.**藏傳佛教要義**—《狂密與真密》之簡體字版　平實導師 著 上、下冊
僅在大陸流通　每冊 300 元
48.**法華經講義**　平實導師述　共二十五輯　每輯 300 元
已於 2015/05/31 起開始出版，每二個月出版一輯
49.**西藏「活佛轉世」制度**—附佛、造神、世俗法
許正豐、張正玄老師合著　定價 150 元
50.**廣論三部曲**　郭正益老師著　定價 150 元
51.**真心告訴您(二)**—達賴喇嘛是佛教僧侶嗎？
—補祝達賴喇嘛八十大壽
正覺教育基金會編著　售價 300 元
52.**廣論之平議**—宗喀巴《菩提道次第廣論》之平議　正雄居士著
約二或三輯　俟正覺電子報連載後結集出版　書價未定
53.**末法導護**—對印順法師中心思想之綜合判攝　正慶老師著　書價未定
54.**菩薩學處**—菩薩四攝六度之要義　陸正元老師著　出版日期未定。
55.**八識規矩頌**詳解　○○居士 註解　出版日期另訂　書價未定。

56.**印度佛教史**—法義與考證。依法義史實評論印順《印度佛教思想史、佛教史地考論》之謬說　正偉老師著　出版日期未定　書價未定

57.**中國佛教史**—依中國佛教正法史實而論。〇〇老師 著　書價未定。

58.**中論正義**—釋龍樹菩薩《中論》頌正理。
孫正德老師著　出版日期未定　書價未定

59.**中觀正義**—註解平實導師《中論正義頌》。
〇〇法師（居士）著　出版日期未定　書價未定

60.**佛藏經講記**　平實導師述　出版日期未定　書價未定

61.**阿含經講記**—將選錄四阿含中數部重要經典全經講解之，講後整理出版。
平實導師述　約二輯　每輯 300 元　出版日期未定

62.**寶積經講記**　平實導師述　每輯三百餘頁 優惠價 300 元 出版日期未定

63.**解深密經講記**　平實導師述 約四輯　將於重講後整理出版

64.**成唯識論略解**　平實導師著　五～六輯　每輯300 元　出版日期未定

65.**修習止觀坐禪法要講記**　平實導師述　每輯三百餘頁
將於正覺寺建成後重講、以講記逐輯出版　出版日期未定

66.**無門關**—《無門關》公案拈提　平實導師著　出版日期未定

67.**中觀再論**—兼述印順《中觀今論》謬誤之平議。正光老師著 出版日期未定

68.**輪迴與超度**—佛教超度法會之真義。
〇〇法師（居士）著　出版日期未定　書價未定

69.**《釋摩訶衍論》平議**—對偽稱龍樹所造《釋摩訶衍論》之平議
〇〇法師（居士）著　出版日期未定　書價未定

70.**正覺發願文**註解—以真實大願為因 得證菩提
正德老師著　出版日期未定　書價未定

71.**正覺總持咒**—佛法之總持　正圜老師著　出版日期未定　書價未定

72.**涅槃**—論四種涅槃　平實導師著　出版日期未定　書價未定

73.**三自性**—依四食、五蘊、十二因緣、十八界法，說三性三無性。
作者未定　出版日期未定

74.**道品**—從三自性說大小乘三十七道品　作者未定　出版日期未定

75.**大乘緣起觀**—依四聖諦七真如現觀十二緣起 作者未定　出版日期未定

76.**三德**—論解脫德、法身德、般若德。　作者未定　出版日期未定

77.**真假如來藏**—對印順《如來藏之研究》謬說之平議　作者未定 出版日期未定

78.**大乘道次第**　作者未定　出版日期未定　書價未定

79.**四緣**—依如來藏故有四緣。　作者未定　出版日期未定

80.**空之探究**—印順《空之探究》謬誤之平議　作者未定 出版日期未定

81.**十法義**—論阿含經中十法之正義　作者未定　出版日期未定

82.**外道見**—論述外道六十二見　作者未定　出版日期未定

正智出版社有限公司 書籍介紹

禪淨圓融：言淨土諸祖所未曾言，示諸宗祖師所未曾示；禪淨圓融，另闢成佛捷徑，兼顧自力他力，闡釋淨土門之速行易行道，亦同時揭櫫聖教門之速行易行道；令廣大淨土行者得免緩行難證之苦，亦令聖道門行者得以藉著淨土速行道而加快成佛之時劫。乃前無古人之超勝見地，非一般弘揚禪淨法門典籍也，先讀爲快。平實導師著 200元。

宗門正眼—**公案拈提**第一輯：繼承克勤圜悟大師碧巖錄宗旨之禪門鉅作。先則舉示當代大法師之邪說，消弭當代禪門大師鄉愿之心態，摧破當今禪門「世俗禪」之妄談；次則旁通教法，表顯宗門正理；繼以道之次第，消弭古今狂禪；後藉言語及文字機鋒，直示宗門入處。悲智雙運，禪味十足，數百年來難得一睹之禪門鉅著也。平實導師著 500元（原初版書《禪門摩尼寶聚》，改版後補充爲五百餘頁新書，總計多達二十四萬字，內容更精彩，並改名爲《宗門正眼》，讀者原購初版《禪門摩尼寶聚》皆可寄回本公司免費換新，免附回郵，亦無截止期限）（2007年起，凡購買公案拈提第一輯至第七輯，每購一輯皆贈送本公司精製公案拈提〈超意境〉CD一片，市售價格280元，多購多贈）。

禪—悟前與悟後：本書能建立學人悟道之信心與正確知見，圓滿具足而有次第地詳述禪悟之功夫與禪悟之內容，指陳參禪中細微淆訛之處，能使學人明自眞心、見自本性。若未能悟入，亦能以正確知見辨別古今中外一切大師究係眞悟？或屬錯悟？便有能力揀擇，捨名師而選明師，後時必有悟道之緣。一旦悟道，遲者七次人天往返，便出三界，速者一生取辦。學人欲求開悟者，不可不讀。　平實導師著。上、下冊共500元，單冊250元。

眞實如來藏：如來藏眞實存在，乃宇宙萬有之本體，並非印順法師、達賴喇嘛等人所說之「唯有名相、無此心體」。如來藏是涅槃之本際，是一切有智之人竭盡心智、不斷探索而不能得之生命實相；是古今中外許多大師自以爲悟而當面錯過之生命實相。如來藏即是阿賴耶識，乃是一切有情本自具足、不生不滅之眞實心。當代中外大師於此書出版之前所未能言者，作者於本書中盡情流露、詳細闡釋。眞悟者讀之，必能增益悟境、智慧增上；錯悟者讀之，必能檢討自己之錯誤，免犯大妄語業；未悟者讀之，能知參禪之理路，亦能以之檢查一切名師是否眞悟。此書是一切哲學家、宗教家、學佛者及欲昇華心智之人必讀之鉅著。　平實導師著　售價400元。

宗門法眼—**公案拈提**第二輯：列舉實例，闡釋土城廣欽老和尚之悟處；並直示這位不識字的老和尚妙智橫生之根由，繼而剖析禪宗歷代大德之開悟公案，解析當代密宗高僧卡盧仁波切之錯悟證據，並例舉當代顯宗高僧、大居士之錯悟證據（凡健在者，爲免影響其名聞利養，皆隱其名）。藉辨正當代名師之邪見，向廣大佛子指陳禪悟之正道，彰顯宗門法眼。悲勇兼出，強捋虎鬚；慈智雙運，巧探驪龍；摩尼寶珠在手，直示宗門入處，禪味十足；若非大悟徹底，不能爲之。禪門精奇人物，允宜人手一冊，供作參究及悟後印證之圭臬。本書於2008年4月改版，增寫為大約500頁篇幅，以利學人研讀參究時更易悟入宗門正法，以前所購初版首刷及初版二刷舊書，皆可免費換取新書。平實導師著 500元（2007年起，凡購買公案拈提第一輯至第七輯，每購一輯皆贈送本公司精製公案拈提〈超意境〉CD一片，市售價格280元，多購多贈）。

宗門道眼—**公案拈提**第三輯：繼宗門法眼之後，再以金剛之作略、慈悲之胸懷、犀利之筆觸，舉示寒山、拾得、布袋三大士之悟處，消弭當代錯悟者對於寒山大士……等之誤會及誹謗。亦舉出民初以來與虛雲和尚齊名之蜀郡鹽亭袁煥仙夫子——南懷瑾老師之師，其「悟處」何在？並蒐羅許多眞悟祖師之證悟公案，顯示禪宗歷代祖師之睿智，指陳部分祖師、奧修及當代顯密大師之謬悟，作爲殷鑑，幫助禪子建立及修正參禪之方向及知見。假使讀者閱此書已，一時尚未能悟，亦可一面加功用行，一面以此宗門道眼辨別眞假善知識，避開錯誤之印證及歧路，可免大妄語業之長劫慘痛果報。欲修禪宗之禪者，務請細讀。平實導師著 售價500元（2007年起，凡購買公案拈提第一輯至第七輯，每購一輯皆贈送本公司精製公案拈提〈超意境〉CD一片，市售價格280元，多購多贈）。

楞伽經詳解：本經是禪宗見道者印證所悟眞僞之根本經典，亦是禪宗見道者悟後起修之依據經典；故達摩祖師於印證二祖慧可大師之後，將此經典連同佛鉢祖衣一併交付二祖，令其依此經典佛示金言、進入修道位，修學一切種智。由此可知此經對於眞悟之人修學佛道，是非常重要之一部經典。此經能破外道邪說，亦破佛門中錯悟名師之謬說，亦破禪宗部分祖師之狂禪：不讀經典、一向主張「一悟即成究竟佛」之謬執。並開示愚夫所行禪、觀察義禪、攀緣如禪、如來禪等差別，令行者對於三乘禪法差異有所分辨；亦糾正禪宗祖師古來對於如來禪之誤解，嗣後可免以訛傳訛之弊。此經亦是法相唯識宗之根本經典，禪者悟後欲修一切種智而入初地者，必須詳讀。 平實導師著，全套共十輯，已全部出版完畢，每輯主文約320頁，每冊約352頁，定價250元。

宗門血脈—**公案拈提**第**四**輯：末法怪象—許多修行人自以爲悟，每將無念靈知認作眞實；崇尚二乘法諸師及其徒眾，則將**外於如來藏之緣起性空**—無因論之無常空、斷滅空、一切法空—錯認爲佛所說之般若空性。這兩種現象已於當今海峽兩岸及美加地區顯密大師之中普遍存在；人人自以爲悟，心高氣壯，便敢寫書解釋祖師證悟之公案，大多出於意識思惟所得，言不及義，錯誤百出，因此誤導廣大佛子同陷大妄語之地獄業中而不能自知。彼等書中所說之悟處，其實處處違背第一義經典之聖言量。彼等諸人不論是否身披袈裟，都非佛法宗門血脈，或雖有禪宗法脈之傳承，亦只徒具形式；猶如螟蛉，非眞血脈，未悟得根本眞實故。禪子欲知佛、祖之眞血脈者，請讀此書，便知分曉。平實導師著，主文452頁，全書464頁，定價500元（2007年起，凡購買公案拈提第一輯至第七輯，每購一輯皆贈送本公司精製公案拈提〈超意境〉CD一片，市售價格280元，多購多贈）。

宗通與說通：古今中外，錯誤之人如麻似粟，每以常見外道所說之靈知心，認作眞心；或妄想虛空之勝性能量爲眞如，或錯認物質四大元素藉冥性（靈知心本體）能成就吾人色身及知覺，或認初禪至四禪中之了知心爲不生不滅之涅槃心。此等皆非通宗者之見地。復有錯悟之人一向主張「宗門與教門不相干」，此即尚未通達宗門之人也。其實宗門與教門互通不二，宗門所證者乃是眞如與佛性，教門所說者乃說宗門證悟之眞如佛性，故教門與宗門不二。本書作者以宗教二門互通之見地，細說「宗通與說通」，從初見道至悟後起修之道、細說分明；並將諸宗諸派在整體佛教中之地位與次第，加以明確之教判，學人讀之即可了知佛法之梗概也。欲擇明師學法之前，允宜先讀。平實導師著，主文共381頁，全書392頁，只售成本價300元。

宗門正道—公案拈提第五輯：修學大乘佛法有二果須證解脫果及大菩提果。二乘人不證大菩提果，唯證解脫果；此果之智慧，名爲聲聞菩提、緣覺菩提。大乘佛子所證二果之菩提果爲佛菩提，故名大菩提果，其慧名爲一切種智函蓋二乘解脫果。然此大乘二果修證，須經由禪宗之宗門證悟方能相應。而宗門證悟極難，自古已然；其所以難者，咎在古今佛教界普遍存在三種邪見：1.以修定認作佛法，2.以無因論之緣起性空—否定涅槃本際如來藏以後之一切法空作爲佛法，3.以常見外道邪見（離語言妄念之靈知性）作爲佛法。如是邪見，或因自身正見未立所致，或因邪師之邪教導所致，或因無始劫來虛妄熏習所致。若不破除此三種邪見，永劫不悟宗門眞義、不入大乘正道，唯能外門廣修菩薩行。平實導師於此書中，有極爲詳細之說明，有志佛子欲摧邪見、入於內門修菩薩行者，當閱此書。主文共496頁，全書512頁。售價500元（2007年起，凡購買公案拈提第一輯至第七輯，每購一輯皆贈送本公司精製公案拈提〈超意境〉CD一片，市售價格280元，多購多贈）。

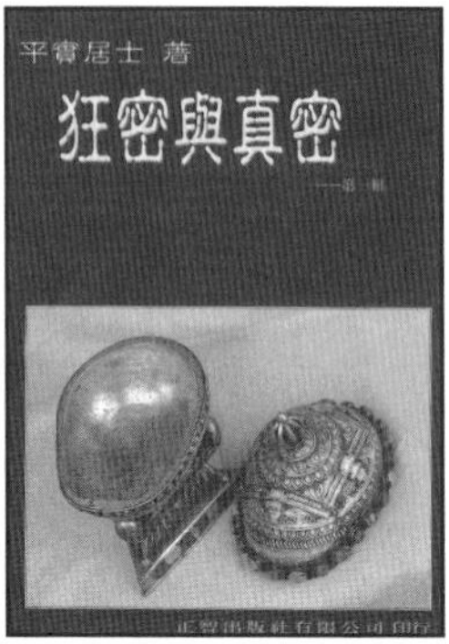

狂密與眞密：密教之修學，皆由有相之觀行法門而入，其最終目標仍不離顯教經典所說第一義諦之修證；若離顯教第一義經典、或違背顯教第一義經典，即非佛教。西藏密教之觀行法，如灌頂、觀想、遷識法、寶瓶氣、大聖歡喜雙身修法、喜金剛、無上瑜伽、大樂光明、樂空雙運等，皆是印度教**兩性生生不息思想**之轉化，**自始至終**皆以**如何能運用交合淫樂之法達到全身受樂**爲其中心思想，純屬欲界五欲的貪愛，不能令人超出欲界輪迴，更不能令人斷除我見；何況大乘之明心與見性，更無論矣！故密宗之法絕非佛法也。而其明光大手印、大圓滿法教，又皆同以常見外道所說**離語言妄念之無念靈知心**錯認爲佛地之眞如，不能直指不生不滅之眞如。西藏密宗所有法王與徒眾，都尚未開頂門眼，不能辨別眞僞，以**依人不依法、依密續不依經典**故，不肯將其上師喇嘛所說對照第一義經典，純依密續之藏密祖師所說爲準，因此而誇大其證德與證量，動輒謂彼祖師上師爲究竟佛、爲地上菩薩；如今台海兩岸亦有自謂其師證量高於 釋迦文佛者，然觀其師所述，猶未見道，仍在觀行即佛階段，尚未到禪宗相似即佛、分證即佛階位，竟敢標榜爲究竟佛及地上法王，誑惑初機學人。凡此怪象皆是狂密，不同於眞密之修行者。近年狂密盛行，密宗行者被誤導者極眾，動輒自謂已證佛地眞如，自視爲究竟佛，陷於大妄語業中而不知自省，反謗顯宗眞修實證者之證量粗淺；或如義雲高與釋性圓…等人，於報紙上公然誹謗眞實證道者爲「騙子、無道人、人妖、癩蛤蟆…」等，造下誹謗大乘勝義僧之大惡業；或以外道法中有爲有作之甘露、魔術……等法，誑騙初機學人，狂言彼外道法爲眞佛法。如是怪象，在西藏密宗及附藏密之外道中，不一而足，舉之不盡，學人宜應愼思明辨，以免上當後又犯毀破菩薩戒之重罪。密宗學人若欲遠離邪知邪見者，請閱此書，即能了知密宗之邪謬，從此遠離邪見與邪修，轉入眞正之佛道。

平實導師著 共四輯 每輯約400頁（主文約340頁）每輯售價300元。

宗門正義—公案拈提第六輯：佛教有六大危機，乃是藏密化、世俗化、膚淺化、學術化、宗門密意失傳、悟後進修諸地之次第混淆；其中尤以宗門密意之失傳，爲當代佛教最大之危機。由宗門密意失傳故，易令世尊本懷普被錯解，易令 世尊正法被轉易爲外道法，以及加以淺化、世俗化，是故宗門密意之廣泛弘傳與具緣佛弟子，極爲重要。然而欲令宗門密意之廣泛弘傳予具緣之佛弟子者，必須同時配合錯誤知見之解析、普令佛弟子知之，然後輔以公案解析之直示入處，方能令具緣之佛弟子悟入。而此二者，皆須以公案拈提之方式爲之，方易成其功、竟其業，是故平實導師續作宗門正義一書，以利學人。 全書500餘頁，售價500元（2007年起，凡購買公案拈提第一輯至第七輯，每購一輯皆贈送本公司精製公案拈提〈超意境〉CD一片，市售價格280元，多購多贈）。

心經密意—心經與解脫道、佛菩提道、祖師公案之關係與密意。二乘菩提所證之解脫道，實依第八識心之斷除煩惱障現行而立解脫之名；大乘菩提所證之佛菩提道，實依親證第八識如來藏之涅槃性、清淨自性、及其中道性而立般若之名；禪宗祖師公案所證之眞心，即是此第八識如來藏；是故三乘佛法所修所證之三乘菩提，皆依此如來藏心而立名也。此第八識心，即是《心經》所說之心也。證得此如來藏已，即能漸入大乘佛菩提道，亦可因證知此心而了知二乘無學所不能知之無餘涅槃本際，是故《心經》之密意，與三乘佛菩提之關係極爲密切、不可分割，三乘佛法皆依此心而立名故。今者平實導師以其所證解脫道之無生智及佛菩提之般若種智，將《心經》與解脫道、佛菩提道、祖師公案之關係與密意，以演講之方式，用淺顯之語句和盤托出，發前人所未言，呈三乘菩提之眞義，令人藉此《心經密意》一舉而窺三乘菩提之堂奧，迥異諸方言不及義之說；欲求眞實佛智者、不可不讀！主文317頁，連同跋文及序文…等共384頁，售價300元。

宗門密意—**公案拈提**第七輯：佛教之世俗化，將導致學人以信仰作爲學佛，則將以感應及世間法之庇祐，作爲學佛之主要目標，不能了知學佛之主要目標爲親證三乘菩提。大乘菩提則以般若實相智慧爲主要修習目標，以二乘菩提解脫道爲附帶修習之標的；是故學習大乘法者，應以禪宗之證悟爲要務，能親入大乘菩提之實相般若智慧中故，般若實相智慧非二乘聖人所能知故。此書則以台灣世俗化佛教之三大法師，說法似是而非之實例，配合眞悟祖師之公案解析，提示證悟般若之關節，令學人易得悟入。平實導師著，全書五百餘頁，售價500元（2007年起，凡購買公案拈提第一輯至第七輯，每購一輯皆贈送本公司精製公案拈提〈超意境〉CD一片，市售價格280元，多購多贈）。

淨土聖道—兼評日本本願念佛：佛法甚深極廣，般若玄微，非諸二乘聖僧所能知之，一切凡夫更無論矣！所謂一切證量皆歸淨土是也！是故大乘法中「聖道之淨土、淨土之聖道」，其義甚深，難可了知；乃至眞悟之人，初心亦難知也。今有正德老師眞實證悟後，復能深探淨土與聖道之緊密關係，憐憫眾生之誤會淨土實義，亦欲利益廣大淨土行人同入聖道，同獲淨土中之聖道門要義，乃振奮心神、書以成文，今得刊行天下。主文279頁，連同序文等共301頁，總有十一萬六千餘字，正德老師著，成本價200元。

起信論講記：詳解大乘起信論**心生滅門**與**心眞如門**之眞實意旨，消除以往大師與學人對起信論所說**心生滅門**之誤解，由是而得了知眞心如來藏之非常非斷中道正理；亦因此一講解，令此論以往隱晦而被誤解之眞實義，得以如實顯示，令大乘佛菩提道之正理得以顯揚光大；初機學者亦可藉此正論所顯示之法義，對大乘法理生起正信，從此得以眞發菩提心，眞入大乘法中修學，世世常修菩薩正行。平實導師演述，共六輯，都已出版，每輯三百餘頁，售價各250元。

優婆塞戒經講記：本經詳述在家菩薩修學大乘佛法，應如何受持菩薩戒？對人間善行應如何看待？對三寶應如何護持？應如何正確地修集此世後世證法之福德？應如何修集後世「行菩薩道之資糧」？並詳述第一義諦之正義：五蘊非我非異我、自作自受、異作異受、不作不受……等深妙法義，乃是修學大乘佛法、行菩薩行之在家菩薩所應當了知者。出家菩薩今世或未來世登地已，捨報之後多數將如華嚴經中諸大菩薩，以在家菩薩身而修行菩薩行，故亦應以此經所述正理而修之，配合《楞伽經、解深密經、楞嚴經、華嚴經》等道次第正理，方得漸次成就佛道；故此經是一切大乘行者皆應證知之正法。平實導師講述，每輯三百餘頁，售價各250元；共八輯，已全部出版。

真假活佛—略論附佛外道盧勝彥之邪說：人人身中都有眞活佛，永生不滅而有大神用，但眾生都不了知，所以常被身外的西藏密宗假活佛籠罩欺瞞。本來就眞實存在的眞活佛，才是眞正的密宗無上密！諾那活佛因此而說禪宗是大密宗，但藏密的所有活佛都不知道、也不曾實證自身中的眞活佛。本書詳實宣示眞活佛的道理，舉證盧勝彥的「佛法」不是眞佛法，也顯示盧勝彥是假活佛，直接的闡釋第一義佛法見道的眞實正理。眞佛宗的所有上師與學人們，都應該詳細閱讀，包括盧勝彥個人在內。正犀居士著，優惠價140元。

阿含正義—唯識學探源：廣說四大部《阿含經》諸經中隱說之眞正義理，一一舉示佛陀本懷，令阿含時期初轉法輪根本經典之眞義，如實顯現於佛子眼前。並提示末法大師對於阿含眞義誤解之實例，一一比對之，證實唯識增上慧學確於原始佛法之阿含諸經中已隱覆密意而略說之，證實 世尊確於原始佛法中已曾密意而說第八識如來藏之總相；亦證實 世尊在四阿含中已說此藏識是名色十八界之因、之本—證明如來藏是能生萬法之根本心。佛子可據此修正以往受諸大師（譬如西藏密宗應成派中觀師：印順、昭慧、性廣、大願、達賴、宗喀巴、寂天、月稱、……等人）誤導之邪見，建立正見，轉入正道乃至親證初果而無困難；書中並詳說三果所證的**心解脫**，以及四果**慧解脫**的親證，都是如實可行的具體知見與行門。全書共七輯，已出版完畢。平實導師著，每輯三百餘頁，售價300元。

超意境CD：以平實導師公案拈提書中超越意境之頌詞，加上曲風優美的旋律，錄成令人嚮往的超意境歌曲，其中包括正覺發願文及平實導師親自譜成的黃梅調歌曲一首。詞曲雋永，殊堪翫味，可供學禪者吟詠，有助於見道。內附設計精美的彩色小冊，解說每一首詞的背景本事。每片280元。【每購買公案拈提書籍一冊，即贈送一片。】

鈍鳥與靈龜：鈍鳥及靈龜二物，被宗門證悟者說爲二種人：前者是精修禪定而無智慧者，也是以定爲禪的愚癡禪人；後者是或有禪定、或無禪定的宗門證悟者，凡已證悟者皆是靈龜。但後來被人虛造事實，用以嘲笑大慧宗杲禪師，說他雖是靈龜，卻不免被天童禪師預記「患背」痛苦而亡：「鈍鳥離巢易，靈龜脱殼難。」藉以貶低大慧宗杲的證量。同時將天童禪師實證如來藏的證量，曲解爲意識境界的離念靈知。自從大慧禪師入滅以後，錯悟凡夫對他的不實毀謗就一直存在著，不曾止息，並且捏造的假事實也隨著年月的增加而越來越多，終至編成「鈍鳥與靈龜」的假公案、假故事。本書是考證大慧與天童之間的不朽情誼，顯現這件假公案的虛妄不實；更見大慧宗杲面對惡勢力時的正直不阿，亦顯示大慧對天童禪師的至情深義，將使後人對大慧宗杲的誣謗至此而止，不再有人誤犯毀謗賢聖的惡業。書中亦舉證宗門的所悟確以第八識如來藏爲標的，詳讀之後必可改正以前被錯悟大師誤導的參禪知見，日後必定有助於實證禪宗的開悟境界，得階大乘眞見道位中，即是實證般若之賢聖。全書459頁，售價350元。

我的菩提路第一輯：凡夫及二乘聖人不能實證的佛菩提證悟，末法時代的今天仍然有人能得實證，由正覺同修會釋悟圓、釋善藏法師等二十餘位實證如來藏者所寫的見道報告，已爲當代學人見證宗門正法之絲縷不絕，證明大乘義學的法脈仍然存在，爲末法時代求悟般若之學人照耀出光明的坦途。由二十餘位大乘見道者所繕，敘述各種不同的學法、見道因緣與過程，參禪求悟者必讀。全書三百餘頁，售價300元。

我的菩提路第二輯：由郭正益老師等人合著，書中詳述彼等諸人歷經各處道場學法，一一修學而加以檢擇之不同過程以後，因閱讀正覺同修會、正智出版社書籍而發起抉擇分，轉入正覺同修會中修學；乃至學法及見道之過程，都一一詳述之。其中張志成等人係由前現代禪轉進正覺同修會，張志成原爲現代禪副宗長，以前未閱本會書籍時，曾被人藉其名義著文評論 平實導師（詳見《宗通與說通》辨正及《眼見佛性》書末附錄…等）；後因偶然接觸正覺同修會書籍，深覺以前聽人評論平實導師之語不實，於是投入極多時間閱讀本會書籍、深入思辨，詳細探索中觀與唯識之關聯與異同，認爲正覺之法義方是正法，深覺相應；亦解開多年來對佛法的迷雲，確定應依八識論正理修學方是正法。乃不顧面子，毅然前往正覺同修會面見平實導師懺悔，並正式學法求悟。今已與其同修王美伶（亦爲前現代禪傳法老師），同樣證悟如來藏而證得法界實相，生起實相般若眞智。此書中尙有七年來本會第一位眼見佛性者之見性報告一篇，一同供養大乘佛弟子。全書四百頁，售價300元。

維摩詰經講記：本經係 世尊在世時，由等覺菩薩維摩詰居士藉疾病而演說之大乘菩提無上妙義，所說函蓋甚廣，然極簡略，是故今時諸方大師與學人讀之悉皆錯解，何況能知其中隱含之深妙正義，是故普遍無法為人解說；若強為人說，則成依文解義而有諸多過失。今由平實導師公開宣講之後，詳實解釋其中密意，令維摩詰菩薩所說大乘不可思議解脫之深妙正法得以正確宣流於人間，利益當代學人及與諸方大師。書中詳實演述大乘佛法深妙不共二乘之智慧境界，顯示諸法之中絕待之實相境界，建立大乘菩薩妙道於永遠不敗不壞之地，以此成就護法偉功，欲冀永利娑婆人天。已經宣講圓滿整理成書流通，以利諸方大師及諸學人。全書共六輯，每輯三百餘頁，售價各250元。

菩薩底憂鬱CD將菩薩情懷及禪宗公案寫成新詞，並製作成超越意境的優美歌曲。1.主題曲〈菩薩底憂鬱〉，描述地後菩薩能離三界生死而迴向繼續生在人間，但因尚未斷盡習氣種子而有極深沈之憂鬱，非三賢位菩薩及二乘聖者所知，此憂鬱在七地滿心位方才斷盡；本曲之詞中所說義理極深，昔來所未曾見；此曲係以優美的情歌風格寫詞及作曲，聞者得以激發嚮往諸地菩薩境界之大心，詞、曲都非常優美，難得一見；其中勝妙義理之解說，已印在附贈之彩色小冊中。2.以各輯公案拈提中直示禪門入處之頌文，作成各種不同曲風之超意境歌曲，值得玩味、參究；聆聽公案拈提之優美歌曲時，請同時閱讀內附之印刷精美說明小冊，可以領會超越三界的證悟境界；未悟者可以因此引發求悟之意向及疑情，真發菩提心而邁向求悟之途，乃至因此真實悟入般若，成真菩薩。3.正覺總持咒新曲，總持佛法大意；總持咒之義理，已加以解說並印在隨附之小冊中。本CD共有十首歌曲，長達63分鐘，附贈二張購書優惠券。每片280元。

勝鬘經講記：如來藏為三乘菩提之所依，若離如來藏心體及其含藏之一切種子，即無三界有情及一切世間法，亦無二乘菩提緣起性空之出世間法；本經詳說無始無明、一念無明皆依如來藏而有之正理，藉著詳解煩惱障與所知障間之關係，令學人深入了知二乘菩提與佛菩提相異之妙理；聞後即可了知佛菩提之特勝處及三乘修道之方向與原理，邁向攝受正法而速成佛道的境界中。平實導師講述，共六輯，每輯三百餘頁，售價各250元。

楞嚴經講記：楞嚴經係密教部之重要經典，亦是顯教中普受重視之經典；經中宣說明心與見性之內涵極為詳細，將一切法都會歸如來藏及佛性—妙眞如性；亦闡釋佛菩提道修學過程中之種種魔境，以及外道誤會涅槃之狀況，旁及三界世間之起源。然因言句深澀難解，法義亦復深妙寬廣，學人讀之普難通達，是故讀者大多誤會，不能如實理解佛所說之明心與見性內涵，亦因是故多有悟錯之人引為開悟之證言，成就大妄語罪。今由平實導師詳細講解之後，整理成文，以易讀易懂之語體文刊行天下，以利學人。全書十五輯，全部出版完畢。每輯三百餘頁，售價每輯300元。

明心與眼見佛性：本書細述明心與眼見佛性之異同，同時顯示了中國禪宗破初參明心與重關眼見佛性二關之間的關聯；書中又藉法義辨正而旁述其他許多勝妙法義，讀後必能遠離佛門長久以來積非成是的錯誤知見，令讀者在佛法的實證上有極大助益。也藉慧廣法師的謬論來教導佛門學人回歸正知正見，遠離古今禪門錯悟者所墮的意識境界，非唯有助於斷我見，也對未來的開悟明心實證第八識如來藏有所助益，是故學禪者都應細讀之。游正光老師著　共448頁　售價300元。

見性與看話頭：黃正倖老師的《見性與看話頭》於《正覺電子報》連載完畢，今結集出版。書中詳說禪宗看話頭的詳細方法，並細說看話頭與眼見佛性的關係，以及眼見佛性者求見佛性前必須具備的條件。本書是禪宗實修者追求明心開悟時參禪的方法書，也是求見佛性者作功夫時必讀的方法書，內容兼顧眼見佛性的理論與實修之方法，是依實修之體驗配合理論而詳述，條理分明而且極爲詳實、周全、深入。本書內文375頁，全書416頁，售價300元。

禪意無限CD平實導師以公案拈提書中偈頌寫成不同風格曲子，與他人所寫不同風格曲子共同錄製出版，幫助參禪人進入禪門超越意識之境界。盒中附贈彩色印製的精美解說小冊，以供聆聽時閱讀，令參禪人得以發起參禪之疑情，即有機會證悟本來面目，實證大乘菩提般若。本CD共有十首歌曲，長達69分鐘，每盒各附贈二張購書優惠券。每片280元。

金剛經宗通：三界唯心，萬法唯識，是成佛之修證內容，是諸地菩薩之所修；般若則是成佛之道（實證三界唯心、萬法唯識）的入門，若未證悟實相般若，即無成佛之可能，必將永在外門廣行菩薩六度，永在凡夫位中。然而實相般若的發起，全賴實證萬法的實相；若欲證知萬法的眞相，則必須探究萬法之所從來，則須實證自心如來—金剛心如來藏，然後現觀這個金剛心的金剛性、眞實性、如如性、清淨性、涅槃性、能生萬法的自性性、本住性，名爲證眞如；進而現觀三界六道唯是此金剛心所成，人間萬法須藉八識心王和合運作方能現起。如是實證《華嚴經》的「三界唯心、萬法唯識」以後，由此等現觀而發起實相般若智慧，繼續進修第十住位的如幻觀、第十行位的陽焰觀、第十迴向位的如夢觀，再生起增上意樂而勇發十無盡願，方能滿足三賢位的實證，轉入初地；自知成佛之道而無偏倚，從此按部就班、次第進修乃至成佛。第八識自心如來是般若智慧之所依，般若智慧的修證則要從實證金剛心自心如來開始；《金剛經》則是解說自心如來之經典，是一切三賢位菩薩所應進修之實相般若經典。這一套書，是將平實導師宣講的《金剛經宗通》內容，整理成文字而流通之；書中所說義理，迥異古今諸家依文解義之說，指出大乘見道方向與理路，有益於禪宗學人求開悟見道，及轉入內門廣修六度萬行。講述完畢後結集出版，總共9輯，每輯約三百餘頁，售價各250元。

真假外道：本書具體舉證佛門中的常見外道知見實例，並加以教證及理證上的辨正，幫助讀者輕鬆而快速的了知常見外道的錯誤知見，進而遠離佛門內外的常見外道知見，因此即能改正修學方向而快速實證佛法。游正光老師著 。成本價200元。

空行母—性別、身分定位，以及藏傳佛教：本書作者爲蘇格蘭哲學家，因爲嚮往佛教深妙的哲學內涵，於是進入當年盛行於歐美的假藏傳佛教密宗，擔任卡盧仁波切的翻譯工作多年以後，被邀請成爲卡盧的空行母（又名佛母、明妃），開始了她在密宗裡的實修過程；後來發覺在密宗雙身法中的修行，其實無法使自己成佛，也發覺密宗對女性岐視而處處貶抑，並剝奪女性在雙身法中擔任一半角色時應有的身分定位。當她發覺自己只是雙身法中被喇嘛利用的工具，沒有獲得絲毫應有的尊重與基本定位時，發現了密宗的父權社會控制女性的本質；於是作者傷心地離開了卡盧仁波切與密宗，但是卻被恐嚇不許講出她在密宗裡的經歷，也不許她說出自己對密宗的教義與教制下對女性剝削的本質，否則將被咒殺死亡。後來她去加拿大定居，十餘年後方才擺脫這個恐嚇陰影，下定決心將親身經歷的實情及觀察到的事實寫下來並且出版，公諸於世。出版之後，她被流亡的達賴集團人士大力攻訐，誣指她爲精神狀態失常、說謊……等。但有智之士並未被達賴集團的政治操作及各國政府政治運作吹捧達賴的表相所欺，使她的書銷售無阻而又再版。正智出版社鑑於作者此書是親身經歷的事實，所說具有針對「藏傳佛教」而作學術研究的價值，也有使人認清假藏傳佛教剝削佛母、明妃的男性本位實質，因此洽請作者同意中譯而出版於華人地區。珍妮．坎貝爾女士著，呂艾倫 中譯，每冊250元。

霧峰無霧—給哥哥的信：本書作者藉兄弟之間信件往來論義，略述佛法大義；並以多篇短文辨義，舉出釋印順對佛法的無量誤解證據，並一一給予簡單而清晰的辨正，令人一讀即知。久讀、多讀之後即能認清楚釋印順的六識論見解，與眞實佛法之牴觸是多麼嚴重；於是在久讀、多讀之後，於不知不覺之間提升了對佛法的極深入理解，正知正見就在不知不覺間建立起來了。當三乘佛法的正知見建立起來之後，對於三乘菩提的見道條件便將隨之具足，於是聲聞解脫道的見道也就水到渠成；接著大乘見道的因緣也將次第成熟，未來自然也會有親見大乘菩提之道的因緣，悟入大乘實相般若也將自然成功，自能通達般若系列諸經而成實義菩薩。作者居住於南投縣霧峰鄉，自喻見道之後不復再見霧峰之霧，故鄉原野美景一一明見，於是立此書名爲《霧峰無霧》；讀者若欲撥霧見月，可以此書爲緣。游宗明 老師著 售價250元。

假藏傳佛教的神話—性、謊言、喇嘛教：本書編著者是由一首名叫「阿姊鼓」的歌曲爲緣起，展開了序幕，揭開假藏傳佛教—喇嘛教—的神秘面紗。其重點是蒐集、摘錄網路上質疑「喇嘛教」的帖子，以揭穿「假藏傳佛教的神話」爲主題，串聯成書，並附加彩色插圖以及說明，讓讀者們瞭解西藏密宗及相關人事如何被操作爲「神話」的過程，以及神話背後的眞相。作者：張正玄教授。售價200元。

達賴真面目—玩盡天下女人：假使您不想戴綠帽子，請記得詳細閱讀此書；假使您不想讓好朋友戴綠帽子，請您將此書介紹給您的好朋友。假使您想保護家中的女性，也想要保護好朋友的女眷，請記得將此書送給家中的女性和好友的女眷都來閱讀。本書爲印刷精美的大本彩色中英對照精裝本，爲您揭開達賴喇嘛的眞面目，內容精彩不容錯過，爲利益社會大眾，特別以優惠價格嘉惠所有讀者。編著者：白志偉等。大開版雪銅紙彩色精裝本。售價800元。

喇嘛性世界—揭開假藏傳佛教譚崔瑜伽的面紗：這個世界中的喇嘛，號稱來自世外桃源的香格里拉，穿著或紅或黃的喇嘛長袍，散布於我們的身邊傳教灌頂，吸引了無數的人嚮往學習；這些喇嘛虔誠地爲大眾祈福，手中拿著寶杵（金剛）與寶鈴（蓮花），口中唸著咒語：「唵．嘛呢．叭咪．吽……」，咒語的意思是說：「我至誠歸命金剛杵上的寶珠伸向蓮花寶穴之中」！「喇嘛性世界」是什麼樣的「世界」呢？本書將爲您呈現喇嘛世界的面貌。當您發現眞相以後，您將會唸：「噢！喇嘛．性．世界，譚崔性交嘛！」作者：張善思、呂艾倫。售價200元。

末代達賴—性交教主的悲歌：簡介從藏傳僞佛教（喇嘛教）的修行核心—性力派男女雙修，探討達賴喇嘛及藏傳僞佛教的修行內涵。書中引用外國知名學者著作、世界各地新聞報導，包含：歷代達賴喇嘛的祕史、達賴六世修雙身法的事蹟，以及《時輪續》中的性交灌頂儀式……等；達賴喇嘛書中開示的雙修法、達賴喇嘛的黑暗政治手段；達賴喇嘛所領導的寺院爆發喇嘛性侵兒童；新聞報導《西藏生死書》作者索甲仁波切性侵女信徒、澳洲喇嘛秋達公開道歉、美國最大假藏傳佛教組織領導人邱陽創巴仁波切的性氾濫，等等事件背後眞相的揭露。作者：張善思、呂艾倫、辛燕。售價250元。

第七意識與第八意識？—穿越時空「超意識」　「三界唯心，萬法唯識」是佛教中應該實證的聖教，也是《華嚴經》中明載而可以實證的法界實相。唯心者，三界一切境界、一切諸法唯是一心所成就，即是每一個有情的第八識如來藏，不是意識心。唯識者，即是人類各各都具足的八識心王——眼識、耳鼻舌身意識、意根、阿賴耶識，第八阿賴耶識又名如來藏，人類五陰相應的萬法，莫不由八識心王共同運作而成就，故說萬法唯識。依聖教量及現量、比量，都可以證明意識是二法因緣生，是由第八識藉意根與法塵二法爲因緣而出生，又是夜夜斷滅不存之生滅心，即無可能反過來出生第七識意根、第八識如來藏，當知不可能從生滅性的意識心中，細分出恆審思量的第七識意根，更無可能細分出恆而不審的第八識如來藏。本書是將演講內容整理成文字，細說如是內容，並已在〈正覺電子報〉連載完畢，今彙集成書以廣流通，欲幫助佛門有緣人斷除意識我見，跳脫於識陰之外而取證聲聞初果；嗣後修學禪宗時即得不墮外道神我之中，得以求證第八識金剛心而發起般若實智。平實導師 述，每冊300元。

黯淡的達賴—失去光彩的諾貝爾和平獎：本書舉出很多證據與論述，詳述達賴喇嘛不爲世人所知的一面，顯示達賴喇嘛並不是眞正的和平使者，而是假借諾貝爾和平獎的光環來欺騙世人；透過本書的說明與舉證，讀者可以更清楚的瞭解，達賴喇嘛是結合暴力、黑暗、淫欲於喇嘛教裡的集團首領，其政治行爲與宗教主張，早已讓諾貝爾和平獎的光環染污了。本書由財團法人正覺教育基金會寫作、編輯，由正覺出版社印行，每冊250元。

人間佛教—實證者必定不悖三乘菩提　「大乘非佛說」的講法似乎流傳已久，卻只是日本人企圖擺脫中國正統佛教的影響，而在明治維新時期才開始提出來的說法；台灣佛教、大陸佛教的淺學無智之人，由於未曾實證佛法而迷信日本人錯誤的學術考證，錯認爲這些別有用心的日本佛學考證的講法爲天竺佛教的眞實歷史；甚至還有更激進的反對佛教者提出「釋迦牟尼佛並非眞實存在，只是後人捏造的假歷史人物」，竟然也有少數人願意跟著「學術」的假光環而信受不疑，於是開始有一些佛教界人士造作了反對中國佛教而推崇南洋小乘佛教的行爲，使佛教的信仰者難以檢擇，導致一般大陸人士開始轉入基督教的盲目迷信中。在這些佛教及外教人士之中，也就有一分人根據此邪說而大聲主張「大乘非佛說」的謬論，這些人以「人間佛教」的名義來抵制中國正統佛教，公然宣稱中國的大乘佛教是由聲聞部派佛教的凡夫僧所創造出來的。這樣的說法流傳於台灣及大陸佛教界凡夫僧之中已久，卻非眞正的佛教歷史中曾經發生過的事，只是繼承六識論的聲聞法中凡夫僧依自己的意識境界立場，純憑臆想而編造出來的妄想說法，卻已經影響許多無智之凡夫僧俗信受不移。本書則是從佛教的經藏法義實質及實證的現量內涵本質立論，證明大乘佛法本是佛說，是從《阿含正義》尚未說過的不同面向來討論「人間佛教」的議題，證明「大乘眞佛說」。閱讀本書可以斷除六識論邪見，迴入三乘菩提正道發起實證的因緣；也能斷除禪宗學人學禪時普遍存在之錯誤知見，對於建立參禪時的正知見有很深的著墨。平實導師　述，內文488頁，全書528頁，定價400元。

童女迦葉考──**論呂凱文〈佛教輪迴思想的論述分析〉之謬**　童女迦葉是佛世率領五百大比丘遊行於人間的歷史事實，是以童貞行而依止菩薩戒弘化於人間的大菩薩，不依別解脫戒（聲聞戒）來弘化於人間。這是大乘佛教與聲聞佛教同時存在於佛世的歷史明證，證明大乘佛教不是從聲聞法中分裂出來的部派佛教的產物，卻是聲聞佛教分裂出來的部派佛教聲聞凡夫僧所不樂見的史實；於是古今聲聞法中的凡夫都欲加以扭曲而作詭說，更是末法時代高聲大呼「大乘非佛說」的六識論聲聞凡夫極力想要扭曲的佛教史實之一，於是想方設法扭曲迦葉菩薩爲聲聞僧，以及扭曲迦葉童女爲比丘僧等荒謬不實之論著便陸續出現，古時聲聞僧寫作的《分別功德論》是最具體之事例，現代之代表作則是呂凱文先生的〈佛教輪迴思想的論述分析〉論文。鑑於如是假藉學術考證以籠罩大眾之不實謬論，未來仍將繼續造作及流竄於佛教界，繼續扼殺大乘佛教學人法身慧命，必須舉證辨正之，遂成此書。平實導師　著，每冊180元。

中觀金鑑──**詳述應成派中觀的起源與其破法本質**　學佛人往往迷於中觀學派之不同學說，被應成派與自續派所迷惑；修學般若中觀二十年後自以爲實證般若中觀了，卻仍不曾入門，甫聞實證般若中觀者之所說，則茫無所知，迷惑不解；隨後信心盡失，不知如何實證佛法；凡此，皆因惑於這二派中觀學說所致。自續派中觀所說同於常見，以意識境界立爲第八識如來藏之境界，應成派所說則同於斷見，但又同立意識爲常住法，故亦具足斷常二見。今者孫正德老師有鑑於此，乃將起源於密宗的應成派中觀學說，追本溯源，詳考其來源之外，亦一一舉證其立論內容，詳加辨正，令密宗雙身法祖師以識陰境界而造之應成派中觀學說本質，詳細呈現於學人眼前，令其維護雙身法之目的無所遁形。若欲遠離密宗此二大派中觀謬說，欲於三乘菩提有所進道者，允宜具足閱讀並細加思惟，反覆讀之以後將可捨棄邪道返歸正道，則於般若之實證即有可能，證後自能現觀如來藏之中道境界而成就中觀。本書分上、中、下三冊，每冊250元，已全部出版完畢。

實相經宗通：學佛之目的在於實證一切法界背後之實相，禪宗稱之爲本來面目或本地風光，佛菩提道中稱之爲實相法界；此實相法界即是金剛藏，又名佛法之祕密藏，即是能生有情五陰、十八界及宇宙萬有（山河大地、諸天、三惡道世間）的第八識如來藏，又名阿賴耶識心，即是禪宗祖師所說的眞如心，此心即是三界萬有背後的實相。證得此第八識心時，自能瞭解般若諸經中隱說的種種密意，即得發起實相般若——實相智慧。每見學佛人修學佛法二十年後仍對實相般若茫然無知，亦不知如何入門，茫無所趣；更因不知三乘菩提的互異互同，是故越是久學者對佛法越覺茫然，都肇因於尚未瞭解佛法的全貌，亦未瞭解佛法的修證內容即是第八識心所致。本書對於修學佛法者所應實證的實相境界提出明確解析，並提示趣入佛菩提道的入手處，有心親證實相般若的佛法實修者，宜詳讀之，於佛菩提道之實證即有下手處。平實導師述著，共八輯，全部出版完畢，每輯成本價250元。

真心告訴您（一）——達賴喇嘛在幹什麼？這是一本報導篇章的選集，更是「破邪顯正」的暮鼓晨鐘。「破邪」是戳破假象，說明達賴喇嘛及其所率領的密宗四大派法王、喇嘛們，弘傳的佛法是仿冒的佛法；他們是假藏傳佛教，是坦特羅（譚崔性交）外道法和藏地崇奉鬼神的苯教混合成的「喇嘛教」，推廣的是以所謂「無上瑜伽」的男女雙身法冒充佛法的假佛教，詐財騙色誤導眾生，常常造成信徒家庭破碎、家中兒少失怙的嚴重後果。「顯正」是揭櫫眞相，指出眞正的藏傳佛教只有一個，就是覺囊巴，傳的是 釋迦牟尼佛演繹的第八識如來藏妙法，稱爲他空見大中觀。正覺教育基金會即以此古今輝映的如來藏正法正知見，在眞心新聞網中逐次報導出來，將箇中原委「眞心告訴您」，如今結集成書，與想要知道密宗眞相的您分享。售價250元。

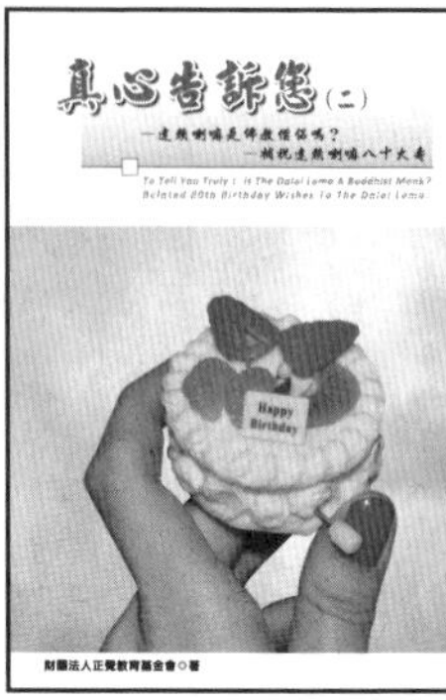

真心告訴您（二）——達賴喇嘛是佛教僧侶嗎？補祝達賴喇嘛八十大壽：這是一本針對當今達賴喇嘛所領導的喇嘛教，冒用佛教名相、於師徒間或師兄姊間，實修男女邪淫，而從佛法三乘菩提的現量與聖教量，揭發其謊言與邪術，證明達賴及其喇嘛教是仿冒佛教的外道，是「假藏傳佛教」。藏密四大派教義雖有「八識論」與「六識論」的表面差異，然其實修之內容，皆共許「無上瑜伽」四部灌頂爲究竟「成佛」之法門，也就是共以男女雙修之邪淫法爲「即身成佛」之密要，雖美其名曰「欲貪爲道」之「金剛乘」，並誇稱其成就超越於（應身佛）釋迦牟尼佛所傳之顯教般若乘之上；然詳考其理論，則或以意識離念時之粗細心爲第八識如來藏，或以中脈裡的明點爲第八識如來藏，或如宗喀巴與達賴堅決主張第六意識爲常恆不變之眞心者，分別墮於外道之常見與斷見中；全然違背 佛說能生五蘊之如來藏的實質。售價300元。

西藏「活佛轉世」制度——附佛、造神、世俗法：歷來關於喇嘛教活佛轉世的研究，多針對歷史及文化兩部分，於其所以成立的理論基礎，較少系統化的探討。尤其是此制度是否依據「佛法」而施設？是否合乎佛法眞實義？現有的文獻大多含糊其詞，或人云亦云，不曾有明確的闡釋與如實的見解。因此本文先從活佛轉世的由來，探索此制度的起源、背景與功能，並進而從活佛的尋訪與認證之過程，發掘活佛轉世的特徵，以確認「活佛轉世」在佛法中應具足何種果德。定價150元。

法華經講義：此書爲平實導師始從2009/7/21演述至2014/1/14之講經錄音整理所成。世尊一代時教，總分五時三教，即是華嚴時、聲聞緣覺教、般若教、種智唯識教、法華時；依此五時三教區分爲藏、通、別、圓四教。本經是最後一時的圓教經典，圓滿收攝一切法教於本經中，是故最後的圓教聖訓中，特地指出無有三乘菩提，其實唯有一佛乘；皆因眾生愚迷故，方便區分爲三乘菩提以助眾生證道。世尊於此經中特地說明如來示現於人間的唯一大事因緣，便是爲有緣眾生「開、示、悟、入」諸佛的所知所見——第八識如來藏妙眞如心，並於諸品中隱說「妙法蓮花」如來藏心的密意。然因此經所說甚深難解，眞義隱晦，古來難得有人能窺堂奧；平實導師以知如是密意故，特爲末法佛門四眾演述《妙法蓮華經》中各品蘊含之密意，使古來未曾被古德註解出來的「此經」密意，如實顯示於當代學人眼前。乃至〈藥王菩薩本事品〉、〈妙音菩薩品〉、〈觀世音菩薩普門品〉、〈普賢菩薩勸發品〉中的微細密意，亦皆一併詳述之，開前人所未曾言之密意，示前人所未見之妙法。最後乃至以〈法華大意〉而總其成，全經妙旨貫通始終，而依佛旨圓攝於一心如來藏妙心，厥爲曠古未有之大說也。平實導師述　已於2015/05/31起開始出版，每二個月出版一輯，共有25輯。每輯300元。

解深密經講記：本經係 世尊晚年第三轉法輪，宣說地上菩薩所應熏修之唯識正義經典，經中所說義理乃是大乘一切種智增上慧學，以阿陀那識—如來藏—阿賴耶識爲主體。禪宗之證悟者，若欲修證初地無生法忍乃至八地無生法忍者，必須修學《楞伽經、解深密經》所說之八識心王一切種智；此二經所說正法，方是眞正成佛之道；印順法師否定第八識如來藏之後所說萬法緣起性空之法，是以誤會後之二乘解脫道取代大乘眞正成佛之道，尚且不符二乘解脫道正理，亦已墮於斷滅見中，不可謂爲成佛之道也。平實導師曾於本會郭故理事長往生時，於喪宅中從首七開始宣講，於每一七各宣講三小時，至第十七而快速略講圓滿，作爲郭老之往生佛事功德，迴向郭老早證八地、速返娑婆住持正法。茲爲今時後世學人故，將擇期重講《解深密經》，以淺顯之語句講畢後，將會整理成文，用供證悟者進道；亦令諸方未悟者，據此經中佛語正義，修正邪見，依之速能入道。平實導師述著，全書輯數未定，每輯三百餘頁，將於未來重講完畢後逐輯出版。

佛法入門：學佛人往往修學二十年後仍不知如何入門，茫無所入漫無方向，不知如何實證佛法；更因不知三乘菩提的互異互同之處，導致越是久學者越覺茫然，都是肇因於尚未瞭解佛法的全貌所致。本書對於佛法的全貌提出明確的輪廓，並說明三乘菩提的異同處，讀後即可輕易瞭解佛法全貌，數日內即可明瞭三乘菩提入門方向與下手處。○○菩薩著 出版日期未定。

阿含經講記——小乘解脫道之修證：數百年來，南傳佛法所說證果之不實，所說解脫道之虛妄，所弘解脫道法義之世俗化，皆已少人知之；從南洋傳入台灣與大陸之後，所說法義虛謬之事，亦復少人知之；今時台灣全島印順系統之法師居士，多不知南傳佛法數百年來所說解脫道之義理已然偏斜、已然世俗化、已非眞正之二乘解脫正道，猶極力推崇與弘揚。彼等南傳佛法近代所謂之證果者多非眞實證果者，譬如阿迦曼、葛印卡、帕奧禪師、一行禪師……等人，悉皆未斷我見故。近年更有台灣南部大願法師，高抬南傳佛法之二乘修證行門爲「捷徑究竟解脫之道」者，然而南傳佛法縱使眞修實證，得成阿羅漢，至高唯是二乘菩提解脫之道，絕非究竟解脫，無餘涅槃中之實際尚未得證故，法界之實相尚未了知故，習氣種子待除故，一切種智未實證故，焉得謂爲「究竟解脫」？即使南傳佛法近代眞有實證之阿羅漢，尚且不及三賢位中之七住明心菩薩本來自性清淨涅槃智慧境界，則不能知此賢位菩薩所證之無餘涅槃實際，仍非大乘佛法中之見道者，何況普未實證聲聞果乃至未斷我見之人？謬充證果已屬逾越，更何況是誤會二乘菩提之後，以未斷我見之凡夫知見所說之二乘菩提解脫偏斜法道，焉可高抬爲「究竟解脫」？而且自稱「捷徑之道」？又妄言解脫之道即是成佛之道，完全否定般若實智、否定三乘菩提所依之如來藏心體，此理大大不通也！平實導師爲令修學二乘菩提欲證解脫果者，普得迴入二乘菩提正見、正道中，是故選錄四阿含諸經中，對於二乘解脫道法義有具足圓滿說明之經典，預定未來十年內將會加以詳細講解，令學佛人得以了知二乘解脫道之修證理路與行門，庶免被人誤導之後，未證言證，干犯道禁，成大妄語，欲升反墮。本書首重斷除我見，以助行者斷除我見而實證初果爲著眼之目標，若能根據此書內容，配合平實導師所著《識蘊眞義》《阿含正義》內涵而作實地觀行，實證初果非爲難事，行者可以藉此三書自行確認聲聞初果爲實際可得現觀成就之事。此書中除依二乘經典所說加以宣示外，亦依斷除我見等之證量，及大乘法中道種智之證量，對於意識心之體性加以細述，令諸二乘學人必定得斷我見、常見，免除三縛結之繫縛。次則宣示斷除我執之理，欲令升進而得薄貪瞋痴，乃至斷五下分結…等。平實導師述，共二冊，每冊三百餘頁。每輯300元。

修習止觀坐禪法要講記：修學四禪八定之人，往往錯會禪定之修學知見，欲以無止盡之坐禪而證禪定境界，卻不知修除性障之行門才是修證四禪八定不可或缺之要素，故智者大師云「性障初禪」；性障不除，初禪永不現前，云何修證二禪等？又：行者學定，若唯知數息，而不解六妙門之方便善巧者，欲求一心入定，未到地定極難可得，智者大師名之爲「事障未來」：障礙未到地定之修證。又禪定之修證，不可違背二乘菩提及第一義法，否則縱使具足四禪八定，亦不能實證涅槃而出三界。此諸知見，智者大師於《修習止觀坐禪法要》中皆有闡釋。作者平實導師以其第一義之見地及禪定之實證證量，曾加以詳細解析。將俟正覺寺竣工啓用後重講，不限制聽講者資格；講後將以語體文整理出版。欲修習世間定及增上定之學者，宜細讀之。平實導師述著。

★聲明★

本社於2015/01/01開始調整本目錄中部分書籍之售價，以因應各項成本的持續增加。

喇嘛教修外道雙身法，墮識陰境界，非佛教

弘揚如來藏他空見的覺囊派才是真正藏傳佛教

總經銷：飛鴻 國際行銷股份有限公司

231 新北市新店區中正路 501 之 9 號 2 樓

Tel.02－82186688（五線代表號） Fax.02-82186458、82186459

零售：1.**全台連鎖經銷書局：**

三民書局、誠品書局、何嘉仁書店

敦煌書店、紀伊國屋、金石堂書局、建宏書局

2.**台北市：**佛化人生 羅斯福路 3 段 325 號 6 樓之 4 台電大樓對面

3.**新北市：**春大地書店 **蘆洲**中正路 117 號 明達書局 三重五華街 129 號

4.**桃園市縣：**誠品書局 **桃園市**中正路 20 號遠東百貨地下室一樓

金石堂 **桃園市**大同路 24 號 金石堂 **桃園**八德市介壽路 1 段 987 號

諾貝爾圖書城 **桃園市**中正路 56 號地下室 御書堂 **龍潭**中正路 123 號

墊腳石文化書店 **中壢市**中正路 89 號

5.**新竹市縣：**大學書局 **新竹**建功路 10 號 誠品書局 **新竹**東區信義街 68 號

誠品書局 **新竹**東區中央路 229 號 5 樓 誠品書局 **新竹**東區力行二路 3 號

墊腳石文化書店 **新竹**中正路 38 號 金典文化 **竹北**中正西路 47 號

6.**苗栗市縣：**萬花筒書局 **苗栗市**府東路 73 號

7.**台中市：** **瑞成**書局、各大連鎖書店。

詠春書局 **台中市**永春東路 884 號 文春書局 **霧峰**中正路 1087 號

8.**彰化市縣：**心泉佛教流通處 **彰化市**南瑤路 286 號

員林鎮：墊腳石圖書文化廣場 中山路 2 段 49 號（04-8338485）

9.**台南市：**博大書局 **新營**三民路 128 號

藝美書局 **善化**中山路 436 號 宏欣書局 **佳里**光復路 214 號

10.**高雄市：**各大連鎖書店、**瑞成**書局

政大書城 **三民區**明仁路 161 號 政大書城 **苓雅區**光華路 148-83 號

明儀書局 **三民區**明福街 2 號 明儀書局 三多四路 63 號

青年書局 青年一路 141 號

11.**宜蘭縣市：**金隆書局 宜蘭市中山路 3 段 43 號

宋太太梅鋪 羅東鎮中正北路 101 號（039-534909）

12.**台東市：**東普佛教文物流通處 台東市博愛路 282 號

13.**其餘鄉鎮市經銷書局：**請電詢總經銷**飛鴻**公司。

14.**大陸地區請洽：**

香港：樂文書店

旺角店 :香港九龍旺角西洋菜街 62 號 3 樓

電話 :(852) 2390 3723 email: luckwinbooks@gmail.com

銅鑼灣店 :香港銅鑼灣駱克道 506 號 2 樓

電話 :(852) 2881 1150 email: luckwinbs@gmail.com

廈門：廈門外圖臺灣書店有限公司
地址：廈門市思明區湖濱南路809號 廈門外圖書城3樓 郵編：361004
電話：0592-5061658（臺灣地區請撥打 86-592-5061658）
E-mail：JKB118＠188.COM

15.**美國：世界日報圖書部：**紐約圖書部　電話 7187468889#6262
洛杉磯圖書部　電話 3232616972#202

16.**國內外地區網路購書：**

正智出版社 書香園地　http://books.enlighten.org.tw/
（書籍簡介、直接聯結下列網路書局購書）

三民 網路書局　http://www.Sanmin.com.tw

誠品 網路書局　http://www.eslitebooks.com

博客來 網路書局　http://www.books.com.tw

金石堂 網路書局　http://www.kingstone.com.tw

飛鴻 網路書局　http://fh6688.com.tw

附註：1.請儘量向各經銷書局購買：郵政劃撥需要十天才能寄到（本公司在您劃撥後第四天才能接到劃撥單，次日寄出後第四天您才能收到書籍，此八天中一定會遇到週休二日，是故共需十天才能收到書籍）若想要早日收到書籍者，請劃撥完畢後，將劃撥收據貼在紙上，旁邊寫上您的姓名、住址、郵區、電話、買書詳細內容，直接傳真到本公司 02-28344822，並來電 02-28316727、28327495 確認是否已收到您的傳真，即可提前收到書籍。 **2**.因台灣每月皆有五十餘種宗教類書籍上架，書局書架空間有限，故唯有新書方有機會上架，通常每次只能有一本新書上架；本公司出版新書，大多上架不久便已售出，若書局未再叫貨補充者，書架上即無新書陳列，則請直接向書局櫃台訂購。 **3**.若書局不便代購時，可於晚上共修時間向正覺同修會各共修處請購（共修時間及地點，詳閱**共修現況表**。每年例行年假期間請勿前往請書，年假期間請見共修現況表）。 **4**.郵購：郵政劃撥帳號 19068241。 **5**.正覺同修會會員購書都以八折計價（戶籍台北市者為一般會員，外縣市為護持會員）都可獲得優待，欲一次購買全部書籍者，可以考慮入會，節省書費。入會費一千元（第一年初加入時才需要繳），年費二千元。**6.尚未出版之書籍，請勿預先郵寄書款與本公司，謝謝您！** **7**.若欲一次購齊本公司書籍，或同時取得正覺同修會贈閱之全部書籍者，請於正覺同修會共修時間，親到各共修處請購及索取；**台北市讀者**請洽：103 台北市承德路三段 267 號 10 樓（捷運淡水線 圓山站旁）請書時間：週一至週五為 18.00~21.00，第一、三、五週週六為 10.00~21.00，雙週之週六為 10.00~18.00 請購處專線電話：25957295-分機 14（於請書時間方有人接聽）。

敬告大陸讀者：

大陸讀者購書、索書捷徑（尚未在大陸出版的書籍，以下二個途徑都可以購得，電子書另包括結緣書籍）：

1.**廈門外國圖書公司**：廈門市思明區湖濱南路 809 號 廈門外圖書城 3F
郵編：361004　電話：0592-5061658　網址：JKB118＠188.COM

2.**電子書**：正智出版社有限公司及正覺同修會在台灣印行的各種局版書、結緣書，已有『**正覺電子書**』陸續上線中，提供讀者於手機、平板電腦上購書、下載、閱讀正智出版社、正覺同修會及正覺教育基金會所出版之電子書，詳細訊息敬請參閱『正覺電子書』專頁：
http://books.enlighten.org.tw/ebook

關於平實導師的書訊，請上網查閱：
成佛之道　http://www.a202.idv.tw
正智出版社 書香園地　http://books.enlighten.org.tw/

中國網採訪佛教正覺同修會、正覺教育基金會訊息：

http://big5.china.com.cn/gate/big5/fangtan.china.com.cn/2014-06/19/content_32714638.htm

http://pinpai.china.com.cn/

★ 正智出版社有限公司售書之稅後盈餘，全部捐助財團法人正覺寺籌備處、佛教正覺同修會、正覺教育基金會，供作弘法及購建道場之用；懇請諸方大德支持，功德無量。

★ 聲　明 ★

本社於 2015/01/01 開始調整本目錄中部分書籍之售價，以因應各項成本的持續增加。

＊ 喇嘛教修外道雙身法、墮識陰境界，非佛教 ＊
＊ 弘揚如來藏他空見的覺囊派才是真正藏傳佛教 ＊

售後服務—換書啓事（免附回郵） 2012/09/24

《楞嚴經講記》第 14 輯初版首刷本免費調換新書啓事：本講記第 14 輯出版前因 平實導師諸事繁忙，未將之重新閱讀而只改正校對時發現的錯別字，故未能發覺十年前所說法義有部分錯誤，於第 15 輯付印前重閱時才發覺第 14 輯中有部分錯誤尚未改正。今已重新審閱修改並已重印完成，煩請所有讀者將以前所購第 14 輯初版首刷本，寄回本社免費換新（初版二刷本無錯誤），本社將於寄回新書時同時附上您寄書回來換新時所付的郵資，並在此向所有讀者致上最誠懇的歉意。

《心經密意》初版書免費調換二版新書啓事：本書係演講錄音整理成書，講時因時間所限，省略部分段落未講。後於再版時補寫增加 13 頁，維持原價流通之。茲爲顧及初版讀者權益，自 2003/9/30 開始免費調換新書，原有初版一刷、二刷書籍，皆可寄來本來公司換書。

《宗門法眼》已經增寫改版爲 464 頁新書，2008 年 6 月中旬出版。讀者原有初版之第一刷、第二刷書本，都可以寄回本社免費調換改版新書。改版後之公案及錯悟事例維持不變，但將內容加以增說，較改版前更具有廣度與深度，將更能助益讀者參究實相。

換書者**免附回郵**，亦無截止期限；舊書請寄：111 台北郵政 73-151 號信箱 或 103 台北市承德路三段 267 號 10 樓 正智出版社有限公司。舊書若有塗鴨、殘缺、破損者，仍可換取新書；但缺頁之舊書至少應仍有五分之三頁數，方可換書。所有讀者不必顧念本公司是否有盈餘之問題，都請踴躍寄來換書；本公司成立之目的不是營利，只要能眞實利益學人，即已達到成立及運作之目的。若以郵寄方式換書者，免附回郵；並於寄回新書時，由本社附上您寄來書籍時耗用的郵資。造成您不便之處，再次致上萬分的歉意。

正智出版社有限公司 啓

國家圖書館出版品預行編目資料

我的菩提路／釋悟圓等合著.　—初版—
臺北市：正智，2007—　〔民96—　〕
冊；　公分

ISBN 978-986-82992-2-1 （平裝）

1.佛教—修持

225.79　96004454

我的菩提路——第一輯

著　者：釋悟圓法師等
校　對：甘十祺 周子全
出版者：正智出版社有限公司
電話：〇二28327495　28316727（白天）
傳眞：〇二28344822
111台北郵政73-151號信箱
郵政劃撥帳號：一九〇六八二四一
正覺講堂：總機〇二25957295（夜間）
總經銷：飛鴻國際行銷股份有限公司
231新北市新店區中正路501-9號2樓
電話：〇二82186688（五線代表號）
傳眞：〇二82186458　82186459
初　版：公元二〇〇七年三月底 二千冊
（正覺十週年紀念版：公元二〇〇七年三月底 二千五百冊）
初版五刷：公元二〇一六年八月 二千冊
定　價：三〇〇元

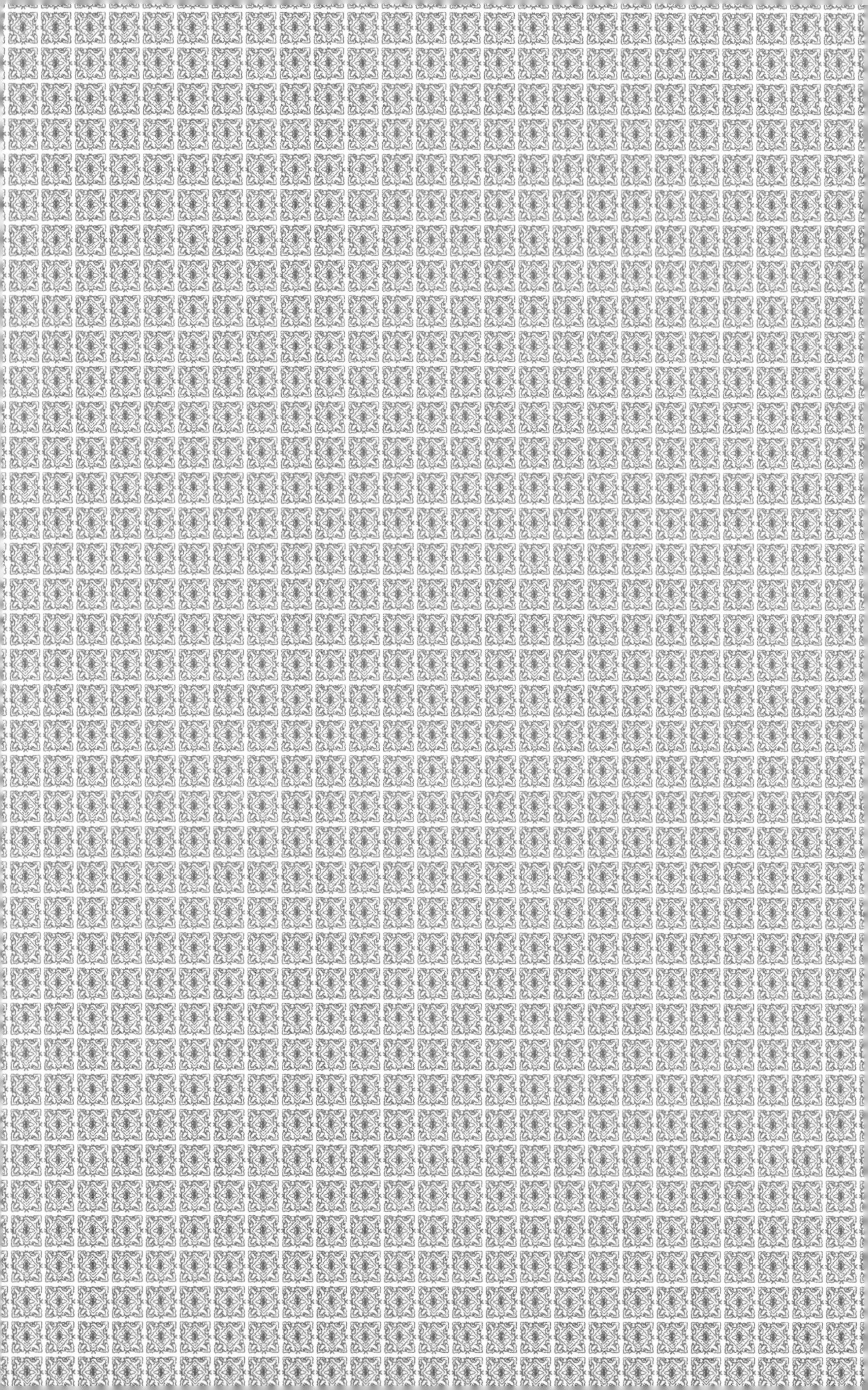